本书系2019年度教育部高校示范马克思主义学院和优秀教学科研团队建设项目"新时代弘扬雷锋精神教学研究"（项目批准号：19JDSZK091）结项成果

雷锋精神教学论

王立新 著

LEIFENG JINGSHEN
JIAOXUELUN

知识产权出版社
全国百佳图书出版单位
—北京—

图书在版编目（CIP）数据

雷锋精神教学论 / 王立新著 . —北京：知识产权出版社，2022.12
ISBN 978-7-5130-8520-5

Ⅰ.①雷… Ⅱ.①王… Ⅲ.①雷锋精神—教学研究—高等学校 Ⅳ.① G641

中国版本图书馆 CIP 数据核字（2022）第 240315 号

内容提要

本书立足于高等教育"四个服务"的发展方向，即"为人民服务，为中国共产党治国理政服务，为巩固和发展中国特色社会主义制度服务，为改革开放和社会主义现代化建设服务"，以新时代思想政治理论课改革创新为突破口，结合习近平总书记关于雷锋精神重要论述，全面剖析雷锋精神。本书主要包括三部分内容：首先，从伟大建党精神与雷锋精神一脉相承的角度出发，分析新时代雷锋精神的价值体系；其次，探究新时代雷锋精神的育人功能、新时代雷锋精神教学研究指导思想与目标原则、新时代雷锋精神的理论教学和实践教学模式；最后，在此基础上提出构建新时代雷锋精神育人体系的新思路。

本书适合思想政治理论研究者阅读。

责任编辑：李 婧　　　　　　　　　　责任印制：孙婷婷

雷锋精神教学论
LEIFENG JINGSHEN JIAOXUELUN

王立新　著

出版发行：知识产权出版社有限责任公司	网　　址：http://www.ipph.cn
电　　话：010-82004826	http://www.laichushu.com
社　　址：北京市海淀区气象路50号院	邮　　编：100081
责编电话：010-82000860转8594	责编邮箱：laichushu@cnipr.com
发行电话：010-82000860转8101	发行传真：010-82000893
印　　刷：北京中献拓方科技发展有限公司	经　　销：新华书店、各大网上书店及相关专业书店
开　　本：720mm×1000mm　1/16	印　　张：22.25
版　　次：2022年12月第1版	印　　次：2022年12月第1次印刷
字　　数：320千字	定　　价：110.00元

ISBN 978-7-5130-8520-5

出版权专有　侵权必究
如有印装质量问题，本社负责调换。

序　言

习近平总书记多次指出，雷锋是时代的楷模，雷锋精神是永恒的；把雷锋精神代代传承下去，让雷锋精神在全社会蔚然成风。

思想政治理论课教学正是当代青年学生学雷锋、做雷锋，学习雷锋精神、传承雷锋精神的重要渠道，因而把雷锋精神融入思想政治理论课教学研究意义重大。这是历史的需要、时代的需要、人民的需要，更是新时代马克思主义理论学者的理论追求和学术创新。

雷锋精神是中国共产党精神谱系的重要组成部分。王立新教授一直致力于雷锋精神研究，取得了一系列高水平学术成果，创办了辽宁省新时代雷锋精神论坛，建设了新时代雷锋精神育人展馆等，在此领域辛勤努力，也做出了一定学术贡献。特别是她承担的教育部高校示范马克思主义学院和优秀教学科研团队建设项目"新时代弘扬雷锋精神教学研究"，可以说，是她多年在此领域深耕细作的重要标志。

马克思曾说："理论在一个国家实现的程度，总是取决于理论满足这个国家的需要程度。"那么，雷锋精神作为一种精神、信仰，在一个国家的实现程度，也总是取决于这种精神、信仰满足这个国家需要的程度。新时代实现中华民族伟大复兴，不仅需要物质力量，也需要精神力量。这就要求，把新时代雷锋精神融入思想政治理论课教学，转化为青年学生推进中华民族伟大复兴的精神力量。

王立新教授撰写的《雷锋精神教学论》，以习近平总书记关于雷锋精神的重要论述为理论指引，以思想政治理论课教学的基本规律为根本遵循，以立德树人根本任务的生动实践为现实基础，全方位、多层次深刻阐释了新时代雷锋精神教学研究。比如，她坚持大历史观，把雷锋精神置于中国共产党精神谱系的大视野中，阐明雷锋精神的价值体系，提示其对思想政治理论课的价值功能；比如，她坚持问题导向，深入剖析了雷锋精神融入思想政治理论课的现实条件和总体要求，作出了雷锋精神教学在理论和实践层面的战略设计；再比如，她坚持系统观念，从全局上设计雷锋精神融入思想政治理论课教学的教学原则、教学内容、教学路径等，构建了"全成员协同""全过程贯通""全方位融合"的育人体系；等等。可以说，王立新教授撰写的这部著作，从理论到实践、从抽象到具体、从思维到逻辑、从框架到表述，既体现了她的政治敏感、理论敏感、学术敏感，也体现了她的政治自觉、理论自觉、学术自觉。

历史在发展，时代在进步，任何一种理论（精神）都随着时代发展而赋予新的内涵和特征，雷锋精神也如此。雷锋精神是永恒的，所以研究雷锋精神也是永恒的。尽管雷锋精神未来的研究道路还很艰辛，还会遇到新的问题、新的困难、新的挑战。但我相信，作为研究雷锋精神的理论工作者，王立新教授继续"做一颗永不生锈的螺丝钉"，继续发扬锲而不舍的学术"钻劲儿""挤劲儿""拧劲儿"，通过思想政治理论课教学这一重要渠道，把雷锋精神代代传承下去，让雷锋精神在广大青年学生中蔚然成风。是为序！

田鹏颖

2022 年 12 月 6 日 于沈阳

目 录

第一章 伟大建党精神与雷锋精神 … 1

第一节 伟大建党精神是中国共产党精神谱系之源 … 1
一、伟大建党精神的科学内涵 … 2
二、伟大建党精神的生成逻辑 … 5

第二节 中国共产党精神谱系是对伟大建党精神的生动诠释 … 16
一、新民主主义革命时期的革命斗争精神 … 16
二、社会主义革命和建设时期的艰苦奋斗精神 … 22
三、改革开放和社会主义现代化建设新时期的伟大实践精神 … 26
四、中国特色社会主义新时代的伟大斗争精神 … 29

第三节 雷锋精神是中国共产党人精神谱系的闪亮坐标 … 32
一、雷锋精神是党的精神谱系人格化的典型代表 … 33
二、雷锋精神是中国共产党精神谱系的道德实践准则 … 34
三、雷锋精神彰显中国共产党人精神谱系人民至上的价值立场 … 38
四、雷锋精神体现党的精神谱系全体党员的党性要求 … 41

第二章 新时代雷锋精神的价值体系 …………………… 45

第一节 雷锋精神形成的思想条件与实践基础 …………… 45
一、雷锋精神孕育于中华优秀传统文化 ………………… 46
二、雷锋精神产生于特定的历史时期 …………………… 49
三、雷锋精神生成于常学常新的学思渐悟 ……………… 51
四、雷锋精神植根于社会主义建设的伟大实践 ………… 55

第二节 雷锋精神的时代内涵 ………………………………… 59
一、新时代雷锋精神内涵 ………………………………… 59
二、雷锋精神的时代特征 ………………………………… 70

第三节 雷锋精神的价值维度 ………………………………… 74
一、雷锋精神的伦理价值 ………………………………… 75
二、雷锋精神的人格价值 ………………………………… 80
三、雷锋精神的实践价值 ………………………………… 83

第三章 新时代雷锋精神的育人功能 …………………… 87

第一节 雷锋精神为共产党人初心使命强基固本 ………… 87
一、中国共产党的初心使命 ……………………………… 88
二、"立德树人"的育人目标 …………………………… 97
三、雷锋精神为党育人为国育才 ………………………… 103

第二节 雷锋精神助推社会主义核心价值观培育 ………… 106
一、培育社会主义核心价值观的时代要求 ……………… 107
二、雷锋精神与社会主义核心价值观的内在契合性 …… 110
三、雷锋精神在社会主义核心价值观中的认同作用 …… 114

第三节　雷锋精神育人功能的主要内容 …………………… 117
　　　　一、雷锋精神育人的塑造功能 ………………………… 117
　　　　二、雷锋精神育人的导向功能 ………………………… 120
　　　　三、雷锋精神育人的激励功能 ………………………… 123
　　　　四、雷锋精神育人的凝聚功能 ………………………… 125

第四章　雷锋精神融入思想政治理论课的实现条件与总体要求 …………………………………………… 129

　　第一节　雷锋精神融入思想政治理论课的理论基础与现实境遇 …… 129
　　　　一、雷锋精神融入思想政治理论课的理论基础 ………… 130
　　　　二、雷锋精神融入思想政治教育的现实境遇 …………… 141
　　第二节　雷锋精神融入思想政治理论课的可行性 …………… 146
　　　　一、雷锋精神与思想政治理论课的关联性 ……………… 146
　　　　二、思想政治理论课是雷锋精神融入教学的重要载体 …… 148
　　　　三、雷锋精神与思想政治理论课相互作用 ……………… 155
　　　　四、弘扬雷锋精神在高校思想政治理论课中的意义 ……… 158
　　第三节　雷锋精神教学研究的总体要求与规划设计 ………… 161
　　　　一、雷锋精神融入思想政治理论课教学的指导思想 ……… 162
　　　　二、雷锋精神教学研究坚持的基本原则 ………………… 162
　　　　三、雷锋精神教学研究的规划设计 ……………………… 167

第五章　新时代雷锋精神的理论教学 …………………… 177

　　第一节　坚定理想信念　弘扬雷锋忠诚为党精神 …………… 177
　　　　一、理想信念与对党忠诚 ……………………………… 178

二、雷锋的忠诚为党精神 …………………………………… 182
　　三、做新时代回报社会的时代"一片叶" ………………… 185
第二节　坚守价值追求　弘扬雷锋无私奉献精神 ……………… 189
　　一、无私奉献与人生价值 …………………………………… 190
　　二、雷锋无私奉献精神 ……………………………………… 193
　　三、做新时代奉献社会的"一团火" ……………………… 195
第三节　锐意进取创新　弘扬雷锋刻苦钻研精神 ……………… 199
　　一、刻苦钻研与进取创新 …………………………………… 199
　　二、雷锋"一颗钉"的刻苦钻研精神 ……………………… 202
　　三、做新时代进取创新的"一颗钉" ……………………… 205
第四节　凝聚共同力量　弘扬雷锋团结协作精神 ……………… 208
　　一、团结协作与集体主义 …………………………………… 209
　　二、雷锋"一滴水"的团结协作精神 ……………………… 212
　　三、做新时代团结协作的"一滴水" ……………………… 214
第五节　锻造工匠品质　弘扬雷锋爱岗敬业精神 ……………… 219
　　一、爱岗敬业与工匠品质 …………………………………… 219
　　二、雷锋的爱岗敬业精神 …………………………………… 222
　　三、做新时代爱岗敬业的"一块砖" ……………………… 224

第六章　新时代雷锋精神的实践教学 …………………………… 229

第一节　新时代雷锋精神实践教学的原则和意义 ……………… 230
　　一、新时代雷锋精神实践教学概述 ………………………… 230
　　二、新时代雷锋精神实践教学的原则 ……………………… 241
　　三、新时代雷锋精神实践教学的意义 ……………………… 245

第二节　新时代雷锋精神实践教学体系建构 …………… 250
一、新时代雷锋精神实践教学目标体系的建构 ………… 250
二、新时代雷锋精神实践教学内容体系的建构 ………… 255
三、新时代雷锋精神实践教学运行体系的建构 ………… 256
四、新时代雷锋精神实践教学考评体系的建构 ………… 260
五、新时代雷锋精神实践教学管理体系的建构 ………… 263
六、新时代雷锋精神实践教学保障体系的建构 ………… 267

第三节　新时代雷锋精神实践教学的实现路径 ………… 272
一、提高雷锋精神实践教学认识 ………………………… 272
二、创新雷锋精神实践教学模式 ………………………… 276
三、优化雷锋精神实践教学平台 ………………………… 282
四、加强雷锋精神实践教学队伍建设 …………………… 288

第七章　构建新时代雷锋精神一体化"三全育人"格局 ………………………………………………… 293

第一节　雷锋精神一体化"三全育人"的必要性和理论依据 …… 294
一、雷锋精神一体化"三全育人"的必要性 …………… 294
二、雷锋精神一体化"三全育人"的理论依据 ………… 297

第二节　建立雷锋精神"全员协同"育人机制 ………… 308
一、党委领导党政齐抓协同育人 ………………………… 309
二、发挥辅导员骨干育人作用 …………………………… 310
三、强化思想政治理论课教师主导育人地位 …………… 311
四、发挥管理人员的管理育人作用 ……………………… 313
五、加强服务人员的服务育人作用 ……………………… 316
六、发挥其他专业教师的育人作用 ……………………… 319

第三节　构建雷锋精神"全过程贯通"育人体系 …… 323
一、纵向推进高校雷锋精神教育全过程育人 …… 323
二、横向推进高校雷锋精神教育全过程育人 …… 326
三、分层次推进雷锋精神教育全过程育人 …… 327

第四节　打造雷锋精神"全方位融合"育人模式 …… 330
一、课程育人：同向同行的"价值导航" …… 331
二、科研育人：善"挤"善"钻"的"科学精神" …… 332
三、实践育人：联系理论的"知行统一" …… 333
四、文化育人：涵养熏陶的"人文底蕴" …… 334
五、网络育人：见微知著的"抵御防范" …… 335
六、心理育人：育心育德的"健康人格" …… 336
七、管理育人：规范行为的"养成意识" …… 337
八、服务育人：以人为本的"现实关切" …… 339
九、资助育人：奋发向上的"精神意志" …… 340
十、组织育人：培育深厚的"家国情怀" …… 340

后　记 …… 343

第一章 伟大建党精神与雷锋精神

《中共中央关于党的百年奋斗重大成就和历史经验的决议》指出，一百年来，党坚持性质宗旨，坚持理想信念，坚守初心使命，勇于自我革命，在生死斗争和艰苦奋斗中经受住各种风险考验、付出巨大牺牲，锤炼鲜明政治品格，形成了以伟大建党精神为源头的精神谱系，保持了党的先进性和纯洁性，党的执政能力和领导水平不断提高，正领导中国人民在中国特色社会主义道路上不可逆转地走向中华民族伟大复兴，无愧为伟大光荣正确的党。以伟大建党精神为源头的精神谱系，是不同历史时期中国共产党人对伟大建党精神的生动诠释。作为46个伟大精神之一的雷锋精神，是中国共产党精神谱系的闪亮坐标，是指引我们前行的精神动力。

第一节 伟大建党精神是中国共产党精神谱系之源

中国共产党的伟大精神由一个个鲜明具体的"坐标"组成，各种精神之间有相通相融的共性，有基础性的思想内核，有一以贯之的理念内容，进而形成了一个可以长久涵养后人的"精神谱系"。所谓谱系，就是从同一个源头生成，繁衍扩展，形成的一个庞大系统。中国共产党精神谱系是中国共产党在不同历史时期铸就的诸多伟大精神所组成的既独具特色又一脉相承的同根同源的精神系统，共同展示出中国共产党的伟大精神。伟大建党精神是中国共产党的先驱们在建党伟业的实践中创造和形成的，有深厚的理论基础和文化底蕴，是马克思主义理论指导的结晶，是继承和弘扬中华优秀传统文化的产物，是吸收和借鉴世界优秀文明成果的结果，为中国革命、建设、改革提供了强大精神动力，是中国共产党精神谱系之源。

在党的二十大报告中，习近平总书记指出大会的主题是：高举中国特色社会主义伟大旗帜，全面贯彻新时代中国特色社会主义思想，弘扬伟大建党精神，自信自强、守正创新，踔厉奋发、勇毅前行，为全面建设社会主义现代化国家、全面推进中华民族伟大复兴而团结奋斗。伟大建党精神再次写入了党的纲领性文献，党的二十大报告主题更是彰显了伟大建党精神的重大理论意义。

一、伟大建党精神的科学内涵

习近平总书记在庆祝中国共产党成立100周年大会上首次提出了伟大建党精神："一百年前，中国共产党的先驱们创建了中国共产党，形成了坚持真理、坚守理想，践行初心、担当使命，不怕牺牲、英勇斗争，对党忠诚、不负人民的伟大建党精神，这是中国共产党的精神之源。"[1] 这也是伟大建党精神的科学内涵。

（一）坚持真理、坚守理想

"坚持真理、坚守理想"反映的是中国共产党人对党的指导思想和最

---

[1] 习近平.在庆祝中国共产党成立100周年大会上的讲话[N].人民日报，2021-7-2（2）.

终目标的不变遵循。伟大的建党精神首先提出"坚持真理、坚守理想"的精神品质,说明了中国共产党是有科学理论指导的党,是有远大理想追求的党,反映了党重视政治建党、思想建党的历史事实。作为马克思主义政党,在百年奋斗历程中,中国共产党始终高擎马克思主义的伟大旗帜,围绕共产主义的理想目标,秉承实事求是的思想路线,不断推进马克思主义中国化理论成果实现重大突破。在坚持理论的科学性、真理性的探索基础上,用马克思主义中国化理论成果指导实践,中国特色社会主义道路越走越顺畅。这一历史性进程的诠释和演进,从理论和实践上进一步揭示和证明了"中国共产党能""中国特色社会主义好"归根结底是"马克思主义行"。"坚持真理、坚守理想"的伟大精神是中国共产党政党本质和阶级属性的反映,是"中国共产党为什么能"的思想根源。

(二)践行初心、担当使命

"践行初心、担当使命"反映的是中国共产党人对党的初心使命和历史责任的庄严承诺。自中国共产党成立以来,人民幸福、民族复兴的初心使命就深深地镌刻在党的肌体组织上,流淌在中国共产党人的血液里,升华在上下求索的行动中,成为激励中国共产党人接续奋斗的价值引领和奋勇前进的不竭动力。一百年来,中国共产党初心不改,矢志不渝,奋斗不息,本色依旧。经过28年的浴血奋战,中国共产党实现了民族独立、人民解放,开启了人民幸福、民族复兴伟业的历史新纪元。中华人民共和国成立以后,经过社会主义革命、社会主义建设初期和改革开放的实践探索,递次实现人民温饱、小康和富裕,开启了人民幸福、民族复兴伟业的崭新篇章。在中国特色社会主义新时代,党团结带领人民继续奋斗,决战脱贫攻坚和全面小康,开启了人民幸福、民族复兴伟业的强国之路。中国共产党"守初心、担使命"的百年历史生动地展现了党团结带领中国人民创造幸福美好生活、稳步实现民族复兴的历史过程。"践行初心、担当使命"

的伟大精神体现了百年大党的责任担当和价值追求,是"中国共产党为什么能"的根本原因。

(三)不怕牺牲、英勇斗争

"不怕牺牲,英勇斗争"反映的是中国共产党人为信仰、信念而奋斗的英雄气概。在百年非凡奋斗历程中,在百年应对各种风险、困难和挑战中,中国共产党锤炼了"不怕牺牲、英勇斗争"的精神品格。在建党初期,党的创始人李大钊被奉系军阀抓捕,面对绞刑架大义凛然;陈独秀两个儿子陈延年、陈乔年壮烈牺牲。此后,一代又一代中国共产党人以"为有牺牲多壮志,敢教日月换新天"的牺牲和斗争精神而涌现出了无数视死如归的革命烈士、顽强奋斗的英雄人物、忘我奉献的先进模范。正是这种精神品质,使中国共产党逢山开道,遇水搭桥,从小到大,从弱到强,在百年革命、建设实践中构筑起了中国共产党人的精神家园。崇高理想要用奋斗的热血来浇灌,党的精神也在奋斗和牺牲中砥砺和升华。"不怕牺牲、英勇斗争"的伟大精神,体现了中国共产党人的精神风骨和气质,是中国共产党历经百年仍永葆生机活力,饱经磨难却意气风发的强大精神力量,是"中国共产党为什么能"最鲜明的特质和特点。

(四)对党忠诚、不负人民

"对党忠诚,不负人民"反映的是中国共产党人为党为民,尽责奉献的价值追求。在党的百年发展历程中,无论是建党之初还是革命战争岁月,抑或是建设发展时期,中国共产党能取得成功,得益于组织的力量和人民的支持,得益于党性与人民性的结合。中国共产党一方面严密组织体系,通过党的政治建设和组织建设,锻造一支忠党爱国的党员队伍,进一步提升党组织的组织力、执行力和战斗力;另一方面站稳人民立场,坚持群众路线,树牢宗旨意识,秉持以人民为中心的发展思想,把最广大人民群众的根本利益作为一切工作的出发点和落脚点，获得了人民信任，赢得了民心支持。在组织力量和人民支持的综合实践中，党性和人民性形成了有机结合，使党真正成了伟大、光荣、正确的党，党的功能与作用得到了最大化的诠释与发挥。"对党忠诚、不负人民"的伟大精神体现了中国共产党的组织特质和立场，是"中国共产党为什么能"的力量源泉。

二、伟大建党精神的生成逻辑

伟大建党精神是中国共产党创建时仅 50 多名党员发展为 9500 多万名党员的强大力量支撑，也是其领导中国人民不断取得成就和走向胜利的重要保证。伟大建党精神在近代中国社会的演进中孕育形成，体现了历史逻辑、理论逻辑和实践逻辑的有机统一。

（一）伟大建党精神生成的历史逻辑

"历史从哪里开始，思想进程也应当从哪里开始，而思想进程的进一步发展不过是历史过程在抽象的、理论上前后一贯的形式上的反映；这种反映是经过修正的，然而是按照现实的历史过程本身的规律修正的。"❶ 伟大建党精神的生成，具有深厚的历史根源，植根于中华优秀传统文化的土壤中、近代中华民族救亡图存的艰辛探索中、中国共产党长期奋斗的伟大实践中。

1.伟大建党精神植根于中华优秀传统文化的土壤中。

中华民族在长期生产生活实践中形成的优秀传统文化，为伟大建党精神提供了丰厚的精神滋养。伟大建党精神是中国共产党人的精神品格，深

---

❶ 中共中央马克思恩格斯列宁斯大林著作编译局.马克思恩格斯选集：第 2 卷［M］.北京：人民出版社，1972.

刻烙印着中华民族的文化基因。中国共产党汲取着中华民族优秀的文化传统的养分，承接着中华民族的优秀品质，积淀着中华民族深层的价值追求。以爱国主义为核心的团结统一、爱好和平、勤劳勇敢、自强不息的伟大民族精神是中华民族生生不息、发展壮大的精神支撑，是中华民族永无止境的精神追求，是激励中国人民变革创新、不懈奋斗，战胜各种风险、经受各种考验的制胜法宝。以为民服务、无私忘我、锐意创新的精神本质，与中华民族尊奉的"家国同构""家国一体""精忠报国""先天下之忧而忧，后天下之乐而乐""天下兴亡、匹夫有责""位卑未敢忘忧国""苟利国家生死以、岂因祸福避趋之""舍生取义""国而忘家，公而忘私"的爱国传统相一致；与中华民族提倡的"仁者爱人""民惟邦本""扶危济困""守望相助"的思想相一致；与中华民族提倡的"因时而变""与时偕行"的理念、"自强不息"的奋斗精神、"革故鼎新"的创新思想相一致。中国共产党人作为建构伟大建党精神的主体力量，深受中华文化的浸润和浇灌，成为中华优秀传统文化的忠实践行者、坚定守护者。

2. 伟大建党精神植根于近代中华民族救亡图存的艰辛探索中。

近代以来，尤其是鸦片战争以后，西方列强纷至沓来，中国逐步沦为半殖民地半封建社会。为挽救民族危亡，中国社会各阶级和政治力量纷纷开始行动起来。以林则徐、魏源为代表的士大夫阶层试图通过学习国外先进的技艺以实现"师夷长技以制夷"的目的，挽救封建王朝的溃败之势；以洪秀全领导的太平天国农民运动，有力地打击了清王朝的封建统治和帝国主义的侵略；以康有为为首的资产阶级改良派试图通过维新变法挽救清王朝的封建统治；以孙中山为代表的资产阶级革命派发动了辛亥革命推翻了2000多年的封建帝制。无论是封建统治阶级的洋务运动，还是农民阶级的太平天国运动，无论是资产阶级改良派的戊戌变法，还是资产阶级革命派的辛亥革命，都以失败告终。中国迫切需要新的思想引领救亡运动，迫切需要新的组织引导革命力量。"要解决中国发展进步问题，必须找到能够指导中国人民进行反帝反封建革命的先进理论，必须找到能够领导中国社会变革的先进社会力量。"❶ 十月革命一声炮响，给中国送来了马克思列宁主义，陷于彷徨和苦闷中的中国先进分子从马克思列宁主义的科学真理中看到了解决中国问题的出路和希望，开始传播马克思主义，正是在这样的历史条件下，中国共产党诞生。中国共产党的创建，是中华民族发展史上开天辟地的大事变，让反帝反封建的斗争有了坚强的政党作为凝聚革命力量的领导核心。伟大建党精神就是中国共产党在早期建党实践中形成的革命精神。

3. 伟大建党精神弘扬于中国共产党长期奋斗的伟大实践中。

一百年来，中国共产党为谋求民族独立、人民解放和国家富强、人民幸福而不懈奋斗。中国共产党弘扬伟大建党精神，团结带领各族人民在长期奋斗中创造了一系列的伟大成就，铸就了一系列的伟大精神。在新民主主义革命时期，中国共产党团结带领中国人民，浴血奋战、百折不挠，创造了新民主主义革命的伟大成就，建立了人民当家作主的新中国。在此过程中，形成了红船精神、井冈山精神、苏区精神、长征精神、遵义会议精神、延安精神、沂蒙精神、西柏坡精神等，传承了伟大建党精神的鲜红底色。在社会主义革命和建设时期，中国共产党团结带领中国人民，自力更生、发愤图强，创造了社会主义革命和建设的伟大成就，实现了中华民族有史以来最为广泛而深刻的社会变革。在此过程中，形成了抗美援朝精神、红旗渠精神、大庆精神、雷锋精神、焦裕禄精神、"两弹一星"精神，赓续了伟大建党精神的历史血脉。改革开放以来，中国共产党团结带领中国人民，解放思想、锐意进取，创造了改革开放和社会主义现代化建设的伟大成就，实现了人民生活从温饱不足到总体小康、奔向全面小康的历史性跨越。在此过程中，形成了特区精神、浦东精神、抗洪精神、抗击"非

---

❶ 胡锦涛文选：第 3 卷［M］.北京：人民出版社，2016.

典"精神、抗震救灾精神、北京奥运精神、载人航天精神等，丰富了伟大建党精神的时代色彩。党的十八大以来，中国共产党团结带领中国人民，自信自强、守正创新，统揽伟大斗争、伟大工程、伟大事业、伟大梦想，创造了新时代中国特色社会主义的伟大成就，党和国家事业取得历史性成就、发生历史性变革。在此过程中，形成了塞罕坝精神、工匠精神、丝路精神、探月精神、新时代北斗精神、伟大抗疫精神、脱贫攻坚精神等，为伟大建党精神注入了新时代内涵。伟大建党精神是中国共产党人精神谱系的"源头活水"，深刻表达了这一精神谱系所共有的价值取向与精神实质。中国共产党人的精神谱系，是伟大建党精神在不同历史时期的"活水"涌流，是中国共产党在完成不同历史任务中弘扬伟大建党精神的具体生动表现。

（二）伟大建党精神生成的理论逻辑

习近平总书记在十八届中央政治局第四十三次集体学习时的重要讲话中指出："在人类思想史上，就科学性、真理性、影响力、传播面而言，没有一种思想理论能达到马克思主义的高度，也没有一种学说能像马克思主义那样对世界产生了如此巨大的影响。"中国共产党自从有了马克思主义这个锐利的思想武器，为中国人民指明了斗争的目标和走向胜利的道路。马克思主义构成了伟大建党精神的理论逻辑，为伟大建党精神的形成提供了深厚的理论滋养。

1. 马克思主义为伟大建党精神提供了理论基础。

"马克思创建了唯物史观和剩余价值学说，揭示了人类社会发展的一般规律，揭示了资本主义运行的特殊规律，为人类指明了从必然王国向自由王国飞跃的途径，为人民指明了实现自由和解放的道路。"在马克思主义传入中国以前，为了应对近代以来中华民族空前的危机，无数仁人志士在黑暗中苦苦摸索前行，探讨了各种各样的救国方案，尝试了各种各样的主义，引入了花样繁多的理论，但无一例外被证明行不通。十月革命一声炮响，为我们送来了马克思列宁主义。"五四运动"中涌现出的一批先进分子经过反复比较和分析，选择把马克思主义作为观察世界和改变国家命运的工具，由此真正找到了在中华大地上实现民族独立、推动中华民族由衰转盛的理论基础。在马克思主义的指引下，中国工人阶级作为一支独立的政治力量登上了历史舞台，中国共产党作为中国工人阶级的先锋队、中国人民和中华民族的先锋队应运而生。在马克思主义的指引下，中国共产党确立了正确的思想路线、政治路线、组织路线和群众路线，淬炼锻造了中国共产党人的精神谱系，谱写出中华民族发展史上的辉煌篇章。当前，我们所面对的世情国情党情与马克思所处的19世纪已经发生了重大变化，但是正如习近平总书记所指出的，"尽管我们所处的时代同马克思所处的时代相比发生了巨大而深刻的变化，但从世界社会主义500年的大视野来看，我们依然处在马克思主义所指明的历史时代"❶。透过时代、社会的变与不变，马克思主义依然充满着科学思想的伟力，依然是推动人类文明进步的思想灯塔。习近平谈道："中国共产党为什么能，中国特色社会主义为什么好，归根到底是因为马克思主义行！"实践已经证明并将继续证明，历史和人民选择马克思主义是完全正确的，中国共产党把马克思主义写在自己的旗帜上是完全正确的。

2. 马克思主义为伟大建党精神提供了价值坐标。

以马克思主义武装起来的中国共产党的先驱们创建了中国共产党，在创建中国共产党的伟大实践中孕育形成了伟大建党精神。马克思主义是创立中国共产党的指导思想，同时也是伟大建党精神的理论来源。人民性是马克思主义最鲜明的品格，为伟大建党精神提供了鲜明的价值坐标。相信谁、依靠谁、为了谁，是否始终站在最广大人民群众的立场上，是区别唯

---

❶ 习近平. 习近平谈治国理政：第二卷 [M]. 北京：外文出版社，2017：66.

物史观和唯心史观的重要依据，也是判断马克思主义政党的试金石。"马克思主义第一次站在人民的立场探求人类自由解放的道路，以科学的理论为最终建立一个没有压迫、没有剥削、人人平等、人人自由的理想社会指明了方向。"❶ 人民性是马克思主义的内在属性；马克思主义的终极追求就是为人类求解放。人民不仅是实践的目的，而且是实践的主体。马克思主义依靠人民推动历史前进。在《〈黑格尔法哲学批判〉导言》中，马克思就指出："理论一经掌握群众，也会变成物质力量。理论只要说服人，就能掌握群众；而理论只要彻底，就能说服人。"❷ 马克思主义不是抽象的理论，而是面向现实的行动；马克思主义不满足于解释世界，而是要改造世界。理论的现实化过程，就是理论掌握群众的过程。马克思主义是彻底的理论，能够彻底地掌握群众，能够变成强大的物质力量。无产阶级革命运动的人民性源自历史的人民性，人民群众是人类历史的创造者。在马克思主义引入中国以前，许多人将救亡图存的希望寄托于统治集团的自我革新或少数先进分子的政治革命。只有马克思主义正确地指出，人民群众是历史活动的主体，是社会物质财富和精神财富的创造者，是推动历史前进和社会变革的决定性力量。一百年来，中国共产党始终弘扬伟大建党精神，始终坚持组织动员和宣传教育群众，调动起亿万人民的积极性、主动性和创造性，把蕴藏在人民群众中的智慧和力量充分激发出来，才创造出中华民族的惊天伟业。"人民，只有人民，才是创造世界历史的动力。"❸ 淮海战役的胜利是老百姓用小车推出来的，渡江战役的胜利是老百姓用小船划出来的；社会主义革命和建设的成就是人民群众干出来的；改革开放的史诗是亿万人民群众谱写的。正如习近平总书记所强调的："为人民而生，因人

---

❶ 习近平.在纪念马克思诞辰200周年大会上的讲话[N].人民日报，2018-5-5（2）.

❷ 中共中央马克思恩格斯列宁斯大林著作编译局.马克思恩格斯文集：第1卷[M].北京：人民出版社，2009：11.

❸ 毛泽东选集：第3卷[M].北京：人民出版社，1991：1031.

民而兴，始终同人民在一起，为人民利益而奋斗，是我们党立党兴党强党的根本出发点和落脚点。"❶ 我们走得再远，也不能忘记为什么出发，也不能忘记初心。这颗"初心"，就是人民至上的"心"。

3. 马克思主义为伟大建党精神提供了行动指南。

马克思认为，"全部社会生活在本质上是实践的"，"凡是把理论引向神秘主义的神秘东西，都能在人的实践中以及对这种实践的理解中得到合理的解决"，"哲学家们只是用不同的方式解释世界，问题在于改变世界"❷。这些真知灼见表明，实践观点是马克思主义认识论的基本观点，实践性是马克思主义区别于其他理论的显著特征。马克思主义从来不是远离社会生活和脱离社会实践的书斋理论，而是指导现实的工人阶级运动的革命理论。正如恩格斯的《在马克思墓前的讲话》中指出的，马克思首先是一个革命家，"他毕生的真正使命，就是以这种或那种方式参加推翻资本主义社会及其所建立的国家设施的事业，参加现代无产阶级的解放事业"❸。习近平总书记在纪念马克思诞辰200周年大会上指出："马克思主义是实践的理论，指引着人民改造世界的行动。"同样，中国共产党的成立也不是（仅仅）出于理论的兴趣，而是为了探寻救亡图存、改变民族历史命运的现实路径。中国共产党人的初心和使命，为人民谋幸福、为民族谋复兴，不是抽象的，必须落在实处、见诸行动。践行初心、担当使命，蕴含马克思主义的实践性。从党的百年发展史来看，中国共产党带领中国人民在长期实践的探索中，逐步开辟出中国特色社会主义道路，中华民族迎来了从站起来、富起来到强起来的伟大飞跃。在实际工作中，光有蓝图是不

---

❶ 习近平.在党史学习教育动员大会上的讲话[J].党建，2021（4）：4-11.
❷ 中共中央马克思恩格斯列宁斯大林著作编译局.马克思恩格斯选集：第1卷[M].北京：人民出版社，2012：133-136.
❸ 中共中央马克思恩格斯列宁斯大林著作编译局.马克思恩格斯文集：第3卷[M].北京：人民出版社，2009：602.

够的,关键要把蓝图变成现实。中华民族伟大复兴的历史画卷已经展开,而这一历史过程绝不是轻轻松松、敲锣打鼓就能实现的,必须不断实践、勇于担当。新的征程上,面对中华民族伟大复兴战略全局和世界百年未有之大变局,我们必须准备付出更为艰巨的努力。

4.马克思主义为伟大建党精神提供了动力源泉。

习近平总书记在纪念马克思斯诞辰200周年大会上指出:"一部马克思主义发展史就是马克思、恩格斯以及他们的后继者们不断根据时代、实践、认识发展而发展的历史,是不断吸收人类历史上一切优秀思想文化成果丰富自己的历史。"马克思主义之所以能够永葆青春,关键就在于不断解答时代发展提出的新课题、回应人类社会面临的新挑战。中国共产党的成立,就是先驱们运用马克思主义分析近代中国的历史方位,进而积极投身现实的伟大斗争的结果。在波澜壮阔的革命和建设实践中,中国共产党人逐渐认识到,马克思主义绝不是僵死的教条和封闭的体系,解放思想、实事求是、与时俱进是马克思主义活的灵魂。毛泽东认为,"必须将马克思主义的普遍真理和中国革命的具体实践完全地恰当地统一起来,就是说,和民族的特点相结合,经过一定的民族形式,才有用处,决不能主观地公式地应用它","使马克思主义在中国具体化,使之在其每一表现中带着必须有的中国的特性,即是说,按照中国的特点去应用它,成为全党亟待了解并亟须解决的问题"❶。毛泽东从端正马克思主义观的角度强调,我们所要的是"香"的马克思主义,不是"臭"的马克思主义;是活的马克思主义,不是死的马克思主义。面对不断出现的新问题、新挑战,中国共产党人既没有照搬马克思主义经典作家设想的模板,也没有成为其他国家社会主义实践的再版,而是一切从中国具体实际出发,不断推动理论创新和实践创新,不断深化对共产党执政规律、社会主义建设规律和人类社会

---

❶ 毛泽东.毛泽东选集:第2卷[M].北京:人民出版社,1991.

发展规律的系统认识，不断开拓中国特色社会主义伟大事业。"问渠哪得清如许？为有源头活水来。"历史证明，没有马克思主义的正确指导，党的事业不可能取得成功；教条地对待马克思主义，会把党的事业引向歧途；只有坚持活的马克思主义、开放的马克思主义，党的事业才能始终与时代同行，欣欣向荣。

（三）伟大建党精神生成的实践逻辑

"全部社会生活在本质上是实践的。"❶社会实践是一切精神现象孕育和产生的最终根源。伟大建党精神不是凭空产生的，它源自以李大钊、陈独秀、瞿秋白、毛泽东、李达等为代表的早期中国共产党人的建党实践活动。

1. 马克思主义理论的早期宣传活动，是伟大建党精神生成的前提。

19世纪末20世纪初，各种社会思潮纷纷涌入中国。据不完全统计，当时的新思潮先后出现400多种，以胡适为代表的实用主义和以吴稚晖、黄凌霜、区声白为代表的无政府主义是当时中国社会存在的主要思潮。以李大钊、陈独秀等为代表的早期马克思主义者同形形色色的非马克思主义思潮进行公开激烈的斗争，驳斥他们的错误观点。针对胡适发表的《多研究些问题，少谈些"主义"》一文，李大钊运用马克思主义唯物史观以《再论问题与主义》的檄文予以有力反驳。李大钊通过发表《法俄革命之比较观》《我的马克思主义观》等文章，系统地介绍了马克思主义。以李达为代表的早期中国共产党人，通过发表《什么叫社会主义？》等理论文章，翻译著作，全面清算各种迷惑人们大脑的假社会主义理论体系，有效促进了马克思主义在中国早期的传播。以陈独秀、毛泽东、周恩来为代表

---

❶ 中共中央马克思恩格斯列宁斯大林著作编译局.马克思恩格斯选集：第1卷[M].北京：人民出版社，2012：135.

的先进知识分子在《新青年》《湘江评论》《觉悟》等报刊上发表文章，更加系统化地宣传马克思主义。马克思主义在这场争论中越辩越明，向人们证明了它是能够引领中国走向光明的科学理论。除了要与各种非马克思主义思潮作斗争，中国共产党还要面对反动派极其残酷的白色恐怖。无论是党组织、党员还是革命群众都不得不时刻面临着各种极端生存条件的考验。以李大钊、赵世炎、邓中夏、方志敏、陈潭秋等为代表的中国共产党人面对敌人的威逼利诱不屈不挠、视死如归，用生命捍卫对马克思主义的坚定信仰，彰显了中国共产党人不怕牺牲的大无畏的英雄气概。在中国共产党的创建过程中，各地马克思主义研究会的成立，对于扩大马克思主义传播产生了积极影响。

2. "五四运动"及早期工人运动是伟大建党精神形成的基础。

1919年5月4日，北京学生3000余人在天安门举行示威和抗议集会，提出"外争主权，内除国贼""废除二十一条"等口号，震惊中外的"五四运动"爆发了，这一举动迅速得到全国各地学生的声援和社会舆论的支持。活动的主体由学生转向由工人阶级、小资产阶级和资产阶级参加的全国规模的群众运动，这场爱国运动席卷20多个省100多个城市，中国工人阶级第一次以独立的姿态登上政治舞台。正是由于这一次的觉醒和激励，在之后共产党领导的工人运动中，中国人民呈现出大无畏的勇敢气魄和高度的革命热情，坚决与一切反动势力进行彻底的斗争。"五四运动"在中国历史上既是爱国仁人志士进行的一次革命实践活动，又是先进知识分子对广大民众进行的一场精神解放运动。在这场运动中，中国人民逐渐摆脱封建主义的束缚，掀起思想解放的潮流；先进分子开始探索挽救民族危亡的新途径，为人们接收马克思主义提供思想土壤，推动中国人民在精神上有所觉醒，为中国共产党的诞生储备思想条件，为开展新民主主义革命准备革命力量。"五四运动"以彻底反帝反封建的革命性、追求救国强国真理的进步性、各族各界群众参与的广泛性，推动了中国社会的进步，促进了马克思主义在中国的进一步传播，促进了马克思主义同中国工人运动的结合，为中国共产党的建立奠定了阶级基础，马克思主义随之成为中国共产党建党的思想旗帜，成为其战胜各种困难、不断取得胜利的精神支柱的核心和灵魂。

3. 共产党早期组织的建立及其活动是伟大建党精神形成的关键。

中国共产党早期组织，是指从 1920 年 8 月成立的上海共产党小组起，到 1921 年 7 月中国共产党一大召开，在不足一年时间内成立的上海、北京、武汉、长沙、济南、广州及旅日和旅法的八个共产党早期组织。1920 年，鉴于革命形势发展的需要，陈独秀和李大钊相约创建党组织。在上海的渔阳里，陈独秀领导《新青年》编辑部在宣传马克思主义的同时创建了上海共产党组织。在北京，李大钊以北京大学为建党中心，组织了马克思主义研究会，成立了北京共产党小组。在上海、北京党组织的推动下，武汉、长沙、济南、广州等地成立了早期党组织，在国外，日本、法国也成立了党组织。恶劣环境中诞生的早期党组织具有严密的组织性和纪律性，彰显着中国共产党为共产主义的理想信念而奋斗牺牲的革命精神。在建立早期党组织的同时，中国共产党人还特别重视在工农大众中宣传马克思主义，建立党团工会、工人夜校、工人俱乐部等，用马克思主义理论启迪工人阶级的阶级觉悟和斗争意识，指导劳工运动沿着人类解放的方向发展。毛泽东、彭湃、恽代英等建党先驱都十分重视组织民众，倡导党要与民众实现大联合，才能营造革命的氛围。毛泽东专门到农民运动讲习所给学员讲授革命道理和阶级理论。恽代英在国民革命军总政治部特别训练班的讲演中说道："群众是我们革命的基础，革命运动的成败，完全要看群众运动的基础如何。"在组织劳工运动中，中国共产党不断总结建党经验，不断提高党员的政治纪律意识和理论素养，激励中国革命由胜利走向新的伟大胜利。中国共产党早期组织作出的伟大历史贡献是我们党初心和使命的思想根基与力量源泉，孕育着伟大的建党精神。

第二节　中国共产党精神谱系是对伟大建党精神的生动诠释

以伟大建党精神为源头构筑起的中国共产党精神谱系，是中国共产党在革命、建设、改革的伟大实践中相继形成的一系列伟大精神，是不同历史时期中国共产党人对伟大建党精神的生动诠释，按照历史时期来划分，可以将其分为四个时期，即新民主主义革命时期、社会主义革命和建设时期、改革开放和社会主义现代化建设新时期、中国特色社会主义新时代。在这四个时期，中国共产党带领中国人民不但成功创造了伟大的社会物质文明，更成功铸就了中国共产党人的伟大革命创业精神。每个时期都有代表性的时代楷模，激励和引领中国青年不断前行。时代楷模的精神，本质上就是一种精神传承。

一、新民主主义革命时期的革命斗争精神

1921年，中国共产党成立，这是开天辟地的大事件。中国共产党诞生之后，为了完成新民主主义革命时期的历史任务，无数革命先辈、英雄人物用鲜血甚至生命，浇灌和孕育了以伟大建党精神为源头具有开创性与时代性的伟大精神，筑牢了中国共产党人精神谱系的鲜明底色。这风雨如磐的革命岁月，是中国共产党人精神谱系孕育、萌芽的时期。这一时期，有反映关于中国革命道路探索与政权建设的井冈山精神、苏区精神、延安精神、西柏坡精神、老区精神等；有反映中国共产党坚定信念和不畏艰险、不怕牺牲意志品质的长征精神、抗战精神等。尽管伟大精神具体内涵不同，但都镌刻着伟大建党精神的基因密码，烙印着新民主主义革命时

期"浴血奋战、百折不挠"时代主题的印记。而且,这种时代特性还通过地域(地名)、英雄模范、重大事件等,深深铭刻于每一项伟大精神的命名中。

井冈山精神。井冈山斗争的伟大实践,对中国革命道路的探索和抉择、对中国共产党和人民军队成长具有关键意义。井冈山是中国革命的摇篮。1927年9月,以毛泽东为书记的中共湖南省委前敌委员会,领导工农革命军第一师发动湘赣边界秋收起义。10月,起义军到达井冈山,开始创建农村革命根据地的斗争。1928年2月,毛泽东率部打破江西国民党军队对井冈山地区的进攻。至此,井冈山革命根据地初步建立。在创建和发展井冈山革命根据地的过程中,形成了坚定信念、艰苦奋斗,实事求是、敢闯新路,依靠群众、勇于胜利的井冈山精神。回首井冈山时期,从近5万名革命烈士为了坚定执着的理想信念献出宝贵生命,到把马克思主义普遍真理同中国革命具体实践紧密结合、提出"以农村为中心"的革命道路思想;从我们党领导人民不畏强敌、不畏艰难开辟第一个农村革命根据地,到党和红军一开始就把"做群众工作"作为红军的三大任务之一,形成鱼水相依、血肉相连的党群关系、军民关系……井冈山斗争的伟大实践,对中国革命道路的探索和抉择、对中国共产党和人民军队成长具有关键意义,所孕育的井冈山精神,烛照着中国革命一步步迈向成功。

苏区精神。1931年11月7日至20日,中华苏维埃第一次全国代表大会在江西瑞金召开,成立中华苏维埃共和国临时中央政府。中国共产党领导苏区广大军民开展了政治、经济、文化和社会等各方面建设,数次粉碎了国民党的军事"围剿",在极其艰难的革命环境、非常险恶的斗争形势中锤炼锻造了具有丰富内涵的苏区精神,为探索中国革命新道路提供了不竭动力。在革命根据地的创建和发展中,在建立红色政权、探索革命道路的实践中,无数革命先辈用鲜血和生命铸就了以坚定信念、求真务实、一心为民、清正廉洁、艰苦奋斗、争创一流、无私奉献为内涵的苏区精神。

长征精神。长征精神是党和人民付出巨大代价，进行伟大斗争获得的宝贵精神财富。长征精神是把全国人民和中华民族的根本利益看得高于一切，坚定革命的理想和信念，坚信正义事业必然胜利的精神；为了救国救民，不怕任何艰难险阻，不惜付出一切牺牲的精神；坚持独立自主、实事求是，一切从实际出发的精神；顾全大局、严守纪律、紧密团结的精神；紧紧依靠人民群众，同人民群众生死相依、患难与共、艰苦奋斗的精神。长征精神成为鼓舞和激励中国人民不断攻坚克难、从胜利走向胜利的强大精神动力。

遵义会议精神。遵义会议是在紧急的战争形势下以及与共产国际联系中断的情况下召开的，集中解决了党内面临的最迫切的军事问题和组织问题，结束了"左"倾教条主义错误在中央的统治，开始确立以毛泽东为主要代表的马克思主义正确路线在党中央的领导地位。遵义会议是在历史洪流中应运而生的伟大事件，形成了遵义会议精神。遵义会议精神是长征精神的重要组成部分，是中国共产党人精神谱系中的伟大精神之一。其实质是求崇精神，基本内涵是坚定信念、实事求是、独立自主、敢闯新路、民主团结。

延安精神。延安精神是新民主主义革命时期以毛泽东同志为代表的中国共产党人在争取民族独立和人民解放的伟大斗争实践中形成的崇高的理想追求、艰苦奋斗的精神风貌、优良的工作作风的集合。延安精神是在延安时期的特殊历史阶段和空间环境下，在争取民族独立和人民解放事业的伟大斗争实践中形成和发展起来的崇高革命精神，以"坚定正确的政治方向，解放思想、实事求是的思想路线，全心全意为人民服务的根本宗旨，自力更生、艰苦奋斗的创业精神"为核心内容的延安精神，是中华民族精神的时代升华，是中国共产党以往革命精神的传承发展，是马克思主义中国化的重要成果。

抗战精神。中国人民抗日战争胜利是以爱国主义为核心的民族精神的伟大胜利，是中国共产党发挥中流砥柱作用的伟大胜利，是全民族众志成城奋勇抗战的伟大胜利，是中国人民同反法西斯同盟国以及各国人民并肩战斗的伟大胜利。中国人民在抗日战争的壮阔进程中，形成了伟大的抗战精神，向世界展示了天下兴亡、匹夫有责的爱国情怀，视死如归、宁死不屈的民族气节，不畏强暴、血战到底的英雄气概，百折不挠、坚忍不拔的必胜信念。伟大抗战精神，是中国人民弥足珍贵的精神财富，将永远激励中国人民克服一切艰难险阻、为实现中华民族伟大复兴而奋斗。

红岩精神。红岩精神是在抗日战争时期和解放战争时期，在中共中央领导下，以毛泽东、周恩来同志为代表的中国共产党人在国民党政权统治下的重庆，为争取民族独立和人民解放的革命斗争实践中，锤炼、培育和形成的崇高革命精神，充分体现了老一辈无产阶级革命家、共产党人和革命志士的崇高思想境界、坚定理想信念、巨大人格力量和浩然革命正气。红岩精神是革命烈士对共产主义信念执着追求的高度概括，是革命先烈对真理的坚持，是革命先辈为国家为人民无私奉献的真实写照。

西柏坡精神。1948年5月，中共中央综合考虑国内外形势，果断将驻地转移到河北省平山县西柏坡村，并在这里成功指挥了具有战略决战意义的三大战役，顺利召开了具有历史转折意义的七届二中全会，孕育了中国革命精神有机链条的重要一环——西柏坡精神。西柏坡精神是中国无产阶级在革命即将取得全国性胜利的历史转折时期形成的内涵丰富、具有实际指导意义的革命精神，以"两个务必"为核心，主要包括为了人民、依靠人民的公仆精神，敢于斗争、敢于胜利的进取精神，政治协商、团结合作的民主精神，立规严纪、集中统一的看齐精神，谦虚谨慎、艰苦奋斗的"赶考"精神。

照金精神。照金精神是刘志丹、谢子长、习仲勋等老一辈革命家，在创建以照金为中心的陕甘边革命根据地以及后来的陕甘革命根据地的过程中逐渐形成和发展起来的具有鲜明时代特征、彰显共产党人初心使命的革命精神。照金精神的主要内容是不怕牺牲、顽强拼搏的英雄气概，独立自主、开拓进取的创新勇气，从实际出发、密切联系群众的工作作风。照金精神是中国共产党人的伟大创造和宝贵精神财富，也是中华优秀传统文化的传承和弘扬。

东北抗联精神。东北抗联在中国共产党的领导下，在14年艰苦卓绝的抗击日本帝国主义的侵略战争中，转战于白山黑水之间，用鲜血和生命创造了"战争史上的奇观，中华民族的壮举，惊天动地的伟业"，铸就了东北抗联精神。

南泥湾精神。1941年3月，八路军主力部队359旅开进了陕甘宁边区"南大门"的南泥湾，实行战斗、生产、学习相结合，在练兵垦荒的过程中创造了南泥湾精神。南泥湾精神是我们党在中国革命极端困难时期战胜各种艰难险阻的强大精神武器和不竭力量之源。南泥湾精神的本质包括自力更生、艰苦奋斗的创业精神；勇于担当、敢于创造的创新精神；同心同德、同甘共苦的精神；听党指挥、官兵一致的兵团精神。

太行精神。太行精神是以毛泽东、朱德、彭德怀、刘伯承、邓小平、聂荣臻、徐向前等老一辈革命家为代表的中国共产党人，把马克思主义理论与中华民族的优良传统和中国革命具体实践相结合而形成的民族精神，是中国共产党领导英雄的太行军民用鲜血和生命谱写的革命精神。

大别山精神。大别山精神就是从中国共产党诞生到新中国成立，以大别山为中心的鄂豫皖三省交界地区，由中国共产党及其领导的武装力量和革命群众，为了实现共产主义理想、建立新中国，浴血奋战、前赴后继，革命斗争不断、革命火种不灭，创造了"28年红旗不倒"的革命奇迹，孕育和铸就的革命精神。大别山精神的内涵是坚守信念、胸怀全局、团结一心、勇当前锋。大别山精神最核心的特质是对理想的追求和对信念的坚守。大别山精神最可贵的品格是对党绝对忠诚，一切服从大局。大别山精神最本质的内涵是一切为了人民，一切依靠人民。大别山精神最鲜明的特征是面对困难和挑战敢为人先，勇于创新。

沂蒙精神。沂蒙精神是临沂人民在长期的革命和建设实践中形成的先进群体意识，是中华民族优秀文化的重要组成部分，是临沂人民乃至全国人民宝贵的精神财富。沂蒙精神以爱党爱军为本质特征，是红色革命精神之一，是临沂人民在长期的革命和建设实践中形成的先进群体意识，是中华民族优秀文化的重要组成部分，是临沂人民乃至全国人民宝贵的精神财富。2013年11月，习近平总书记在视察山东时指出："山东是革命老区，有着光荣传统，军民水乳交融、生死与共铸就的沂蒙精神，对我们今天抓党的建设仍然具有十分重要的启示作用。"习近平总书记把沂蒙精神的特质高度概括为"水乳交融、生死与共"。

老区精神。革命老区是共和国的摇篮，是党和人民军队的根。在战火硝烟的战争年代，老区人民与中国共产党和人民军队始终生死相依、患难与共，为我们留下了宝贵精神财富。在中国共产党创建和发展革命根据地、开创中国革命道路的壮阔征程中，在伟大建党精神引领下，老区人民经受血与火的洗礼、饱受种种磨难的考验、历经曲折艰辛的探索，孕育形成了老区精神。老区精神包括爱党信党、坚定不移的理想信念；舍生忘死、无私奉献的博大胸怀；不屈不挠、敢于胜利的英雄气概；自强不息、艰苦奋斗的顽强斗志；求真务实、开拓创新的科学态度；鱼水情深、生死相依的光荣传统。

张思德精神。张思德在其短暂的29年人生年轮中，用11年的军龄，以实际行动深刻回答和践行了为什么要为人民服务、怎样为人民服务的重大人生问题，进而使其成为一个高尚的人、纯粹的人、为人民服务的人、脱离低级趣味的人、一个走在时代前列的人、一个永远活在人民心中的人，并铸就了伟大的张思德精神。张思德精神就是为人民利益勇于牺牲、任劳任怨、艰苦奋斗的精神。全心全意为人民服务是张思德精神的核心和本质内涵。

二、社会主义革命和建设时期的艰苦奋斗精神

中国共产党在社会主义革命和建设时期肩负的主要任务是"进行社会主义革命,推进社会主义建设"。新中国成立后,面临国内政治、经济及军事等多方挑战,面对国际上帝国主义和霸权主义进行的颠覆破坏与武装挑衅等多方压力。为了巩固新生的政权,建设一个新世界,中国共产党领导全国人民"迅速医治战争创伤、恢复国民经济",并在此基础上进行社会主义改造,确立了社会主义基本制度,推进社会主义建设,改变了国家一穷二白、贫穷落后的面貌。在社会主义革命和建设过程中,无数先进集体、人物模范,敢于牺牲奉献,把青春、生命甚至子孙后代都献给了党和国家的伟大事业,谱写了气壮山河的爱国主义诗篇,描绘了艰苦奋斗、顽强拼搏的壮美画卷,铸就了中国共产党人精神谱系中的12项伟大精神。整体来看,这些精神既与新民主主义革命时期的精神一脉相承、本质相同,又彰显了这一时期"自力更生、发愤图强"的时代主题,为中国共产党人精神谱系注入了新的精神内容。

抗美援朝精神。70多年前,中国人民志愿军高举保卫和平、反抗侵略的正义旗帜,雄赳赳、气昂昂,跨过鸭绿江,同朝鲜人民和军队一道,历经两年零9个月艰苦卓绝的浴血奋战,赢得了抗美援朝战争伟大胜利,也锻造出伟大抗美援朝精神。抗美援朝精神表现为祖国和人民利益高于一切、为了祖国和民族的尊严而奋不顾身的爱国主义精神,英勇顽强、舍身忘死的革命英雄主义精神,不畏艰难困苦、始终保持高昂士气的革命乐观主义精神,为完成祖国和人民赋予的使命、慷慨奉献自己一切的革命忠诚精神,为了人类和平与正义事业而奋斗的国际主义精神。

"两弹一星"精神。"两弹一星"精神是在党的坚强领导、国防科技发展以及科研工作者的艰辛探索中形成的,主要体现为热爱祖国、无私奉献

精神，自力更生、艰苦奋斗精神，大力协同、勇于登攀精神。胸怀祖国、服务人民的爱国奉献精神是"两弹一星"精神最核心、最重要的思想内涵。"两弹一星"精神是爱国主义、集体主义、社会主义精神和科学精神的生动体现，是中国共产党领导中国人民在20世纪创造的宝贵精神财富。

雷锋精神。雷锋精神是以雷锋名字命名的、通过雷锋言行事迹表现出来的，以雷锋的先进思想、高尚品德和崇高追求为基本内涵的一种伟大精神。雷锋精神主要包括热爱党、热爱祖国、热爱社会主义的崇高理想和坚定信念；服务人民、助人为乐的奉献精神；干一行爱一行、专一行精一行的敬业精神；锐意进取、自强不息的创新精神；艰苦奋斗、勤俭节约的创业精神。雷锋是时代的楷模，雷锋精神是永恒的。

焦裕禄精神。焦裕禄同志是在社会主义建设时期涌现出的党的优秀领导干部，他的一生留下了许多感人的事迹，形成了跨越时空、历久弥新的焦裕禄精神，激励着广大党员干部不忘初心、砥砺前行。焦裕禄精神概括为"五个方面"：亲民爱民、艰苦奋斗、科学求实、迎难而上、无私奉献；"四种内涵"："心中装着全体人民、唯独没有他自己"的公仆情怀，凡事探求就里、"吃别人嚼过的馍没味道"的求实作风，"敢教日月换新天""革命者要在困难面前逞英雄"的奋斗精神，艰苦朴素、廉洁奉公、"任何时候都不搞特殊化"的道德情操；"三股劲"：对群众的那股亲劲、抓工作的那股韧劲、干事业的那股拼劲。

红旗渠精神。红旗渠精神是在修建红旗渠的过程中形成的。红旗渠动工于1960年，勤劳勇敢的30万林州人民，苦战10个春秋，仅仅靠着一锤、一铲、两只手，在太行山悬崖峭壁上修成了这全长1500公里的红旗渠。红旗渠精神的内涵是自力更生、艰苦创业、团结协作、无私奉献。红旗渠精神以独立自主为立足点，以艰苦创业、无私奉献为核心，以团结协作的集体主义精神为导向，既继承和发展了中华民族勤劳坚韧的优良传统，又体现了当代中国人的理想信念和不懈追求。

北大荒精神。北大荒地处高寒地区，地形复杂，自然条件恶劣，三代北大荒人在北大荒开发建设的历程中形成并发展了以"艰苦奋斗、勇于开拓、顾全大局、无私奉献"为内容的北大荒精神。艰苦奋斗是北大荒人的立身之本，它具体表现为北大荒人自力更生的创业精神，以苦为荣的乐观精神和勇往直前的革命英雄主义精神。勇于开拓既是北大荒人的意志品格，也是北大荒精神的重要组成部分。顾全大局是北大荒人的集体利益观的集中体现。无私奉献精神是北大荒不断发展的重要保证，是北大荒人精神的灵魂。

"两路"精神。"两路"指川藏公路、青藏公路。"两路"精神是指在修筑川藏、青藏公路中所体现的一不怕死、二不怕苦，顽强拼搏、甘当路石，军民一家、民族团结的精神。一不怕死、二不怕苦：不畏艰难险阻的革命英雄主义，对理想事业的坚定与忠诚。顽强拼搏、甘当路石：勇往直前、敢为人先的进取意识和担当精神，甘于吃苦、乐于奉献的高尚情怀。军民一家、民族团结：水乳交融、血肉相连的军民鱼水深情，藏汉一家、各族一家、团结互助的社会主义民族关系。

孔繁森精神。孔繁森被誉为"九十年代的雷锋、新时期的焦裕禄"。在和平年代，形成了热爱人民、鞠躬尽瘁的孔繁森精神。习近平总书记指出："孔繁森精神，首先体现的就是老西藏精神。"而"老西藏精神"的核心是奉献牺牲精神。孔繁森精神体现的是信念坚定、献身使命的忠诚品质，心怀百姓、求真务实的人民立场，生能舍己、死亦无畏的牺牲精神，创新进取、担当作为的开拓意识。其中，信念坚定、献身使命的忠诚品质，是他工作、生活的鲜亮底色，也是孔繁森精神的精髓。

铁人精神。铁人精神是大庆精神的典型化、人格化，它凝缩了一个民族、一个国家的精神风貌，它凸显了中华民族不懈拼搏、创造未来的民族气概。铁人精神的内涵主要包括"宁肯少活20年，拼命也要拿下大油田"的忘我拼搏精神，"有条件要上，没有条件创造条件也要上"的艰苦奋斗精神,"干工作要经得起子孙万代检查""为革命练一身硬功夫、真本事"的科学求实精神,"甘愿为党和人民当一辈子老黄牛"、埋头苦干的无私奉献精神。

王杰精神。王杰精神是指一不怕苦、二不怕死的精神。"一切为人民、一切为革命"是王杰精神的本质精髓。主要表现在:为人民、为革命,他处处以革命英雄人物为榜样,对照自己,勉励自己,鞭策自己始终如一地积极上进,把有限的生命投入无限的为人民服务的事业中去;为人民、为革命,他勇挑重担,不怕困难埋头苦干,踏踏实实,自觉地遵守革命纪律,党叫干啥就干啥,党指到哪里,他就冲向哪里,立志做一个永不生锈的螺丝钉;为人民、为革命,他毫不利己、专门利人,以深厚的无产阶级感情对待同志,对待人民吃苦在前,享受在后,把爱护、关心、帮助别人当作最大的幸福,把舍己救人当作最大光荣。为人民、为革命,他艰苦朴素,永不忘本,在政治上用高标准,在生活上用低标准要求自己,保持和发扬了我们党艰苦奋斗的光荣传统。

塞罕坝精神。塞罕坝意为"美丽的高岭",自20世纪60年代以来,三代塞罕坝人在这里书写了荒原变林海的人间奇迹,建成了世界上最大的人工林场。塞罕坝精神植根于塞罕坝140万亩的土地,源于成百上千名塞罕坝务林人的奉献奋斗,成长于塞罕坝日益辉煌的绿色事业之上,是几代塞罕坝人用心血、汗水和生命凝结而成的。塞罕坝精神是以艰苦创业为核心,以科学求实和开拓创新为支撑,以无私奉献和爱岗敬业为价值取向的一个完整的精神体系,包含了三大精神实质:对党绝对忠诚;矢志不渝艰苦创业;坚持绿色发展,人与自然和谐发展。

西迁精神。"西迁精神"是20世纪50年代以来,党团结带领广大知识分子在迁往西部、扎根西部、建设西部过程中形成的宝贵精神财富。20世纪50年代,我国全部轻工业和重工业,有约70%在沿海,只有30%在内地,沿海和内陆地区经济社会发展极不均衡。因此,为加快社会主义工业化建设步伐、实现高等教育合理布局、保障沿海地区国防安全，党中央从一切有利于社会主义建设全局出发，制定并实施了促进国民经济发展的"一五"计划，先后派出沿海地区教育、金融、建筑、纺织、铁路等各行业数十万名知识分子支援西部建设，汇聚成强大的西迁洪流。老一辈"西迁人"对国家的无限热忱、对民族的使命担当，以及为此埋头深耕、矢志奉献的高尚情操，在扎根西北的过程中得以淬炼，生发出了以"胸怀大局、无私奉献、弘扬传统、艰苦创业"为基本内涵的"西迁精神"。

三、改革开放和社会主义现代化建设新时期的伟大实践精神

在改革开放和社会主义现代化建设新时期，"继续探索中国建设社会主义的正确道路，解放和发展生产力"，成为中国共产党面临的主要任务。其目的在于让人民摆脱贫困，尽快富起来，为中华民族伟大复兴提供坚实的物质条件。党的十一届三中全会以后，面对一系列重大风险挑战、自然灾害，没有现成方案可以参考，也没有成功经验能够借鉴。中国共产党领导人民解放思想、实事求是、锐意进取，"到生产方式和交换方式的变革中去寻找"社会变迁和改革的原因，廓清困扰和拨开思想迷雾，实行改革开放，推进社会主义现代化建设，让中国大踏步赶上了时代，也培育创造了一系列精神硕果。

改革开放精神。改革开放极大改变了中国的面貌、中华民族的面貌、中国人民的面貌、中国共产党的面貌。改革开放铸就的伟大改革开放精神，是党和人民弥足珍贵的精神财富，是对中华文明变革开放基因的传承创新，是马克思主义实事求是理论品格与改革开放实践相结合的必然产物，是反映改革开放伟大实践的思想精华的集中体现。

特区精神。兴办经济特区，是党和国家为推进改革开放和社会主义现代化建设进行的伟大创举。从 1980 年的深圳、珠海、汕头、厦门，到

1988年的海南,一个个经济特区相继建立,一个个令世界刮目相看的伟大奇迹,在改革开放的中国大地书写。"特区精神"就是在我国改革开放进程中自然形成的精神文化形态,也是经济特区改革创新精神的形象表述。深圳经济特区于1987年最早提出"开拓、创新、献身"的特区精神概念,"特区精神"在"先行示范"中升华,与时俱进,不断完善。2018年4月13日,习近平总书记在庆祝海南建省办经济特区30周年大会上的讲话中,对"特区精神"的内涵进行了新的概括。他指出,"经济特区要勇于扛起历史责任,适应国内外形势新变化,按照国家发展新要求,顺应人民新期待,发扬敢闯敢试、敢为人先、埋头苦干的特区精神,始终站在改革开放最前沿,在各方面体制机制改革方面先行先试、大胆探索,为全国提供更多可复制可推广的经验"。

抗洪精神。1998年汛期,我国南方特别是长江流域及北方的嫩江、松花江流域发生特大洪涝灾害。在党中央坚强领导下,全党全军全国人民团结奋战,同历史上罕见的大洪水展开了一场波澜壮阔的斗争,展现出气吞山河的英雄气概,取得了抗洪抢险斗争的全面胜利。在同洪水搏斗中铸就的万众一心、众志成城,不怕困难、顽强拼搏,坚韧不拔、敢于胜利的抗洪精神,成为我们党的宝贵精神财富。万众一心、众志成城,体现了中国人民的强大凝聚力;不怕困难、顽强拼搏,体现了中国人民的革命英雄主义气概;坚韧不拔、敢于胜利,体现了中国人民的坚强意志和必胜信念。

女排精神。女排精神是中国女子排球队顽强战斗、勇敢拼搏精神的总概括。其具体表现为:祖国至上、团结协作,不忘初心、愈挫愈勇,与时俱进、接续奋斗。女排精神的核心是爱国主义,以此为根基,不断激励着中国女排突破自我、创造佳绩。自强不息、永不言败的精神贯穿于中国女排发展的始终。

抗击"非典"精神。2003年伊始,"非典"疫情不期而至,党中央从容应对,指挥若定,在抗击"非典"的斗争中彰显的抗击"非典"精神,即万众一心、众志成城的齐心协作精神,团结互助、和衷共济的团结友爱精神,迎难而上、敢于胜利的敬业奉献精神,依靠科学、扎实工作的求真务实精神,以人为本、扶弱济困的人文关怀精神,其鼓舞中国人民携手共克时艰,取得抗击"非典"的胜利,并在此后继续迸发出磅礴的精神伟力。

抗震救灾精神。在中国共产党领导中国人民与地震灾难进行斗争并取得胜利的历史进程中,逐渐形成了抗震救灾精神。2008年6月30日,党中央召开抗震救灾先进基层党组织和优秀共产党员代表座谈会,提出伟大的抗震救灾精神——万众一心、众志成城,不畏艰险、百折不挠,以人为本、尊重科学。这一精神是我们党的光荣传统、优良作风的集中体现和重要发展,是中华民族伟大精神的集中体现和重要发展,也是社会主义制度集中力量办大事优势的有力彰显。

青藏铁路精神。党中央为了青藏铁路的建设,在面对高寒缺氧的极限环境,完成了高原铁路建设维护的极限挑战;同时攻克了20多项世界性高原冻土施工难题,打破了国外专家"青藏铁路过不了风火山"的预言,创建世界一流铁路。在建设青藏铁路,创造高原奇迹的过程中,形成了"挑战极限、勇创一流"的青藏铁路精神。"挑战极限、勇创一流"展现的是青藏铁路建设者不畏艰难险阻,以敢于超越前人的大智大勇,拼搏奋斗,开拓创新,攀登不止,在雪域高原上筑起了中国铁路建设新的丰碑。

载人航天精神。发展载人航天事业是中国共产党和中华人民共和国长期关注、高度重视的一项伟大工程。实施载人航天工程以来,中国航天工作者牢记使命,不负重托,培育和发扬了特别能吃苦、特别能战斗、特别能攻关、特别能奉献的载人航天精神。载人航天精神是以爱国主义为核心的民族精神和以改革创新为核心的时代精神的生动体现,是社会主义核心价值观的生动写照。载人航天精神的基本内涵是热爱祖国、为国争光的坚定信念,勇于登攀、敢于超越的进取意识,科学求实、严肃认真的工作作风,同舟共济、团结协作的大局观念,淡泊名利、默默奉献的崇高品质。

劳模精神。习近平在同全国劳动模范代表座谈时的讲话中指出,必须大力弘扬劳模精神、发挥劳模作用。榜样的力量是无穷的。劳动模范是民族的精英、人民的楷模。长期以来,广大劳模以平凡的劳动创造了不平凡的业绩,铸就了爱岗敬业、争创一流,艰苦奋斗、勇于创新,淡泊名利、甘于奉献的劳模精神,丰富了民族精神和时代精神的内涵,是我们极为宝贵的精神财富。其中,爱岗敬业、争创一流是劳模精神的本质特征,艰苦奋斗、勇于创新是劳模精神的品质体现,淡泊名利、甘于奉献是劳模精神的价值追求。

四、中国特色社会主义新时代的伟大斗争精神

在新时代,以习近平同志为核心的党中央,统筹国内国际两个大局,统揽伟大斗争、伟大工程、伟大事业、伟大梦想,带领人民以"自信自强、守正创新"的姿态,战胜了一系列重大风险挑战,顺利实现了第一个百年奋斗目标,正意气风发向着第二个百年奋斗目标迈进。今天,"实现中华民族伟大复兴进入了不可逆转的历史进程",中国人民更加自信自立自强,充满着做中国人的志气骨气底气。这样壮美的历史画卷,是新时代中国共产党人弘扬伟大建党精神在伟大奋斗中绘就的,与其同时,也赓续发展了中国共产党人的精神谱系。

脱贫攻坚精神。经过全党全国各族人民共同努力,我国脱贫攻坚取得了全面胜利,取得了物质上的累累硕果,也取得了精神上的累累硕果,创造了又一个彪炳史册的人间奇迹。脱贫攻坚伟大斗争,锻造形成了"上下同心、尽锐出战、精准务实、开拓创新、攻坚克难、不负人民"的脱贫攻坚精神。脱贫攻坚精神是对民族精神和时代精神的赓续传承。"上下同心"充分体现了团结精神,"尽锐出战"充分体现了决胜精神,"精准务实"充

分体现了科学精神,"开拓创新"充分体现了创新精神,"攻坚克难"充分体现了担当精神,"不负人民"充分体现了为民精神。

抗疫精神。新冠肺炎疫情是新中国成立以来我国遭遇的传播速度最快、感染范围最广、防控难度最大的一次重大突发卫生事件,也是百年来全球发生的最严重的传染病大流行。在这场同严重疫情的殊死较量中,中国人民和中华民族以敢于斗争、敢于胜利的大无畏气概,铸就了生命至上、举国同心、舍生忘死、尊重科学、命运与共的伟大抗疫精神。

"三牛"精神。"三牛"精神来源于2021年,我们即将迎来农历辛丑牛年。习近平总书记在全国政协2021新年茶话会上提出的"三牛"精神是指为民服务孺子牛、创新发展拓荒牛、艰苦奋斗老黄牛的精神。在新时代争做"孺子牛",俯下身子为民服务,是党员、干部优良品质和担当精神的体现,是对初心和使命的坚守。"拓荒牛"精神是一种敢破敢立、敢闯敢试、敢想敢干的奋斗精神,奋斗"十四五"、奋进新征程,尤其要发扬"拓荒牛"精神,不断推进改革发展的创新实践,谱写改革发展新篇章。甘当"老黄牛",勤勤恳恳、埋头苦干,以永不懈怠的精神状态和一往无前的奋斗姿态,乐于奉献、实干兴邦。

科学家精神。在党的坚强领导下,一代代科技工作者投身科学救国、科技报国、科技兴国、科技强国伟大事业,我国科技创新发生整体性、格局性、历史性深刻变化,形成了"胸怀祖国、服务人民的爱国精神,勇攀高峰、敢为人先的创新精神,追求真理、严谨治学的求实精神,淡泊名利、潜心研究的奉献精神,集智攻关、团结协作的协同精神,甘为人梯、奖掖后学的育人精神"的新时代科学家精神。

企业家精神。改革开放以来,一大批有胆识、勇创新的企业家茁壮成长,形成了具有鲜明时代特征、民族特色、世界水准的中国企业家队伍,在波澜壮阔的历史进程中形成了企业家精神。在2020年7月21日召开的企业家座谈会上,习近平总书记赋予企业家精神新的内涵,那就是在爱国、创新、诚信、社会责任和国际视野等方面不断提升自己，努力成为新时代构建新发展格局、建设现代化经济体系、推动高质量发展的生力军。

探月精神。探月精神是一种精神象征，既拓展了新时代航天精神的内涵，又丰富了中华民族的精神家园，其根本性价值既属于中国航天人，也属于全体中国人。探月精神于2019年1月11日首次由习近平集中概括为：追逐梦想、勇于探索、协同攻坚、合作共赢。

丝路精神。"丝路精神"源于我国古代延续几个世纪的陆上和海上丝绸之路，丝绸之路作为人文社会的交往平台，多民族、多种族，多宗教、多文化在此交汇融合，积淀了新时期以和平合作、开放包容、互学互鉴、互利共赢为核心的丝路精神，这是人类文明的宝贵遗产。"和平合作"是从国家层面提出的精神，既是方法论也是目标。社会层面上，"丝路精神"的内涵主要是开放包容，体现在各国人民之间的交往上。丝路精神，根植于历史，面向未来；源于中国，机会和成果属于世界。

新时代北斗精神。北斗精神是中国航天人在建设北斗全球卫星导航系统过程中表现出来的"自主创新、开放融合、万众一心、追求卓越"的新时代精神。以国为重是"北斗精神"的核心价值观。参与北斗系统研制建设的全体人员迎难而上、敢打硬仗、接续奋斗，凝结着一代又一代航天人敢打硬仗、接续奋斗的心血，饱含着中华民族自强不息的本色。

从中国共产党人精神谱系不断流变和丰富的历史中，我们需要深刻认识到，中国共产党人的精神谱系作为一个开放发展的体系，在新时代新征程上必将还会有更多的精神硕果注入，也必将实现更高水平的赓续发展。

同时，用伟大建党精神引领新时代的伟大社会实践。党在一百年来的生死斗争和艰苦奋斗中经受住各种风险考验、付出巨大牺牲，锤炼出鲜明政治品格，形成了以伟大建党精神为源头的精神谱系，保持了党的先进性和纯洁性，无愧为伟大光荣正确的党。历史证明，运用伟大建党精神建党强党、成就伟业，成为中国共产党加强自身建设的重要法宝，成为党领导人民战胜一切艰难险阻、应对各种风险挑战、不断夺取新胜利的强大动力。党用伟大奋斗创造了百年伟业，也一定能用新的伟大奋斗创造新的伟业。全面建设社会主义现代化国家，是一项伟大而艰巨的事业，前途光明，任重道远。我们必须增强忧患意识，坚持底线思维，做到居安思危、未雨绸缪，准备经受风高浪急甚至惊涛骇浪的重大考验。要高举中国特色社会主义伟大旗帜，全面贯彻习近平新时代中国特色社会主义思想，弘扬伟大建党精神，发扬光荣传统、赓续红色血脉，走好实现第二个百年奋斗目标新的赶考之路，引领新的伟大社会实践。

第三节 雷锋精神是中国共产党人精神谱系的闪亮坐标

中国共产党精神谱系，是党在百年奋斗历程中形成和发展出来的一系列伟大精神。雷锋精神是中国共产党精神谱系的重要组成部分。雷锋精神和其他的伟大精神都是在特定历史时期出现的，是时代的产物，但雷锋精神是永恒的，不管时代怎么变化，雷锋精神永不褪色。2018年9月28日，习近平总书记参观抚顺雷锋纪念馆时指出，"雷锋是时代的楷模，雷锋精神是永恒的。实现中华民族伟大复兴，需要更多时代楷模。我们既要学习雷锋的精神，也要学习雷锋的做法，把崇高理想信念和道德品质追求转化为具体行动，体现在平凡的工作生活中，作出自己应有的贡献，把雷锋精神代代传承下去。"这说明凝结着时代核心价值元素的雷锋精神，已超越特定时代而成为每个时代人们汲取养分的精神高地，成为全社会的道德标杆、精神标识、文明标记，是中国共产党精神谱系的闪亮坐标。

一、雷锋精神是党的精神谱系人格化的典型代表

中国共产党的精神谱系是一个结构体系，有着众多的精神载体，一类是群体创造的精神成果，如井冈山精神、长征精神、"两弹一星"精神、载人航天精神、抗疫精神等；另一类是人格化的精神成果，主要以革命烈士、英雄人物、先进模范为精神主体、精神载体、精神符号的精神成果，如焦裕禄精神、孔繁森精神等。雷锋精神是中国共产党精神谱系中以人物雷锋为代表而形成的伟大精神成果。雷锋精神是以雷锋名字命名、通过雷锋言行事迹表现出来的，以雷锋的先进思想、高尚品德和崇高追求为基本内涵的一种伟大精神。半个多世纪以来，雷锋文化现象层出不穷、新时代雷锋传人竞相涌现，雷锋成为高尚道德的代名词，雷锋精神反映了社会主义道德的本质要求，展现了中国共产党人的政治品格。

（一）雷锋文化现象层出不穷

在人类社会发展的历史长河中，一些人的名字连同他的精神、思想道德，沉淀成一种文化，历久弥新。雷锋这个名字同时还是一种文化，它是高尚的象征、文明的标志，是我们学习的榜样。雷锋文化作为一种历史现象，它的影响力、感召力是前所未有的，并贯穿在整个意识形态领域的各个方面。如雷锋冠名、雷锋车队、雷锋题词、雷锋英模、雷锋歌曲、雷锋图书、雷锋收藏、雷锋诗词、雷锋邮票、雷锋学校、雷锋影视、雷锋国际、雷锋照片、雷锋机构、雷锋传承等现象层出不穷，成为亮丽名片。就拿雷锋题词来说，据统计，自毛泽东同志发出"向雷锋同志学习"这一号召以来，中央政治局常委以上党和国家领导人给雷锋题词的有19次，人大常委会副委员长、全国政协副主席、国务委员以上的领导人给雷锋题词51次，将军和省部级领导干部题词300多人次。同时，以雷锋命名的纪念馆在全国有100多所，除去较大的辽宁抚顺雷锋纪念馆、湖南雷锋纪念馆等

纪念馆外，还有很多民间的纪念馆，参观纪念馆的人数超上亿人次。

（二）新时代雷锋传人竞相涌现

几十年来，雷锋精神培养了无数的英雄模范。雷锋精神培养了王杰、刘英俊等英雄人物，培养了朱伯儒、张海迪、张华、李素丽、徐洪刚、徐虎、郭明义、孙茂芳等学雷锋先进个人。涌现出孔繁森、杨善洲、罗阳、李保国、廖俊波、黄大年等一大批爱岗敬业、锐意创新、勇于担当、无私奉献的先进模范人物，表彰了一批批学雷锋先进个人和雷锋式干部、雷锋式战士、雷锋式共产党员、雷锋式共青团员、雷锋式少先队员、学雷锋积极分子、学雷锋标兵等新时代雷锋传人。他们用智慧和汗水甚至鲜血和生命，为国家富强、民族振兴、人民幸福书写了可歌可泣的壮丽篇章。以习近平同志为核心的党中央持续推出各行各业学雷锋先进人物，广泛推荐宣传最美人物、身边好人，让不同行业、不同群体都能学有榜样，行有示范，形成见贤思齐、争当先进的生动局面。新时代雷锋传人，不仅是雷锋精神的接力传承者，更是雷锋精神作为中国共产党精神谱系的鲜活事例和重要依据。雷锋精神滋养了一代又一代中国人，彰显了强大的生命力。

二、雷锋精神是中国共产党精神谱系的道德实践准则

（一）雷锋精神积淀着中华优秀传统文化的道德养分

中华民族在5000多年文明发展进程中，创造了博大精深的灿烂文化，蕴含着丰富的思想道德资源，雷锋精神积淀着中华优秀传统文化的道德养分。"仁爱"作为中华优秀传统文化中德性的至高境界，是一种以"善"为价值取向的高尚情怀。"仁爱"即爱人，从爱己到"泛爱众"再到"民胞物与"，凸显了推己及人的大爱胸怀，彰显了"己所不欲，勿施于人"的道德品质。而"重义"向来是中华民族推崇的高尚品格，既讲究"为天

地立心，为生民立命，为往圣继绝学，为万世开太平"的大义，又重视"朋友，以义合者"的友情之义，是一种勇于担当、慷慨仗义的道德品格。家国情怀是中华优秀传统文化的精神内核，是伟大建党精神的根系之源。在中国传统家族本位的社会结构里，个体的利益与整个家族、民族的利益紧密相连，构成了"家国同构""家国天下"的思想观念，从而将整个民族紧紧凝聚在一起。在长期的历史发展中，逐步形成以爱国主义为核心的团结统一、爱好和平、勤劳勇敢、自强不息的伟大民族精神。雷锋精神汲取着中华优秀传统文化的养分，承接着中华民族的优秀品质，积淀着中华民族深层的价值追求。以爱党爱国、助人为乐、敬业奉献、锐意创新、艰苦奋斗为内涵的雷锋精神，与中华民族"天下兴亡，匹夫有责""位卑未敢忘忧国""苟利国家生死以，岂因祸福避趋之"的爱国传统相一致，与中华民族倡导的扶危济困、守望相助、民胞物与、仁者爱人的思想相一致，与中华民族遵行的敬业乐群、恪尽职守的情操相一致，与中华民族提倡的因时而变、与时偕行、自强不息、革故鼎新的理念相一致，与中华民族坚守的"成由节俭败由奢""艰难困苦，玉汝于成""民生在勤，勤则不匮"的古训相一致。正是中华优秀传统文化的滋养和哺育，铸就了雷锋精神的鲜亮底色，奠定了雷锋精神的文化底蕴。

（二）雷锋精神蕴含着超越一切时空限制的信仰准则

雷锋精神是雷锋同志个人先进事迹和崇高品质的理性升华，表现了平凡中伟大的道德准则。作为一名普通的共产主义战士，在22年的短暂生命里，雷锋同志身体力行，诠释了"怎样做人、为谁活着"的人生品格；回答了如何处理个人与社会国家的关系、如何实现人生价值等诸多人性问题，并为我们深刻理解人的道德本性提供了理论依据和现实样板。马克思指出，"人的本质并不是单个人所固有的抽象物，在现实性上，它是一切社会关系的总和"。人性不是抽象的，而是具体展现在有限性的历史进程中，不同时代的现实因素和历史条件的影响使人性呈现出不同的甚至截然相反的样态。把人当作目的是先天存在于每个人心中的道德法则，帮助他人或助人为乐符合人性中的道德法则，对于任何时代的任何民族、任何国家、任何人都具有普遍有效性。雷锋最为本质的道德品质是乐于助人、大公无私，体现了对民族精神的追求，代表着社会的道德理想，反映着公民的道德水准，并始终是每个国家、每个民族遵守并秉承的道德法则，是先天存在于人的心中且符合人性基础的道德法则。"要这样行动，使得你的意志的准则在任何时候都能同时被看作一个普遍立法的原则。"❶当"乐于助人"成为每一位社会成员自觉遵守及履行的道德准则时，这个准则便成为普遍的道德法则，并伴随着社会的发展而永恒存在。助人为乐、无私奉献彰显出雷锋精神永恒的人性根基。雷锋精神所蕴含的"助人为乐"内核是一种超越时空、具有永恒意义的大爱，正是因为符合人类道德法则的生成条件，所以才成为每个时代人们极为推崇的优秀精神品质。雷锋精神不是个别的、具体的道德信条，其中包含的"爱岗敬业、刻苦钻研""勇于创新、追求卓越"以及"勤俭节约、艰苦奋斗"等精神内容，具有推动社会进步发展的行为规范和道德要求。雷锋的"只有集体利益富裕了，个人利益才能得到满足，如果没有集体利益，哪还有什么个人利益呢？"凸显出雷锋精神的集体意识和博大情怀。人性不是抽象的，受不同历史条件和现实实践的影响，人性会呈现出不同的甚至完全相反的样式。在资本所宰制的资本主义制度中人的具体本性片面地显示出"狭隘的利己主义"，这就需要批判和超越人对人的剥削与压迫的制度，把被"淹没在利己主义打算的冰水之中"的人的善端本性彻底解救出来，建构"他自己为别人的存在，同时也是这个别人为他的存在"❷的人与人的真正的友爱、互助、和谐

---

❶ 康德.实践理性批判［M］.邓晓芒,译.北京：人民出版社,2003：39.
❷ 中共中央马克思恩格斯列宁斯大林著作编译局.马克思恩格斯文集：第1卷［M］.北京：人民出版社,2009：187.

关系。如今"'我为人人、人人为我'是'每个人的自由发展是一切人的自由发展的条件'在当代中国社会主义精神文明的具体要求和体现，是雷锋精神兼具现实性与超越性的本质内涵"❶。

（三）雷锋精神生动体现了社会主义价值观的核心要求

我国正处于多元文化、多元价值相互交织的社会转型期，雷锋精神集中展现了中国共产党人以及广大人民群众的人生观、价值观和道德风范，代表着先进文化和社会的发展方向，其思想内核涵盖了社会主义核心价值观的基本内容和核心要求。雷锋精神主要体现着社会主义核心价值观国家层面和个人层面的价值要求。富强、民主、文明、和谐体现了社会主义核心价值观在国家层面的价值目标，雷锋始终将国家利益放在首位，只要国家有需要，不论是当农民、工人还是战士，他都会义无反顾地冲在前面。雷锋的集体利益高于个人利益的思想，在其日记中体现得非常充分，体现出了他热爱祖国、忠于党、忠于人民的情怀，更能够彰显出他愿意为国家的富强、民主、文明、和谐而奋斗的崇高思想觉悟。雷锋精神所表现出的忠诚为党的坚定理想信念，是激励我们自觉为国家富强、民族振兴、人民幸福的共同目标不懈奋斗的力量源泉。爱国、敬业、诚信、友善是社会主义核心价值观公民层面的价值准则。爱国、敬业是国家对我国公民职业道德的基本要求，要求公民在自己平凡的岗位上要能够做到恪尽职守、乐于奉献；诚信、友善是国家对中国公民在为人处事上的基本准则。雷锋一直以来的实际行动无不诠释着这些价值标准。雷锋精神内含的助人为乐的奉献精神、干一行爱一行的敬业精神、艰苦奋斗的创业精神、自强不息的创新精神都与社会主义核心价值观的基本准则相统一、相吻合。简言之，雷锋精神在平凡的生活中以其具体化、人格化的表现形式，内化于心，外化

---

❶ 徐海峰.雷锋精神永远值得弘扬［N］.辽宁日报，2019-3-5.

于行，不断提升人们的道德情怀、责任意识与实践自觉，逐步成为一种广泛的人格认同。

三、雷锋精神彰显中国共产党人精神谱系人民至上的价值立场

（一）马克思主义的人民理论为雷锋精神提供了价值坐标

《共产党宣言》对无产阶级政党作出明确阐述："共产党人不是同其他工人政党相对立的特殊政党。他们没有任何同整个无产阶级的利益不同的利益。""无产阶级的运动是绝大多数人的，为绝大多数人谋利益的独立的运动。"这说明无产阶级政党不是一般意义上的政党组织，他们服务于无产阶级及其广大人民群众，为其根本利益负责。人民性是马克思主义最鲜明的品格，其核心内涵即"人民群众主体论"。马克思主义经典作家在论证生产力决定生产关系、经济基础决定上层建筑的社会历史发展规律基础上，第一次把对人的关注从抽象的人转到直接从事物质生产活动的广大劳动者方面来，从而形成了正确认识人民群众的历史地位和作用的理论观点。相信谁、依靠谁、为了谁，是否始终站在最广大人民群众的立场上，是区别唯物史观和唯心史观的分水岭，也是判断马克思主义政党的试金石。马克思主义指出，人民群众是历史活动的主体，是社会物质财富和精神财富的创造者，是推动历史前进和社会变革的决定性力量。"马克思主义第一次站在人民的立场探求人类自由解放的道路，以科学的理论为最终建立一个没有压迫、没有剥削、人人平等、人人自由的理想社会指明了方向。"❶ 人民性是马克思主义的内在属性，马克思主义的终极追求就是为人类求解放。人民不仅是实践的目的，更是实践的主体。在《〈黑格尔法哲学

---

❶ 习近平.在纪念马克思诞辰200周年大会上的讲话［N］.人民日报，2018-5-5（2）.

批判〉导言》中，马克思就指出："理论一经掌握群众，也会变成物质力量。理论只要说服人，就能掌握群众；而理论只要彻底，就能说服人。"❶人民群众是历史活动的主体，是社会物质财富和精神财富的创造者，是推动历史前进和社会变革的决定性力量。马克思主义的人民理论为雷锋精神提供了价值目标。

（二）服务人民是雷锋精神的核心内容

雷锋用短暂的生命历程，向我们回答了一个人为谁活着、怎样活着的价值命题。他在日记里这样写道："人的生命是有限的，可是为人民服务是无限的，我要把有限的生命投入到无限的为人民服务之中去。""我觉得自己活着就是为了使别人过得更美好。""人民的困难就是我的困难，帮助人民克服困难，贡献自己的一点力量，是我应尽的责任。我是主人，是广大劳苦大众中的一员，我能帮助人民克服一点困难，是最幸福的。"雷锋以服务人民为最大幸福，以帮助他人为最大快乐。做对人民有用的人，是雷锋一生的座右铭。每当国家利益遭到损失，雷锋就忧心如焚，挺身而出，每当人民群众遇到困难，他就伸出援手，鼎力相助。火车上，他主动地协助乘务员打扫卫生、扶老携幼；建筑工地上，他带病参加义务劳动，多拉快跑；当人民群众遭水灾时，他主动捐款慰问；班里战友的被子脏了，他不动声色地拆洗好；哪个战友的鞋子破了，他就拿去修补……雷锋把自己定位为人民的勤务员，把群众利益放在至高无上的位置，他心中时刻装着人民，始终保持着深厚的为民情怀。无论是在农村还是在机关、在工厂还是在部队，只要是他走过的地方，凡是对国家、对集体、对人民有利的事情，他都自觉地积极去做，以人民至上为价值取向，坚守人民立

---

❶ 中共中央马克思恩格斯列宁斯大林著作编译局.马克思恩格斯文集：第1卷[M].北京：人民出版社，2009：11.

场，从不计较个人得失。

（三）以人民为中心是中国共产党始终坚持的根本宗旨

一百年来，中国共产党始终弘扬伟大建党精神，始终坚持组织动员和宣传教育群众，调动起亿万人民的积极性、主动性和创造性，把蕴藏在人民群众中的智慧和力量充分激发出来，才创造出中华民族的惊天伟业。"人民，只有人民，才是创造世界历史的动力。"❶ 纵观历史，我们党干革命、搞建设、抓改革、促发展，都是为人民谋利益。"为人民谋幸福"是中国共产党人的初心，要真正做到、始终做到不忘初心，就要一以贯之地以人民为中心。进入新时代，追求幸福生活成为人民的权利，让人民过上好日子成为中国共产党人的初心和奋斗目标。让人民过上好日子就是要坚持在发展中保障和改善民生，不断满足人民日益增长的美好生活需要，不断促进社会公平正义，使人民获得感、幸福感、安全感更加完善、更有保障、更可持续。随着全面建设社会主义现代化国家新征程的深入推进，我国社会结构、社会观念、社会行为都将继续发生深刻变化，但始终不变的是人民在经济社会发展中的主体地位。这就需要我们充分依靠人民的力量，调动全体人民的积极性、主动性和创造性，只有这样，才能全面建设社会主义现代化，才能促进全体人民共同富裕，使发展成果由全体人民共享。人民是历史的创造者，是决定党和国家前途命运的根本力量。中国共产党来自人民、植根人民、服务人民，一旦脱离群众，就会失去生命力。始终站稳人民立场，取信于民、赢得民心，不断厚植党执政的群众基础，这是我们党永葆青春活力和战斗力的重要传家宝。

---

❶ 毛泽东选集：第 3 卷 [M]．北京：人民出版社，1991：1031．

四、雷锋精神体现党的精神谱系全体党员的党性要求

（一）雷锋精神是党的理论武装工作的实践结晶

雷锋精神是在科学理论指导下形成的丰硕成果，体现了新时期全体党员的党性要求。马克思主义是我们立党立国的根本指导思想。中国共产党从诞生之日起就把马克思主义写在自己的旗帜上，把实现共产主义确立为自己的最高理想。百年来，无数共产党人不惜流血牺牲，靠的就是马克思主义信仰和共产主义信念。马克思主义是以实践为立足点，包含一系列科学理论观点，并深刻揭示人类社会发展规律的科学真理体系，是科学的理论和科学的信仰，是崇高的价值理想和精神追求，具有真理性和价值性的统一性。雷锋就是用马克思主义、毛泽东思想武装起来的优秀青年和杰出代表。雷锋十分重视理论学习，在入伍不到一年的时间里就读了《毛选》的多篇文章，不断提高政治觉悟。雷锋认真钻研毛泽东思想，努力掌握马克思主义立场、观点和方法。学习毛泽东思想使雷锋"心里明亮，思想开朗，劲上加劲"，雷锋得出"人只有不断地努力学习，才不会迷失方向"的结论。他认为"毛主席著作对我来说好比粮食和武器，好比汽车上的方向盘。人不吃饭不行，打仗没有武器不行，开车没有方向盘不行，干革命不学习毛主席著作不行！"雷锋把革命理论当作粮食、武器、方向盘，时刻用马克思主义、毛泽东思想作自己行动的指南。雷锋精神就是雷锋刻苦研读科学思想理论即马克思列宁主义、毛泽东思想，并在其指导下躬身实践的必然产物。马克思主义、毛泽东思想成为雷锋始终坚定理想信念并外化为立身处世的方式和实践的动力，成为雷锋精神永恒的价值根基。当今世界正经历百年未有之大变局，国际环境日趋复杂，不稳定性不确定性明显增加，矛盾风险挑战之多，改革发展稳定任务之重，对党治国理政考验之大，前所未有。少数领导干部还存在轻视或忽视理论学习的思想，学习兴趣不浓厚，学习态度不积极，缺乏对马克思主义真理性的探究和领

悟，在认识上出现根本问题。越是在这样的时候，越需要马克思主义理论武装头脑。为此必须像雷锋一样坚定马克思主义信仰，自觉学习马克思主义理论知识，"因为马克思主义是科学"，"无论时代如何变迁、科学如何进步，马克思主义依然显示出科学思想的伟力，依然占据着真理和道义的制高点"。在此意义上，尤其是当前要学深悟透习近平新时代中国特色社会主义思想，深刻掌握其中的马克思主义立场观点方法，分析解决问题，牢记党的价值目标取向，更加自觉地传承好"初心"和肩负起新时代历史使命。

（二）彰显雷锋精神的当代价值是共产党人肩负的责任和使命

习近平总书记在东北考察期间，专程来到抚顺市参观雷锋纪念馆并强调指出，既要学习雷锋的精神，也要学习雷锋的做法，把崇高理想信念和道德品质追求转化为具体行动，体现在平凡的工作生活中，作出自己应有的贡献，"我们要见贤思齐，把雷锋精神代代传承下去"。习近平总书记的重要讲话，为广大党员干部更好践行"全心全意为人民服务"的宗旨指明了方向。雷锋精神是我们党的性质、宗旨的具体体现，对于各级党员干部来说，践行雷锋精神是义不容辞的职责，要把雷锋精神融入血脉之中。要忠诚于党。要始终把党放在心中最高的位置，始终牢记党的宗旨，始终听从党的指挥，党让干啥就干啥。要始终牢记党的纪律和政治规矩，时刻绷紧"红线"意识，党不让干的事坚决不干，党明令禁止的事坚决不去触碰，做一名严守规矩纪律、充满正气的党员干部。要始终牢记党员身份，在任何时候、任何地点，都要努力践行"全心全意为人民服务"的宗旨，以自身过硬的言行为党旗增光添彩。要胸怀理想、坚定信念，牢固树立政治意识、大局意识、核心意识、看齐意识。要像雷锋那样对党忠诚、听党指挥、为党尽责。像雷锋一样，"把崇高理想信念和道德品质追求转化为具体行动"，把爱党、忧党、兴党、护党落实到平凡的工作生活中。要坚持用习近平新时代中国特色社会主义思想武装头脑、指导实践、推动工作,发扬雷锋"钉子精神""螺丝钉精神",在学懂弄通做实上下功夫。要淡泊名利、勤勉敬业、求真务实、真抓实干、甘于奉献、迎难而上、锐意进取,要廉洁奉公、敢于担当,面对大是大非敢于亮剑,敢于同形形色色违反党内政治生活原则和制度的现象作斗争。要不断提高贯彻新发展理念、构建新发展格局的能力和水平,为实现第二个百年奋斗目标、实现中华民族伟大复兴中国梦不懈奋斗。

第二章　新时代雷锋精神的价值体系

第一章我们论述了雷锋精神是以伟大建党精神为源头，是中国共产党人精神谱系的重要组成部分，是中国共产党伟大精神的闪亮坐标。雷锋精神是永恒的，雷锋精神已超越特定时代而成为每个时代人们汲取养分的精神高地。那么，新时代雷锋精神的内涵是什么？其本质和特征又是什么？雷锋精神的时代价值又具体表现在哪些方面？对于这些问题的研究和探索需要我们首先从雷锋精神的形成出发，探讨雷锋精神的时代内涵，新时代雷锋精神的本质特征及雷锋精神的时代价值，从而厘清新时代雷锋精神的价值体系。

第一节　雷锋精神形成的思想条件与实践基础

雷锋精神是以雷锋名字命名的、通过雷锋言行实际表现出来的，以雷锋的先进思想、高尚品德和崇高追求为基本内涵的一种伟大精神。伟大时代孕育伟大精神，雷锋精神的产生有着深厚的思想条件和丰富的社会实践基础。

一、雷锋精神孕育于中华优秀传统文化

任何一种伟大精神，都离不开民族文化传统的滋养。中华民族在长期的历史发展中形成了以爱国主义为核心的团结统一、爱好和平、勤劳勇敢、自强不息的伟大民族精神。雷锋精神汲取着中华优秀传统文化的养分，承接着中华民族的优秀品质，是对中华优秀传统文化的传承与赓续。

（一）家国一体，家国同构

在五千年的中华优秀传统文化中，"国"和"家"的命运紧密相连，休戚与共。国是大的家，家是小的国，同时个人命运与国家存亡息息相关。孟子有讲"天下之本在国，国之本在家，家之本在身"；范仲淹在岳阳楼上留下千古流芳的名句"先天下之忧而忧，后天下之乐而乐"；顾炎武曾发出"天下兴亡，匹夫有责"的感叹；古之欲明明德于天下者，先治其国；欲治其国者，先齐家；欲齐其家者，先修其身。正可谓修身后得治其家，齐其家者得治国，治之国者得以平天下。雷锋的爱党爱国爱社会主义的精神本质，与中华民族尊奉的"家国同构""家国一体"爱国传统相一致。雷锋出生于新中国成立前，长在红旗下，新中国的成立使他当家成为国家的主人，雷锋把对党的感恩之心升华为对社会主义国家的深厚感情。他在日记中写道："你崇高的行为就是献身于为人民服务，为自己的祖国效忠，为崇高的共产主义理想立功。"雷锋精神汲取了中华民族优秀的爱国文化传统的养分。

（二）仁者爱人，服务为人

在中华民族上下五千年的历史文明里，儒家思想有着重要地位，"仁"是儒家思想中的核心思想，"仁"即为"爱人"，其根本在于"爱别人"。"己欲立而立人，己欲达而达人"是儒家思想"仁"的具体体现。雷锋精

神继承了传统儒家思想的仁爱精神。在雷锋读书时，他经常帮生病同学补课；在做工人和战士时，他将棉衣送给衣衫单薄的老大爷，冒着暴雨送妇女和小孩回家，用自己微薄的津贴帮助大嫂买票……雷锋用一件件小事践行了儒家思想中的仁爱思想。雷锋说："人的生命是有限的，而为人民服务是无限的，我要把有限的生命投入到无限的为人民服务之中去。""一个共产党员是人民的勤务员，应该把别人的困难当成自己的困难，把同志的愉快看成自己的幸福。"由此可见，雷锋精神同中华民族传统文化的仁爱思想有着深厚的渊源。

（三）敬业乐群，恪尽职守

中华民族历来有敬业乐群，恪尽职守的传统。早在春秋时期，孔子就主张人在一生中始终要勤奋、刻苦，为事业尽心尽力。他指出人要"事思敬""执事敬""修己以敬"，也就是说每个人不仅要尊敬自己的工作、做好自己的工作，还要慎重地培养好自己，更好地尽职工作。北宋程颐更进一步说："所谓敬者，主之一谓敬；所谓一者，无适（心不外向）之谓一。"意思就是说，做一件事时，要精神集中，心无旁骛，这就是敬业。孟子则强调："天将降大任于是人也，必先苦其心智，劳其筋骨，饿其体肤，空乏其身行，拂乱其所为，所以动心忍性，增益其所不能。"意思是，干一番事业，必定要呕心沥血，意志坚强，甘于吃苦，勇于奉献，才能有所成就。雷锋做过乡通信员、县委公务员、农场的拖拉机手、鞍钢的推土机手、弓长岭焦化厂的工人、解放军战士。无论他从事什么职业他都乐于做砌高楼大厦的"一砖一石"，从点滴做起，从小事做起，在平凡中干出不平凡的业绩。由此可见，雷锋的干一行爱一行的爱岗敬业精神与中华民族遵行的敬业乐群，恪尽职守是相一致的。

（四）自强不息，革故鼎新

中华民族博大精深的文化传统诸如"自强不息"的奋斗精神，"革故鼎新"的创新思想，是中华民族奋发进取的精神动力。孔子为了实现自己的政治主张，孜孜不倦，颠沛一生，乃至"发愤忘食""乐以忘忧"。儒家学派代表人物荀子曾说：君子敬其在己者，而不慕其在天者，是以日进也。意谓天道刚健，君子效法天道，以顽强的奋斗来实现自己不息的宏愿。正是这种自强不息的精神深深影响着雷锋，他始终保持着在实践中不断丰富自己，完善自己，提升自己，超越自己。雷锋在日记中写道："有人说，人生在世，吃好、穿好、玩好是最幸福的。我觉得人生在世，只有勤劳、发奋图强，用自己的双手创造财富，为人类的解放事业——共产主义贡献自己的一切，这才是幸福的。"雷锋的"锐意进取、自强不息的创新创业精神"正是对中华优秀传统文化中自强不息的奋斗精神的传承与弘扬。

（五）艰苦奋斗，勤俭节约

艰苦奋斗、勤俭节约是中华民族的传统美德，也是雷锋始终奉行的生活准则。《荀子》中"锲而不舍，金石可镂"这句话是说只要坚持不停地用刀刻，就算是金属、玉石也可以雕出花饰。引申为只要坚持不懈地努力，即使再难的事情也可以做到。孔子为讲学周游列国在条件艰苦的环境下也不曾妥协。无论是"克勤于邦，克俭于家"的劝勉，还是"俭节则昌，淫佚则亡"的告诫，有关俭与奢的箴言，沉淀着历史的启迪，节俭的思想也浓缩了中国哲学的智慧。从孔子"饭疏食饮水，曲肱而枕之，乐亦在其中"的幸福观，到老子"去甚、去奢、去泰"的思辨，再到墨子对"节用"理念的提倡，再到唐代诗人李商隐的"历览前贤国与家，成由节俭败由奢"……不仅对于个人有着深刻的影响，也深刻影响着国家社会的成败发展。雷锋的一生是艰苦奋斗的一生。在雷锋眼里，艰苦奋斗是美的化身，是青春的代名词。雷锋的一生又是勤俭节约的一生。雷锋对自己的要求是："在生活上，要向水平最低的同志看齐。"雷锋把连队发的新衣新鞋上交，自己仍穿着旧军装；袜子新三年、旧三年、缝缝补补又三年；面盆换底再换底；行车不浪费一滴汽油；修车不乱丢一颗螺丝钉……他在日记中说："每一分钱、每一滴油，都是人民的血汗，要像爱护自己的眼睛一样爱护。"他把节约下来的钱寄给灾区寄给有困难的战友家里。雷锋以实际行动为艰苦奋斗、勤俭节约这一传统美德注入了新的内涵。

二、雷锋精神产生于特定的历史时期

任何一种精神品质，都是特定时代背景和特定社会环境的产物。雷锋精神之所以产生在20世纪60年代，跟那个时期的国内外环境密不可分。从20世纪50年代后期起，中国的国际环境发生了复杂的变化：一是冷战环境中中国与美国关系持续紧张；二是社会主义阵营内部矛盾激化。中国的周边环境，由于美国和苏联的压力而趋向紧张。

（一）国际周边环境紧张

从20世纪50年代开始，在东西方对峙的冷战环境中，美国政府对新中国采取了经济禁运与政治孤立、军事封锁的敌视政策。美国一方面利用朝鲜战争，派太平洋第七舰队入侵台湾海峡；另一方面利用蒋介石集团制造"两个中国"和"一中一台"，企图分裂中国。面对西方国家的封锁、包围和军事威胁，如何领导中国人民建设社会主义，我们选择向社会主义阵营苏联老大哥"一边倒"的外交政策，与苏联在政治、经济以及文化上密切接触，苏联也给予我国很多指导。但是，在涉及两国的国家利益以及国际共产主义运动中的一些重大问题的认识时，两党之间的分歧越来越大，苏联大国沙文主义也愈发明显。赫鲁晓夫更是把两党的思想原则分歧扩大到国家关系方面，单方面撕毁协议，在一个月的时间内，撤走在华帮助工作的苏联专家和技术人员 1390 人，撕毁了 343 个专家合同和合同补充书，废除 257 个科学技术合作项目。❶ 同时对中国施加了政治、经济、军事上的压力，并不断地向中国进行武装挑衅，最终导致中苏关系恶化。周边国际关系局势亦趋紧张。1964 年美国发起侵越战争，美军飞机和舰艇不断侵入我国的领空和领海，对我国南方造成严重威胁。印度军队也在苏联的支持下不断在中国新疆、西藏地区挑衅滋事并发展为武装入侵。北部中苏边境也出现了紧张局势。面对如此严峻的国际环境，我们党迫切需要一种强大的精神力量。

（二）社会主义建设面临严峻的挑战

除了国际环境复杂多变紧张以外，当时的国内环境也面临着新的考验。在经济上，完成土地改革，发展国营经济，基本完成社会主义改造、确立社会主义公有制经济。但是由于一些决策上的错误致使国民经济出现严重困难，1958—1961 年，由于严重的自然灾害，发生了严重的饥荒，人民生活十分困难。在这种情况下，我们党迫切需要一种强大的精神力量，来统一全国人民的思想、凝聚力量，鼓舞人民群众全身心投入到社会主义建设中去，促进国民经济的迅速恢复和发展。1956 年 9 月 15 日至 27 日，中国共产党第八次全国代表大会召开，为全党全国人民制定了新形势下的总任务。为确保这个任务能够圆满完成，党中央又进一步提出了社会主义建设的战略目标和战略步骤，这极大地激发了全国人民投身社会主义事业的积极性和主动性，广大干部群众倍感珍惜好生活的来之不易，珍惜自己当家做主的主人翁身份和责任，其政治觉悟和思想文化素质有了很大提高，涌现出了一大批英雄模范，雷锋就是其中的典型代表。

---

❶ 李崇富. 较量：关于社会主义历史命运的战略沉思 [M]. 北京：方志出版社 2007 年：1.

三、雷锋精神生成于常学常新的学思渐悟

雷锋十分注重学习,这种学习不仅表现在他时时刻刻汲取着英雄模范人物的精神养分,更有着党的伟大理论的指引,使得雷锋在先进模范典型和科学理论的浇灌中常学常新、学思践悟,并在此基础上始终保持着不变的信念、向上的力量,从而奠定了雷锋精神的鲜明基调。

(一)雷锋精神汲取模范人物的精神养分

雷锋心中装着各种类型的英雄模范人物,雷锋自小学习英雄模范人物,不断向英雄学习。他们是雷锋不断成长的"钥匙"。榜样模范的力量是无穷的,是一个"润物细无声"的长期过程,雷锋在不同条件下和环境背景中总能找到自己的偶像和楷模,如刘胡兰、董存瑞、黄继光、邱少云、白求恩、向秀丽、龙均爵、时传祥、郑春满、郅顺义、王若飞、方志敏、聂耳、韩英、张秀云……从他们的事迹中汲取养分,使自己得到升华。

在战斗英雄长队中,雷锋从董存瑞、黄继光、方志敏、邱少云、白求恩、郅顺义等战斗英模、革命先烈身上汲取养分。1961年2月3日雷锋去海城某部队作报告,并见到了敬佩的郅顺义老英雄,郅顺义老英雄为雷锋讲述了董存瑞的故事,雷锋听后深受感动。雷锋在日记中这样写道:"我听到老英雄讲完董存瑞的英雄事迹后,我的心像大海的浪涛一样,久久不能平静,我感动得满眼热泪直掉。董存瑞英雄对敌人万分的愤恨,对党和人民无限的忠诚,在战争当中,英勇顽强,丝毫不畏缩,为人民的解放牺牲自己。董存瑞英雄是我永远学习的好榜样,我一定要为党和阶级的崇高事业,随时准备牺牲自己的一切,直至生命。郅顺义老英雄是我永远学习的榜样,他在战斗当中,勇敢坚定,机动灵活。他俘虏敌人一百四十多

人，缴获机枪四十多挺。他勇敢地消灭了敌人，保存了自己。董存瑞和邱顺义两英雄的事迹，深深地教育了我，给了我莫大的鼓舞和无穷的力量，我一定要时刻用这些英雄的事迹来鞭策自己，永远忠于党，忠于人民。"❶雷锋在日记中还这样写道："在最困难、最艰苦的工作中，我就想起了黄继光，浑身就有了力量，信心百倍，意志更坚强。我每次外出执行任务或在最复杂的环境中，就想起了邱少云，就能严格地要求自己，很好地遵守纪律。每当我得到福利和享受的时候，就想起了白求恩，就先人后己，把享受让给别人。当个人利益与国家、党和人民的利益发生矛盾的时候，我就想起了过去家破人亡，受苦受难的苦日子，就感到党的恩情永远报答不完。""永垂不朽的革命烈士方志敏同志，是我永远学习的榜样。我出生在一个很贫穷的农民家庭，在旧社会受尽了折磨和痛苦，在慈祥的母亲中国共产党的不断哺育和教导下，居然成长为一个解放军战士、光荣的共产党员。我要时刻准备着为党和阶级的最高利益，牺牲个人的一切，直至生命。"❷雷锋在读完毛泽东主席的《纪念白求恩》讲话后，在日记中写道："敬爱的毛主席，我看到您写的《纪念白求恩》这篇文章，深受教育，被感动得流下了眼泪。过去，有人讽刺我说，'你积极有什么用，那么点的小个子，给你150斤重的担子，你就担不起来。'我听了这话，还埋怨自己为啥长这么点小个子呢！可是您老人说，'一个人能力有大小，但只要有这点精神，就是一个高尚的人，一个纯粹的人，一个有道德的人，一个脱离了低级趣味的人，一个有益于人民的人。'这话给我很大鼓舞。个子小我也要尽我自己最大的力量，做到毫不利己，专门利人，向伟大的国际主义战士白求恩学习。"❸雷锋就是不断向英雄学习而成长进步的。

在社会主义建设过程中，雷锋将张秀云、向秀丽等英雄模范视为自

---

❶ 总政治部.雷锋日记［M］.北京：解放军文艺出版社，2012：21.
❷ 总政治部.雷锋日记选［M］.北京：解放军文艺出版社，1989：19.
❸ 雷锋.做一个有益于人民的人［M］//雷锋集.北京：华文出版社，2012：180-181.

己的偶像，从他们身上汲取更多的精神品质。他在日记中这样写道："向市劳动模范张秀云学习。首先学习她高度的主人翁责任感，对党对社会主义建设事业的赤胆忠心；学习张秀云同志积极主动、帮助别人、大公无私、舍己为人的共产主义思想和团结群众的优良作风；学习她坚持向群众学习、不断充实自己、谦逊好学的精神。"❶ "我拿起这本书，一口气读完了10多页，越读越使我浑身是劲，越读越使我敬佩，越读越想读……我用了4个多小时一字字一句句读完了这本书。读过之后，使我提高了阶级觉悟，加深了对剥削阶级的仇恨，对人民的热爱，使我懂得了热爱同志和集体，懂得了爱护国家的财产和人民的生命安全，要比爱护自己的生命为重。我决心永远学习向秀丽同志坚定的阶级立场，敢于斗争的精神；学习她耐心帮助同志，处处为集体谋利益的精神；学习她工作极端负责任；学习她对党对人民无限忠诚；学习她爱护国家财产胜过爱护自己生命的精神；学习她在紧急关头挺身而出、英勇牺牲的精神……我时时刻刻都要以她为榜样，经常对照自己和鞭策自己，把自己锻炼成为一个坚强的无产阶级革命战士。"❷ 在雷锋所经历的时代，雷锋总是积极向上的，每当先进模范出现的时候，他总是抢先学习，学习他们的精神，学习他们的先进事迹。

我们真切地感受到，在雷锋日记的字里行间，许许多多的英雄模范向雷锋走来，雷锋同时也在向英雄模范走去。学习先进模范是一个普遍的现象，每个人都向先进人物学习。但是怎么学习，学习到什么程度，各有各的不同。雷锋向英雄模范学习是全面的、深入的和透彻的，他善于思考、善于学习其精髓并身体力行，雷锋从众多的英雄模范人物身上汲取了源源不断的精神力量。

---

❶ 湖南雷锋纪念馆.光辉的榜样——雷锋[M].长沙：湖南少年儿童出版社，1990：14.
❷ 总政治部.雷锋日记[M].北京：解放军文艺出版社，2012：59.

(二)雷锋精神吸收理论成果的雨露阳光

在人类社会和自然界里,任何一种生命的生长,都是离不开阳光雨露的。无论是人还是其他的动植物。而越是生长茁壮、快速的生命,汲取的阳光雨露就越多越快越浓烈。一个人的先进思想和崇高品德,来自进步的理论和先进的文化。而最快捷最有效的方法就是读书学习。

在雷锋参与新中国建设繁忙之时,他依然不忘学习理论思想,雷锋读书,对重点文章和重点段落是要写心得体会加注眉批的。例如,在《为人民服务》这篇文章里,加了3处批注:一是"我要为人民利益而死";二是"我要全心全意为人民服务";三是"我觉得一个革命者活着,就应该把毕生精力和整个生命为人类解放事业——共产主义全部献出"。他在单行本《实践论》里写道:"我是在1958年夏开始学习毛主席著作的。经过学习,提高了阶级觉悟,武装了头脑,增强了本领。我在学习过程中,始终坚持用学习到的理论、观点对照联系自己的思想、劳动和周围的一切实际事情。这么一联系,不仅加深了对理论的理解,而且更有助于政治理论的提高。如通过学习毛主席所写的《中国社会各阶级的分析》和《关于正确处理人民内部矛盾的问题》这两篇文章,我清楚地明白了,不同的阶级有不同的立场,对同样一件事情,不同的阶级就有不同的看法和说法……今后,我还要更好地学习,更好地为党的事业而奋斗。"

通过这些日记,我们可以直观感受到雷锋的思想境界和政治觉悟在学习中达到了一定的水平,使他逐渐懂得革命理论对一个人成长的重要性。通过学习马列主义、毛泽东思想,雷锋实现了自己人生观、世界观、价值观的统一。

四、雷锋精神植根于社会主义建设的伟大实践

马克思说:"人们自己创造自己的历史,但是他们并不是随心所欲地创造,并不是在他们自己选定的条件下创造,而是在直接碰到的、既定的、从过去承继下来的条件下创造。"❶ 雷锋精神离不开雷锋所处的时代和社会实践。1956年开始,我国进入社会主义建设时期,雷锋是一个时代的标杆,雷锋精神根植于社会主义建设时期的伟大实践。雷锋积极响应党中央和毛主席"调动一切积极因素把我国建设成伟大的社会主义国家"的号召,全心全意地投入社会主义建设之中,在平凡而普通的岗位上演绎了不平凡的人生,练就了模范人物的精神品质,在历史长河中形成了熠熠生辉、经久不衰的雷锋精神。

(一)社会主义建设时期的伟大实践造就雷锋精神

雷锋生在旧中国,长在红旗下。灾难深重的旧中国民不聊生,悲苦的童年,在雷锋幼小的心灵烙下了很深的印记。回溯历史,中国共产党自成立之日起,就把建立工人阶级领导的、以工农联盟为基础的人民共和国作为中国革命的目标,中国共产党带领全国各族人民经过28年艰苦卓绝的浴血奋斗,结束了100多年半殖民地半封建社会的屈辱历史,取得了新民主主义革命的胜利,建立了中华人民共和国,使中国共产党领导人民得解放,使备受压迫的中国人民成为国家、社会和自己命运的主人。随着新中国的成立,我国确立了人民当家作主的政治制度,1954年9月15日至30日,第一届全国人民代表大会第一次会议在北京隆重召开,通过了我国的第一部宪法,规定了"中华人民共和国是工人阶级领导的、以工农联盟为

---

❶ 中共中央马克思恩格斯列宁斯大林著作编译局.马克思恩格斯全集:第8卷[M].北京:人民出版社,1982:121.

基础的人民民主国家"❶，标志着中国人民从此当家作主，做自己的主人。从新中国的成立到1956年底基本完成社会主义改造，中国完成了从新民主主义向社会主义的过渡，开始了独立自主探索社会主义建设的道路。随着全面社会主义建设的开展，毛泽东指出："只要你还能工作就多多少少应当工作，而工作的时候就要有一股革命热情，就要有一种拼命精神。"❷要在"社会主义工业化和社会主义改造的道路上获得更大的胜利"❸，最为关键的两个因素：一是将广大人民群众凝聚在社会主义旗帜之下，坚定不移走社会主义建设道路，团结并调动人民工作建设的积极性、主动性和创造性，激励他们为社会主义建设努力奋斗，发挥人民群众的首创精神，既保证社会主义建设生产任务的完成，又能够发掘典型、塑造模范。二是社会主义建设既要学习苏联社会主义建设的先进经验，更要坚持自力更生。毛泽东指出："我国人民应当努力工作，努力学习苏联和各兄弟国家的先进经验，老老实实，勤勤恳恳，互勉互助，力戒任何的虚夸和骄傲，准备在几个五年计划之内，将我们现在这样一个经济上文化上落后的国家，建设成为一个工业化的具有高度现代文化程度的伟大国家。"❹"现在我们是搞建设，干部已成为决定性的因素……要充分发挥现有干部的作用，同时要培养大批各方面的建设人才。"❺社会主义建设造就了雷锋式的模范人物。雷锋就是从中国共产党领导中国人民艰苦奋斗的革命历史和社会建设的火热实践中，进一步深化了对党、对社会主义国家和社会主义制度的认识，升

---

❶ 中共中央文献研究室.建国以来重要文献选编：第5册[M].北京：中央文献出版社，1993：477.

❷ 中国中共文献研究会.毛泽东箴言[M].北京：人民出版社，2009：101.

❸ 中共中央文献研究室.建国以来重要文献选编：第5册[M].北京：中央文献出版社，1993：248，368，461.

❹ 中共中央文献研究室.建国以来重要文献选编：第5册[M].北京：中央文献出版社，1993：248，368，461.

❺ 中共中央文献研究室.建国以来重要文献选编：第5册[M].北京：中央文献出版社，1993：248，368，461.

华了他对社会主义国家的深厚感情。

（二）雷锋精神符合社会主义建设的实践需要

马克思说："不是人们的意志决定人们的存在，相反，是人们的社会存在决定人们的意识。"❶20世纪50年代末，我国基本上实现了对生产资料私有制的社会主义改造并且超额完成了第一个五年计划，建立了比较完整的工业体系和国民经济体系，农业基本建设初见成效，科学技术成绩显著，国防事业成果突出，教育事业也有很大发展。这极大地鼓舞了广大人民群众建设社会主义的热情，亿万人民群众为着共同的理想——建设我们的新中国而团结一致、不断奋斗。在中国共产党的领导下，广大人民群众摆脱了近百年屈辱历史，民族自豪感和民族自信心倍增，人民群众齐心协力，互助友爱，以饱满爱国热情和昂扬的精神状态投身于社会主义建设之中，形成"人人思进、敢于争先"的良好氛围，同时，我国出现了严重的经济困难及自然灾害。在这经济上遭受自然灾害和我们党工作出现失误的时候，广大人民群众仍然相信只要跟着共产党走，自力更生、艰苦创业，就一定能战胜任何困难，换来美好的新生活。在这种情况下，国家迫切需要一种强大的精神力量来建设新中国，根据当时中国国情，以及中国社会主义社会建设和发展的革命实践和马克思列宁主义的基本原理，具体地论证了培养社会主义社会全面发展的新人的命题，把"成为有社会主义觉悟的有文化的劳动者"作为培养社会主义新人的目标。雷锋身上所闪耀的是爱国主义和共产主义的光辉，他的友爱互助，积极进取，毫不利己、专门利人，艰苦朴素，勤俭节约等精神。正是在时代的感召下，雷锋精神应运而生，成为了广大人民群众团结友爱、互帮互助、奋力拼搏的集中体现。

---

❶ 中共中央马克思恩格斯列宁斯大林著作编译局.马克思恩格斯选集：第2卷[M].北京：人民出版社，1995：82.

（三）雷锋精神激励社会主义建设伟大实践的发展

雷锋精神是当时特定的社会环境造就的，是当时社会历史环境和经济社会背景的浓缩和展现，其实践动力是社会主义建设伟大实践，生动形象地诠释了社会主义道德，是中国共产党革命精神的折射和映衬。雷锋作为社会主义建设火热实践的杰出模范人物用实际行动诠释和展现了一个共产党员在平凡的岗位上、在平常的工作中、在平时生活中，始终不忘初心、牢记使命，以对党的忠诚、对国家的热爱、对人民的奉献、对社会的责任不求回报、任劳任怨地贡献自己的青春年华，直至献出自己的生命。他曾说："如果说这就是'傻子'，我甘愿意做'傻子'。革命需要这样的'傻子'，建设祖国也需要这样的'傻子'，我就是长着一个心眼，我一心向着党，向着社会主义，向着共产主义。"[1]雷锋成为人民群众竞相敬仰的楷模和学习的榜样，雷锋精神成为人民群众竞相看齐的旗帜和学习的品质。正如我们党所指出："毛泽东同志提出的十五年赶上和超过英国的口号，鼓足干劲、力争上游、多快好省地建设社会主义的口号，要当促进派、不要当促退派的口号，勤俭建国、勤俭持家的口号，苦战三年、争取大部分地区的面貌基本改观的口号，所有这些口号，迅速地被几亿人口组成的劳动大军所掌握，成为极其伟大的物质力量。在劳动中，在工作中，出现了高度的社会主义积极性，势如破竹的锐气，不达目的不止的学习和钻研的精神，无所畏惧的创造精神。个人同个人、小组同小组、企业同企业、合作社同合作社、县同县、城市同城市，展开了学先进、赶先进、比先进的竞赛"[2]。在社会主义建设中，中国共产党围绕社会主义实践，通过雷锋的先进事迹进行宣传鼓动，示范带动和组织动员人民群众积极参加社会主义

---

[1] 孙香萍.做新时代幸福的奋斗者——心理学视野里的雷锋精神[J].雷锋，2020（12）.
[2] 中共中央文献研究室.建国以来重要文献选编：第11册[M].北京：中央文献出版社，1995：256-257.

建设之中。面对经济社会发展落后的现实，社会主义建设不仅要倡导独立自主，而且要倡导集体主义，需要人民群众的奉献精神，还要倡导自由平等，需要动员一切可以动员的力量，这与雷锋精神的内涵不谋而合。中国共产党领导的社会主义建设事业是全党和全国各族人民自己的事业，没有模范人物的榜样示范、没有人民群众的积极参与、没有满腔的热血激情、没有自觉的奉献精神是万万不能成功的。雷锋，在不同的岗位上坚持严于律己，坚持全心全意为人民服务，将榜样的人格修养践行在自己的人生品格塑造之中，从而造就了雷锋精神，指引着一代又一代的中华儿女为实现国家富强和人民幸福，为实现社会主义现代化建设贡献自己的绵薄之力，促进了社会主义建设时期的伟大实践。

第二节　雷锋精神的时代内涵

伟大时代孕育伟大精神，雷锋精神是特定历史条件下的产物，是以雷锋的名字命名通过雷锋的言行实际表现出来，以雷锋的先进思想、高尚品德和崇高追求为基本内涵的一种伟大精神。雷锋精神随着社会的发展不断融入新的时代元素，具有丰富的时代内涵和本质特征。

一、新时代雷锋精神内涵

要想准确把握雷锋精神的时代内涵，必须把握雷锋精神所处的社会现实，把雷锋精神放在具有时代特色的话语体系和语境中加以解读。

（一）从党和国家领导人题词中解读雷锋精神

1963年3月5日，《人民日报》发表毛泽东同志"向雷锋同志学习"的题词号召。全国性的学雷锋运动由此正式拉开序幕。党和国家领导人围绕毛泽东的题词"向雷锋同志学习"纷纷题词，学习雷锋，学什么？怎么学？半个多世纪过去了，但老一辈革命家的题词所揭示出来的雷锋精神的内涵和实质仍然为我们今天研究雷锋精神提供重要的理论依据。

1. 题词揭示了"向雷锋同志学习"的内涵。

1963年2月22日，毛泽东为社会主义革命和建设时期的一位普通战士雷锋同志题词，"向雷锋同志学习"。寥寥七字的手迹成为学习雷锋的伟大号召。毛泽东对向雷锋学习什么有自己的深刻思想，号召全国人民学习雷锋精神的精髓，即全心全意为人民服务的共产主义信念。1963年3月5日，《人民日报》正式刊登了毛泽东的题词。后来，每年的3月5日被确定为"学习雷锋日"。

2. 题词把雷锋精神定位于具有共产主义精神的人格特征。

刘少奇题词："学习雷锋同志平凡伟大的共产主义精神"，深刻揭示了雷锋的典型特征，强调"平凡伟大"。周恩来题词："向雷锋同志学习，憎爱分明的阶级立场，言行一致的革命精神，公而忘私的共产主义风格，奋不顾身的无产阶级斗志。"邓小平题词："谁愿当一个真正的共产主义者，就应该向雷锋同志的品格和风格学习。"在每个人的成长过程中，内在人格力量始终是推动他遵循一定的价值目标前进的动力。雷锋之所以成长为平凡而崇高的战士，也是由于他的内在人格力量的推动。雷锋所走过的22年的道路，是极平凡普通的。既没有做什么惊天动地的大事，也没有什么轰轰烈烈的发现。既没有高官厚禄，也没有显赫的名位。他的一生，和千千万万的普通中国人一样，可以用普通农民—普通工人—普通战士来概括。他与许多中国青年一样，有着朝气蓬勃的生命力和热情。他爱读书，还写了不少诗歌,他的许多日记写得文笔优美而富于哲理。雷锋的伟大之处在于,他能够把一件件平凡的小事,尽其所能做到最好,倾其所有的热爱党热爱人民。朴实无华是雷锋人格特征的"底色",时代先进性则使雷锋的人格显得更加丰满和实在。这样的内在人格特征,构成了一个平凡而崇高的战士的形象,也成为我们可以学习的人格目标。

3. 题词揭示了雷锋精神的内涵和实质。

刘少奇和邓小平的题词把雷锋精神定位于共产主义精神,指出学雷锋精神的实质就是学习雷锋的共产主义精神。周恩来的题词全面、系统、准确、精辟地概括了雷锋精神的内涵。雷锋对党忠诚,始终把党和国家的利益放在首位,热爱党热爱祖国热爱人民,奉献了一生,无怨无悔。也正是如此,雷锋坚持了共产主义思想,雷锋精神才能够具有全心全意为人民服务的实质。所以,雷锋精神就是共产主义精神,作为一个时代的楷模,也是广大劳动人民的崇高品质的生动体现。雷锋的奉献精神蕴含着他对人的本质的觉醒,他曾在日记中写道:"我是人民的勤务员,自己辛苦点,多帮助人民做点好事,这是我最大的快乐和幸福。"随着时代的不断更迭,语境也在不断转换,关于雷锋精神内涵和实质的表述无可避免地发生了些许变化,但是其最基本的内涵和实质,从来没有超出伟人题词的框架。

4. 题词揭示了雷锋精神的时代价值。

邓小平题词:"谁愿当一个真正的共产主义者,就应该向雷锋同志的品德和风格学习"。这表明,学雷锋是一个自觉成长为共产主义者的自我提升过程,是向共产主义者高标准前进的自觉的实践过程。学雷锋根本就是要解决,"怎样做人,为谁活着"。朱德给雷锋题词为:"学习雷锋,做毛主席的好战士"。周恩来的题词,把"向雷锋同志学习"的号召,化为可操作的行动原则、赋予明确内涵,指明学雷锋的目标取向。1990年3月5日,江泽民等党和国家领导人分别题词,号召全国人民进一步学习雷锋同志,弘扬雷锋精神,为建设具有中国特色的社会主义而努力。几十年来，雷锋的出现，使亿万人民从这个普通士兵身上寻找到"为谁活着，怎样做人"的人生答案。"学雷锋做好事"这 6 个字流传 50 多年，经久不衰，已经成为最具标志的雷锋文化符号。"雷锋"两个字成为爱党、爱社会主义、爱人民的化身，雷锋精神成了"真善美"的象征。今天，无数的新雷锋早已走出军营，走进机关、企业、学校，雷锋精神焕发着永恒的魅力，激励人们无私奉献、做一颗永不生锈的螺丝钉。

（二）从党和国家领导人讲话中解读雷锋精神

在不同的时代，由于对学雷锋的内容和指向不同，学雷锋由原来运动式转变为常态化，由原来号召式转化为引导式，从领导人题词式的学雷锋转变为领导人讲解式的学雷锋，对雷锋精神内涵的诠释在党和国家领导人的讲话中更体现出与时代同行、与时俱进、历久弥新、常学常新。

20 世纪 60 年代，毛泽东等老一辈革命家发表向雷锋同志学习的题词。毛泽东号召全国人民学习雷锋精神的实质，那就是全心全意为人民服务的共产主义信仰。关于雷锋精神的内涵，学界普遍认为周恩来对雷锋的题词，精辟、全面概括了雷锋精神的内涵，揭示了雷锋精神的"阶级性、实践性、无私性、崇高性，是后人研究雷锋精神的基本依据"❶。学雷锋的核心内容与当时我国所处的国际国内环境相联系，就是要学习雷锋那种自力更生、埋头苦干、艰苦奋斗、无私奉献、全心全意为人民服务的雷锋精神，并突出"忠于党、忠于毛主席"和爱憎分明的阶级意识。强调要像雷锋那样立场坚定，爱憎分明，对同志像春天般的温暖，对敌人像严冬一样残酷无情。

党的十一届三中全会后，以邓小平为代表的党的第二代领导集体，坚持"两个文明"一起抓的方针，为群众性的学雷锋活动注入了新的内容和

---

❶ 陈曦. 论雷锋奉献精神［D］. 北京：中央党校，2014.

活力，这个阶段的学雷锋活动在方式和宣传侧重点上有了改变。将开展学雷锋活动与青少年思想道德素质有机结合起来，与正确的价值观结合起来，与刻苦学习和爱岗敬业结合起来。1981年2月，共青团中央下发《关于进一步开展学雷锋树新风活动的通知》，在青少年中提倡共产主义理想、道德和精神，引导青年在各项建设中发挥作用。1981年12月29日，《人民日报》报道了后来被称为"80年代新雷锋"的张海迪的事迹，迷茫的青年从她身上看到了激情、勇气和力量，随之掀起了一股"向张海迪学习"的旋风。这时，突出强调雷锋的"一切行动听指挥""做一颗永不生锈的螺丝钉"和刻苦学习的"钉子精神"，提倡大家不断地学习，提高业务水平和业务能力。1982年，中央规定每年3月为"全民文明礼貌月"，这为学雷锋活动赋予了更为具体的形式，该活动的核心内容是"五讲（讲文明、讲礼貌、讲卫生、讲秩序、讲道德）四美（心灵美、语言美、行为美、环境美）三热爱（热爱党、热爱祖国、热爱社会主义）"，这与雷锋精神所蕴含的道德品质和社会主义思想道德建设的需求相契合。1983年3月，在首都各界纪念向雷锋同志学习20周年大会上，胡乔木将雷锋精神概括为"热爱祖国、热爱社会主义、热爱党，坚定共产主义信念，树立全心全意为人民服务的思想"的共产主义精神。随后，伴随着"学雷锋，树新风，做建设社会主义精神文明的先锋"的口号，学雷锋活动再次活跃于大街小巷，人们自觉维护公共秩序，逐步形成助人为乐的文明新风尚。

20世纪最后十年，社会主义市场经济体制的改革探索带来了一系列价值观念的冲突，在利益与德性之间，雷锋大公无私的活法和做法何去何从？提倡合理消费、适度消费与雷锋艰苦奋斗、勤俭节约的精神有没有矛盾？提倡人才交流、自主择业的市场经济条件下，雷锋那种听从组织召唤的"螺丝钉"精神有没有过时？面对这些争论，从中央领导人到理论工作者都作出了积极应对。1990年2月，团中央发出倡议，要求各级团组织在3月开展"学习雷锋精神，做四有青年"的活动。同年3月，李瑞环在全国学雷锋先进代表座谈会上指出："同一切适应时代潮流、合乎人群需要的事物一样，雷锋精神所以不断发扬，学习雷锋的活动所以历久不衰，就是因为它反映了时代的呼唤，人民的要求。"同时，刊发了以江泽民为代表的党的第三代领导集体为雷锋题词。学雷锋活动更加深入发展。1990年3月，党的十三届六中全会通过《中共中央关于加强党同人民群众联系的决定》，要求全体共产党员带头学习雷锋。同年，胡锦涛在"全国学雷锋先进代表座谈会"上将雷锋精神概括为：全心全意为人民服务的思想，爱国主义、集体主义和坚定的社会主义信念，艰苦奋斗、勤俭节约的优良作风，努力学习、刻苦钻研的"钉子"精神，立足于本职、忠于职守、勤勉敬业、精益求精的"螺丝钉"精神。1993年3月5日，胡锦涛在纪念毛泽东等老一辈革命家为雷锋同志题词三十周年大会上的讲话中，结合贯彻落实党的十四大精神和实现90年代改革和建设宏伟目标，从向雷锋学什么的角度对雷锋精神的内涵进行了概括，指出："处在这样一个伟大的变革时代，面对这样艰巨的历史重任，我们更加需要艰苦创业、积极进取、自强不息、奋力拼搏的奉献精神，更加需要顾全大局、忠于职守、克己奉公、处处以国家和集体利益为重的主人翁态度，更加需要相互尊重、助人为乐、诚实守信、和谐融洽的良好社会风尚。而这些正是雷锋精神所具有的丰富内涵。"❶

进入21世纪，以胡锦涛为总书记的中共中央大力加强社会主义核心价值体系建设，高度重视民族精神和时代精神的弘扬和培育，使雷锋精神在实践中与时俱进，内涵不断丰富和发展。李长春在2003年2月27日纪念学雷锋活动40周年大会上的讲话中对雷锋精神的内容进行了详细阐释，指出："学习雷锋，就要牢固树立远大理想，就要发奋学习科学文化，就

---

❶ 胡锦涛在纪念毛泽东等老一辈革命家为雷锋同志题词三十周年大会上的讲话。

要始终坚持艰苦奋斗，就要大力弘扬文明新风。"❶2012年，中共中央办公厅印发了《关于深入开展学雷锋活动的意见》，强调当前要"大力弘扬雷锋热爱党、热爱祖国、热爱社会主义的崇高理想和坚定信念，服务人民、助人为乐的奉献精神，干一行爱一行、专一行精一行的敬业精神，锐意进取、自强不息的创新精神，艰苦奋斗、勤俭节约的创业精神"。这是党中央为推进社会主义核心价值体系建设、打牢全党全国各族人民团结奋斗共同思想道德基础，对雷锋精神作出的新概括。

进入新时代，习近平关于雷锋精神的重要论述，全面系统地论述了雷锋精神的时代内涵、实践路径，系统地回答了"为何学雷锋、何人学雷锋、如何学雷锋"等系列问题，是新时代传承与践行雷锋精神最鲜明的思想旗帜和最强大的理论武器。习近平总书记在党和国家领导人当中，讲雷锋次数最多，内容最全面系统，有很强的针对性和实践性。

1.明确了新时代为什么要学雷锋的定位。

习近平总书记在2018年9月28日参观抚顺雷锋纪念馆时指出："雷锋是时代的楷模，雷锋精神是永恒的。"雷锋精神是社会主义核心价值观的生动体现。每个时代都有每个时代的楷模，但雷锋精神是永恒的。因为是中国五千年文化和中国红色文化的有机的结合。积小善为大善，善莫大焉，这和我们党"为人民服务""做人民勤务员"是一脉相承的，我们要见贤思齐，把雷锋精神代代传下去。他说，中国有很多的古典名著，包括孔孟之道。但是终归一句话就是要贴近人民群众，雷锋精神为什么宝贵，是因为雷锋讲过的许多名言，是经过学习和实践，总结出来的，是能够激励群众，能够找到真实感的。习近平总书记的讲话，一是明确了雷锋在新时代的榜样示范作用。雷锋不是战争年代流血牺牲的英雄，他是在新中国成长起来的，是在社会主义建设时期涌现出来的楷模。学习黄继光、董存

---

❶ 李长春.在纪念学雷锋活动40周年大会上的讲话[N].光明日报，2003-2-27.

瑞等战斗英雄，是学习他们的牺牲精神和献身价值。学习雷锋则是学习他的奉献精神和生存价值。雷锋的"自己活着就是为了他人生活得更美好"，是我们做人做事的榜样，雷锋精神培养造就了千百万雷锋式的时代楷模，实现中华民族伟大复兴需要雷锋这样的楷模。二是明确了雷锋精神具有可持续性和永久性。雷锋在日记里写道："人的生命是有限的，可是为人民服务是无限的，我要把有限的生命投入到无限的为人民服务之中去。"雷锋是这么说的，也是这么做的。雷锋去世时年仅22岁，"雷锋精神是永恒的"这种永恒就不能仅仅体现为物理时间存在的长短，而是把有限时间变成了永恒。雷锋精神是历史的，也是现实的，更是未来的。无论过去、现在还是将来，雷锋精神都是中华民族的不朽丰碑。三是明确了学雷锋在新时代的价值意义。2012年3月6日，习近平总书记在全国人大浙江代表团驻地看望代表时指出："大力开展学雷锋活动，使雷锋精神真正深入人心，以此推进社会主义核心价值观建设，着力提高人民群众的思想道德素质。"社会主义核心价值观的富强、民主、文明、和谐，自由、平等、公正、法治，爱国、敬业、诚信、友善，既有对全人类文明成果的吸收，又反映了中华民族独特气质和文化符号，体现了我们民族世世代代的道德理想和价值追求。习近平总书记的"雷锋精神是社会主义核心价值观的生动体现"的定位，体现了雷锋精神的价值取向，新时代学雷锋就是对社会主义核心价值观的传承弘扬和生动践行。四是明确了雷锋精神彰显社会主义先进文化的定位。习近平总书记指出，"雷锋精神是中华民族五千年优秀传统文化和红色革命文化、社会主义先进文化的结合。"习近平总书记从文化层面科学界定雷锋精神的时代内涵。文化是一个国家、一个民族的灵魂，文化兴国运兴，文化强民族强。全面建设社会主义现代化，推动中国之治，需要文化的引领、精神的支撑。这既肯定了雷锋文化的时代特点和作用，又为我们坚定雷锋文化自信奠定了理论基础。

2. 明确了新时代学雷锋学什么的定位。

2013年3月7日，习近平总书记在全国人大辽宁代表团驻地亲切看望两会代表时指出，"大力加强思想道德建设，雷锋、郭明义、罗阳身上所具有的信念的能量、大爱的胸怀、忘我的精神、进取的锐气，正是我们民族精神的最好写照，他们都是我们'民族的脊梁'。要充分发挥各方面英模人物榜样的作用，为实现'中国梦'提供强大精神动力。"这是习近平在新形势下对雷锋精神时代内涵的新概括。

学习雷锋信念的能量。习近平总书记指出："革命理想高于天。中国共产党之所以叫共产党，就是因为从成立之日起我们党就把共产主义确立为远大理想。我们党之所以能够经受一次次挫折而又一次次奋起，归根到底是因为我们党有远大理想和崇高追求。""对马克思主义的信仰，对社会主义和共产主义的信念，是共产党人的政治灵魂，是共产党人经受住任何考验的精神支柱。"雷锋刻苦学习，深刻领会马列主义、毛泽东思想，理论联系实际，牢固树立终身为共产主义奋斗的崇高理想信念，这是"革命理想高于天"信念的写照。只要把这种信念的能量融入亿万中国人的灵魂和转化为华夏儿女的自觉行动，人民才有力量、民族才有希望、国家才有未来。

学习雷锋大爱的胸怀。爱是人类社会最美好的情感。从爱自己、爱家人的"小爱"，到爱他人、爱国家的"大爱"。大爱胸怀是将"小我"融入"大我"，积"小善"为"大善"的境界和行动。雷锋的大爱胸怀不仅表现为爱党、爱国和对社会主义的无限热爱，还表现为团结友善、助人为乐、无私奉献的高尚情操。正如雷锋所说："活着就是为了使别人生活得更美好"。在全面建设社会主义现代化国家的新征程中，我们要学习雷锋对党、对国家、对人民和对社会主义的大爱情怀，处处以国家、民族和人民利益为重，将个人的前途命运与国家、民族的前途命运紧紧地联系在一起，为民谋利、为民尽责、为民担当，争做人民勤务员，在日常工作生活实践中实现自己的人生价值。

学习雷锋忘我的精神。忘我，是一种真诚自愿的付出行为，忘我与无私是紧密联系在一起的。无私是一种真诚自愿的奉献行为，是一种纯洁高尚的精神境界。雷锋无论在什么岗位上，都能尽职尽责、忠于职守、任劳任怨、干一行爱一行专一行。雷锋在日记中这样写道："我要积极肯干，做到说干就干，干就干好，脚踏实地、实事求是地干，千方百计地干，事事拣重担子挑，顺利时干得欢，受挫折时也要干得欢，扎扎实实地干，一定要把事情办好。"雷锋这种忘我精神表现为他"对待工作像夏天一般火热"的实干精神，哪里需要他他就去哪里。他说，"革命需要我炸碉堡，我就去学董存瑞，革命需要我堵枪眼，我就去做黄继光"，这种强烈的自觉、服从意识，贯穿于雷锋的一言一行、一举一动。充分体现了雷锋忘我无私的高尚情怀。

学习雷锋进取的锐气。雷锋在1962年3月4日的日记中写道："我愿做高山岩石之松，不做湖岸河旁之柳。我愿在暴风雨中——艰苦的斗争中锻炼自己，不愿在平平静静的日子里度过自己的一生。"面对困难，雷锋总是迎难而上，在逆境中磨砺意志，砥砺品行，锐意进取、自强不息。在工作中，雷锋始终保持着"做人民的小学生"谦虚进取的精神。他不断研究农业生产、驾驶、投弹等工作中的技术问题，进行技术创新。雷锋正是凭借着螺丝一样的钻削力和挤压力，在不同岗位上取得了突出成绩，多次荣获"劳动模范""先进生产者"等荣誉称号。在夺取中国特色社会主义伟大胜利的实践中，我们需要进取精神、大胆探索的勇气和科学求实的态度。大胆实践，大胆创新，走前人没有走过的路，做前人没有做过的事业，以不畏艰险、攻坚克难的勇气和昂扬向上、奋发有为的精神干事创业，把奋斗的汗水洒在党和人民最需要的地方。

3. 明确了学雷锋怎么学的定位。

习近平总书记指出，"我们既要学习雷锋的精神，也要学习雷锋的做法，把崇高理想信念和道德品质追求转化为具体行动，体现在平凡的工作生活中，作出自己应有的贡献，把雷锋精神代代传承下去。"在这里习近平总书记重点指出了学习雷锋的方法。既要学习雷锋的精神，做到真学真懂真信，又要学习雷锋的做法，强调学习雷锋重在实践，要付诸行动，做到真用。一是明确了做一颗永不生锈的螺丝钉的号召。"如果你是一滴水，你是否滋润了一寸土地？如果你是一线阳光，你是否照亮了一分黑暗？如果你是一颗粮食，你是否哺育了有用的生命？如果你是一颗最小的螺丝钉，你是否永远地坚守着你生活的岗位？如果你要告诉我们什么思想，你是否在日夜宣扬那最美丽的理想？你既然活着，你又是否为未来的人类的生活付出你的劳动，使世界一天天变得更美丽？""螺丝钉虽小，其作用是不可估量的。我愿永远做一个螺丝钉。"雷锋日记中的这句话，激励着无数人坚守岗位、默默奉献。习近平提出的做一颗永不生锈的螺丝钉，不仅是对广大党员干部的要求，要求党员干部学习雷锋爱岗敬业的螺丝钉精神，做好本职工作，干一行爱一行钻一行。同时，也是对广大共青团员的要求。在 2022 年 5 月 10 日在庆祝中国共产主义青年团成立 100 周年大会上的讲话中，习近平要求广大共青团员"要做艰苦奋斗、无私奉献的模范，带头站稳人民立场，脚踏实地、求真务实，吃苦在前、享受在后，甘于做一颗永不生锈的螺丝钉。二是明确了雷锋精神要与人才培养结合在一起。习近平总书记非常关心用雷锋精神对青少年的培养教育。习近平先后在与全国人大上海代表团、解放军代表团座谈和给抚顺市雷锋小学的回信中，一再强调要让雷锋精神进校园、进课堂、进头脑。习近平总书记的讲话赋予了以雷锋精神立德树人的育人使命。三是明确了学雷锋要与志愿服务融为一体。习近平总书记在 2013 年 5 月 4 日在中国航天科技集团公司中国空间技术研究院同各界优秀青年代表座谈时的讲话，2014 年 2 月 18 日给无锡市 3 名全国优秀志愿者周明珠、唐磊、苏大伟的回信和 2014 年 3 月 5 日给"郭明义爱心团队"的回信中，对如何将雷锋精神与志愿服务融为一体，并用学雷锋引领志愿服务，作出了明确的指示和指导。习近平总书记在 2019 年 7 月给中国志愿者联合会的贺信中强调："希望广大志愿者、志愿服务组织。志愿服务工作者立足新时代，展现新作为，弘扬奉献、友爱、互助、进步的志愿精神。继续以实际行动书写新时代的雷锋故事。"并亲自主持中央会议，制定了"学雷锋志愿服务"的方针政策。2019 年 10 月，中共中央、国务院发布《新时代公民道德建设实施纲要》，明确提出："要弘扬雷锋精神和奉献、友爱、互助、进步的志愿精神……广泛开展学雷锋和志愿服务活动，引导人们把学雷锋和志愿服务作为生活方式、生活习惯。"除此之外，习近平还将学雷锋与世界志愿服务有机结合起来。习近平指出："这个世界，各国相互联系、相互依存的程度空前加深。人类越来越成为你中有我我中有你的命运共同体。不同文明应该和谐共生、相得益彰，共同为人类发展提供精神力量。""面对全球性挑战，各国应该加强对话，交流学习最佳实践，取长补短，在相互借鉴中实现共同发展，惠及全体人民。"学雷锋志愿服务为世界提供了中国智慧、中国的价值观和中国方案。四是明确了做雷锋精神种子、广播雷锋精神种子的责任。2014 年 3 月 11 日，习近平总书记出席十二届全国人大二次会议解放军代表团全体会议接见部分基层代表时与雷锋连指导员谢正谊时说："你们要做雷锋精神的种子，把雷锋精神广播在祖国的大地上。"习近平总书记还谈起"郭明义爱心团队"和雷锋生前所在团原团长宋清梅组织的河南邓州"编外雷锋团"，他勉励雷锋所在团全体官兵都要"做雷锋精神的种子"，使雷锋精神在祖国大地上得到广泛传播。习近平总书记的这段话是对雷锋连指导员说的，也是对雷锋团全体官兵说的，更是对全党全军全国人民说的。

二、雷锋精神的时代特征

根据上述我们对雷锋精神的时代内涵的厘正和梳理，我们不难发现，雷锋精神随着社会的发展其内涵愈加丰富，雷锋精神不仅没有过时，反而焕发出旺盛的生命力。随着时代的变迁，雷锋精神无论从内涵还是到形式还是到评判标准都在与时俱进，打上鲜明的时代烙印和时代特质，雷锋精神是群众性与先进性的统一、民族性与时代性的统一、传承性与实践性的统一。雷锋精神的精神内核和本质特征不会因为时代的发展而改变，全心全意为人民服务仍然是雷锋精神的灵魂和核心。

（一）群众性与先进性的统一

雷锋精神一方面具有广泛的群众性。所谓雷锋精神的群众性是指雷锋精神不是高高在上、可望而不可即的，而是建立在现实土壤之中，根植于人们的日常生活中，被人们所广泛尊崇，是大众化的，具有尊老爱幼、助人为乐的特点，雷锋精神集中反映了人民群众的愿望和要求，并由人民群众在实践中不断丰富和发展，是当代人精神价值的指向。雷锋精神雷锋立足于平凡，投影和聚焦着现实社会生活普遍可见的文明之光，决定着雷锋精神价值实现的效能和客观认同度。雷锋精神之所以有如此广泛而深厚的群众基础，就是源于其全心全意为人民服务的思想，并把这种思想落实到行动中，必然被人们称赞、认可和效仿，也就必然在社会上具有较强的可接受度，增强了群众学习的可能性与可行性，使之由个人精神发展成为群体精神。

另一方面，雷锋精神又具有先进性。先进性是马克思主义政党的本质属性和鲜明特征，是马克思主义政党的生命所系、力量所在。雷锋精神源于所处的时代，但其意义和影响却远远超越了所处的时代，其所承载的是几代人在当代社会背景下对精神文化的最高追求。雷锋精神的先进性始终体现在他的全心全意为人民服务的宗旨上，体现了共产主义的世界观、人生观、价值观，既彰显了我们党的精神本色，又是人民的希望，时代的需要。新时代新征程，需要凝聚力量，见贤思齐，像雷锋那样满怀对祖国对人民的无限热爱之情，把个人的奋斗目标与实现中国梦的愿景结合起来，自觉做社会主义道德规范的实践者，良好社会风尚的倡导者。因此，我们说，雷锋精神体现了历史发展的趋势和要求，具有经久不衰的时代影响力，是推动社会进步的永恒精神动力。

（二）民族性与时代性的统一

民族性和时代性的高度统一，是雷锋精神的基本特征。雷锋精神的民族性，是指雷锋精神植根于中华民族的肥沃土壤，继承中华民族发展的特点和优势，吸纳了中华民族传统文化中如"克己奉公""舍生取义""仁者爱人""天下兴亡，匹夫有责""己欲立而立人，己欲达而达人""鞠躬尽瘁，死而后已"等民族美德和价值观❶，蕴含着中华民族深厚的文化底蕴。在中国历史上，历来提倡舍己为人、关爱他人。孔子讲："己所不欲，勿施于人"告诫世人自己不想做的事不要强求别人去做。孟子曰："老吾老以及人之老，幼吾幼以及人之幼。"体现了帮助他人的心情。古代墨子强调的兼爱、老子强调的慈爱以及孔孟强调的仁爱都流露出了对他人和社会的关爱之情。也正是这种大爱无私的精神，才使得中华民族形成了如此强大的向心力，这些正是雷锋精神产生的文化根基和思想来源。雷锋精神是一个符号，是象征中华民族精神的符号。

所谓雷锋精神的时代性就是指，雷锋精神具有与特定的历史发展演进阶段或过程相联系的时代特征。马克思主义认为，所谓时代是指某一历史时期世界的格局态势以及阶级力量对比等综合因素的反映，历史时代是以当时社会形态的重要趋势来区别世界历史不同阶段的一个综合概念。雷锋精神产生于特殊的社会历史背景之下，是适应当时特定的制度和社会现状的产物，反映了当时的社会风貌。一方面，雷锋精神的时代性体现了雷锋精神符合时代潮流、顺应历史发展。另一方面，雷锋精神的时代性彰显了

---

❶ 符惠明.民族精神的科学内涵及其基本功能［J］.理论探讨，2005（6）：96-98.

雷锋精神主动接受现实的挑战，与时俱进，具有顽强的生命力。随着时代的变迁和人民群众思想观念和价值理念的转换，雷锋精神从内涵到形式甚至评判标准都在不断的丰富和发展，反映了不同历史时期和时代背景下人们对于雷锋精神的学习和践行所具有的不同特点，体现了社会主义不同历史时期一代代新人的精神面貌。

（三）传承性与实践性的统一

雷锋精神具有永恒的传承性。广义上传承指：延续继承。一般来说，传承指的是好的方面得以延续。雷锋精神传承是一种有意识的实践活动，意将雷锋精神延续下去。通过学雷锋活动的开展，把雷锋精神的内涵实质同人们的工作生活密切结合起来，开展学习雷锋精神的实践活动。从历史的角度来看，雷锋精神既传承了中华民族的优秀传统文化，又是对社会主义核心价值观的弘扬和践行，因而昭示着未来社会的精神文明。

实践的观点是马克思主义哲学首要的、最基本的观点。雷锋精神植根于社会主义建设的伟大实践，是社会主义建设时期良好精神风貌的集中展现。雷锋的可贵之处，就在于平凡之中见伟大，细微之处见精神，他在短暂的生命里，用自己的行为做到了言行一致。雷锋的先进事迹，都是通过雷锋亲身的实践、具体的行动展现出来的。雷锋在生活中坚持从身边的小事做起，坚持立足实践，默默无私奉献，处处为人民服务。实践是雷锋精神的应有之义，是新时代学习与弘扬雷锋精神的最终落脚点。

雷锋精神是传承性和实践性的统一。离开传承性，雷锋精神的价值就不会得到提升，就必然会失去生命力。离开实践性，雷锋精神的价值就不会得以实现。

第三节　雷锋精神的价值维度

价值问题是哲学所无法回避的问题，人的价值是其中最核心的问题。雷锋精神彰显的是一种人的价值如何实现才有意义的问题。如何理解和实现人的价值，这既是一个理论问题，也是一个现实问题。虽然马克思没有明确探讨人的价值问题，但人的价值的实现问题却是他的学说中一以贯之的核心思想。马克思不是孤立地、抽象地讲人的价值，也不是脱离一定的社会、历史和阶级来讲人的价值。马克思始终强调人的现实性，主张从现实的、感性的个人本身出发，研究"处在现实的、可以通过经验观察到的、在一定条件下进行的发展过程中的人"❶。"现实的人"是马克思主义的理论基点，马克思认为人生的出发点就是现实。马克思在《德意志意识形态》中指出："意识在任何时候都只能是被意识到了的存在，而人们的存在就是他们的现实生活过程。"❷ 关于人的价值，马克思主义经典作家从人与动物的生命活动特点上加以区分：人直接地是自然存在物。但人作为自然存在物，而且作为有生命的自然存在物，又是有意识的类存在物，具有内在超越性，所以人能借助于自身意识反思其活动并对事情发生的对象和结果做出本能的有意识的反映。并能通过其观念和实践活动，反思自身，变革对象，超越现实。人还是处于各种"关系"中的社会存在物。每个人都存在于对象性的关系中，每个人的个性、每个人的本质力量也都在他人

---

❶ 中共中央马克思恩格斯列宁斯大林著作编译局.马克思恩格斯选集：第1卷［M］.北京：人民出版社，1995：73.

❷ 中共中央马克思恩格斯列宁斯大林著作编译局.马克思恩格斯选集：第1卷［M］.北京：人民出版社，1995：72.

身上得以体现,每个人在自己完善的同时也促进了他人的完善,同时在促进他人完善的过程中也实现了自己的完善。雷锋在实践中不仅不断追问自我和寻找生命的意义,而且对人的价值追求付出了自己的实际行动。

一、雷锋精神的伦理价值

伦理,意指人伦道德之理,指人与人相处的各种道德准则。伦理价值是一种善的价值,是高尚的道德行为、优秀的道德品质和崇高的道德理想所产生的一种精神价值,反映了人们对社会风尚和道德价值的一种企盼,对社会道德和良知的一种期许,蕴含着某种能够被人认同或接受的价值尺度或价值标准。雷锋的伦理价值主要指雷锋的主体价值和内在实质在人与人和人与社会中的价值体现及作用反映。雷锋是时代的楷模,雷锋精神的伦理价值,表现为助人为乐、无私奉献、服务人民的道德品质和道德精神,这种道德品质和道德精神既反映了中国传统伦理思想,又彰显新时代伦理特征,蕴含着"正其义不谋其利"的义利观。是集体主义、利他主义、自律意识和乐观主义在雷锋精神中的价值体现。

(一)集体主义的捍卫和执守

马克思说:"人的本质不是单个人所固有的抽象物,在其现实性上,它是一切社会关系的总和。"[1]个人与集体是一对人生矛盾,这对矛盾的深层根源在于人的自然属性与社会属性的矛盾。从人的自然属性来看,个人性占主导地位,因为每个人要维持生存就必须从自然界和人类社会中摄取物质、能量与信息,以满足自身生存与发展的需要,所以维持个人的生存

---

[1] 中共中央马克思恩格斯列宁斯大林著作编译局.马克思恩格斯选集:第1卷[M].北京:人民出版社,1995:60.

和发展就成为一种自发的心理趋向。从人的社会属性来看，集体性占主导地位，因为在自然界中，单个人的能力是非常有限的，是很难抵御自然界洪水猛兽侵袭的，所以，人最终要在自然界生存下来，唯一的办法就是彼此之间联合起来，结成一个共同体，以共同对付自然界的风险与挑战。在马克思看来，个人都是社会的人，都生活在一定的集体之中的，是很难离开集体而存在的。所以，马克思恩格斯主张集体主义，他们在《德意志意识形态》中强调指出：只有在集体中，个人才能获得全面发展其才能的手段，也就是说，只有在集体中才可能有个人自由，并且首先提出集体优先原则，个人要热爱、服从集体，当个人利益与集体利益相冲突的时候，个人要毫无保留地牺牲个人利益、服从和服务于集体利益，以求得集体的发展壮大。其实质超越了利益矛盾和交往困境，追求的是和谐人际关系间的"利他精神"和"互助精神"。

雷锋是集体主义原则的坚定捍卫者和执行者。雷锋在他的日记中曾经多次谈到集体的力量，认为个人必须融入集体之中才有力量。对于个人与集体的关系，雷锋在日记中有许多形象、生动的比喻。雷锋把个人力量比喻为"一花独秀"，集体的力量好比"百花齐放"，而"一花独秀"是"打扮不出春天"，"百花齐放"才能春色满园。在1959年9月的日记中，雷锋是这样写的："我懂得一朵花打扮不出春天来，只有百花齐放才能春色满园的道理。一花独秀不是春，百花齐放春满园。"雷锋把个人比作"一滴水"，把集体比作"大海"，用"一滴水"和"大海"的关系比喻"个人"和"集体"的关系。成员之间只有团结友善，个人和集体的目标才能实现。雷锋在日记里写道："我为群众尽了一点自己应尽的义务，党却给了我极大的荣誉，去年被评为先进生产者，并出席了鞍山市青年建设积极分子大会。这完全是由于党的培养，是由于毛主席思想给了我无穷的力量，是由于广大群众支持的结果。我要永远地记住：'一滴水只有放进大海里才能永远不干，一个人只有当他把自己和集体事业融合一起的时候才能有力量。''力量从团结中来，智慧从劳动中来。行动从思想来，荣誉从集体来。'我要永远戒骄戒躁，不断前进。"雷锋还多次在自己的日记中提及对个人利益和集体利益关系的认识，认为如果没有集体的利益，就没有什么个人的利益。"我听有些人说：当兵不合算，挣不到钱，不如在家种二亩自留地，既有花的，又有吃的……我认为这种人对个人利益和集体利益的关系认识不足。俗话说：'大河涨水，小河满；大河无水，小河干。'同样，只有集体利益富裕了，个人利益才能得到满足，如果没有集体的利益，哪还有什么个人的利益呢？""我认为，一个革命者，要树立牢固的集体主义思想，时刻都要把集体利益放在第一位。同时还要坚决打消个人主义，因为个人主义对革命不利，对集体有损害。个人主义好比大海中的孤舟，遇到风浪，一碰就翻。集体主义好比北冰洋上的原子破冰船，任凭什么坚冰都可以摧毁。我认为坐在小舟里摇摇晃晃不好，还是坐在原子破冰船上乘风破浪一往无前为好。"

（二）利他主义的弘扬与践行

人生活在社会中最绕不开的话题就是利益问题。正如马克思所说："人们奋斗争取的一切都与利益有关。"因为利益与人的生存直接相关，也就是说，人一旦离开利益就无法生存了，所以，古人说"天下熙熙，皆为利趋。天下攘攘，皆为利往"。应该说逐利是人的一种本性。何谓利他主义？利他主义一词，源于拉丁语意为"他人的"。利他主义是相对于利己主义而言的。作为一种伦理学说，利他主义一般是指把社会利益放在第一位，为了社会利益而牺牲个人利益的生活态度和行为的原则。所谓利他主义，就是一个个体在特定的时间和空间条件下，以牺牲自己的适应性来增加、促进和提高另一个个体适应性的表现。利他主义，不管是在动物界还是在人类社会，都是一种客观存在的现象。那么，为什么会产生利他主义？原因是很复杂的。对于一般动物而言，产生利他主义情结的原因可能更多的是出于本能和遗传，当然也不排除它们通过一些简单的计算和推理而导致利他的可能性。从总体上看，动物没有人类所具有的发达理性和计算能力，所以，动物中的利他主义更多体现为一种自然属性而非社会属性。对于人类社会而言就不一样了。一方面，人类不可能脱离自然属性，所以，人类社会中存在的利他主义，并不排除来自本能和遗传的可能性。另一方面，人类又是社会性动物，所以，人类社会的利他主义，又带有强烈的社会属性。由于人的本质是人的社会性，所以，人类利他主义的本质属性应在人的社会属性方面，而非在人的自然属性方面。从人类社会的演进过程看，利益追求是人类社会属性的核心，所以，利他主义的实质在于主体间的共同利益。只要有人们一定形式的社会结合，就或多或少地存在着一定性质的利他主义。然而，在私有制社会中，利他主义往往是扭曲的。只有在消灭了私有制的未来社会，只有在工人阶级的大公无私的阶级本质在其革命中和革命胜利后，才能在社会主义社会和共产主义社会中，才使利他主义逐步发生革命性的扬弃和飞跃，而升华为无产阶级的、社会主义的集体主义，并在社会上不断地得到发展和弘扬。雷锋的一生做了难以数计的好人好事，而他所做的一切好事贯穿着一根红线就是利他主义。雷锋的利他主义不是一种无个性的献身，也不是一种无条件的利他。雷锋不断地学习，通过学习弥补了上学少的不足，提高了自己办事的能力等。

（三）自律意识的坚定与保持

所谓自律是指在没有人现场监督的情况下，以一定的标准和行为规范指导自己的言行，严格要求自己和约束自己。一个自律的人，应该经常检查自己，对自己的言行进行反省，纠正错误，改正缺点，这是严于律己的表现，是不断取得进步的方法和途径。自律意识表现的是一种自我控制、自我监督、自我引导、自我催促的心理过程。自律的方式，一般来说有两种：一是去做应该做而不愿或不想做的事情；二是不做不能做、不应该做而自己想做的事情。一般情况下,自律和意志是紧密相连的,意志薄弱者,自律能力较差;意志顽强者,自律能力较强。加强自律也就是磨练意志的过程。雷锋一贯地严于律己,不断地检查自己、要求自己、改造自己。为自己立起高标准,提出严要求,并且一丝不苟、毫不懈怠地去追求、去登攀。在雷锋的日记里大量记录了他的自查、自省、自问、自责、自勉。从一块锅巴就可以看出雷锋是如何自律的。"今天吃早饭,我看到炊事班的饭盆里有很多锅巴,便随手拿了一块吃。炊事员刘太顺同志说:'自觉点啊!'我听了这句话,心里很难受,觉得吃一块锅巴有什么?赌气把那块锅巴放到饭盆里,走了出来。这时通讯员送来了一张报纸。我接过来就看,首先看了报纸上毛主席语录。毛主席说:'因为我们是为人民服务的,所以,我们如果有缺点,就不怕别人批评指出。不管是什么人,谁向我们指出都行。只要你说得对,我们就改正。'我一口气把这句话念了10多遍,越念越感到自己不对,越念越感到毛主席的这些话好像是专门对我说的,越念越后悔不该和炊事员赌气。我自己问自己:'你多不谦虚呀!人家批评重一点,你就受不了啦!'想来想去,我还是硬着头皮跑到炊事班,承认了自己拿锅巴吃不对,并检查了自己的缺点。炊事员感动地说:'你对自己要求这么严,真是好同志……'"从一块锅巴上进行反省,可以看出雷锋对自己的要求就是这样严格,这样认真。他说:"我要牢记毛主席的教导:'虚心使人进步,骄傲使人落后'。""我要不断地加强学习,提高自己的思想觉悟,坚决听党和毛主席的话,经常开展批评与自我批评,随时清除思想上的毛病,在伟大的革命事业中做一颗永不生锈的螺丝钉。""但愿每次回忆,对生活都不感到负疚。"可以看出,无论干什么,雷锋都能以党员的标准严格要求自己,善于批评与自我批评,意志坚定,从不懈怠。雷锋善于将身边的和自身的许多细小问题同大局、同革命事业联系起来思索,从中悟出如何做人,做一名合格的共产主义战士。

(四)乐观主义的奉行与推崇

乐观主义是指一种对一切事物采用正面看法的观念,是相对于悲观主义而言的。乐观主义不会专注于一件事的缺点与瑕疵,而是以正面的想法对待身边的一切。雷锋是一个乐观主义者。他经常面带微笑,内心充满快乐幸福,因为他有一个正确的快乐幸福观。他毫不利己,专门利人,以苦为荣,助人为乐,乐于帮助别人解决困难,走到哪里把好事做到哪里,无私奉献就到哪里。他认为:"我是主人,是广大劳苦大众中的一员,我能帮助人民克服一点困难,是最幸福的。""有人说:人生在世,吃好、穿好、玩好是最幸福的。我觉得人生在世,只有勤劳,发愤图强,用自己的双手创造财富,为人类的解放事业——共产主义贡献自己的一切,这才是最幸福的。"他把自己置身于人民之中,爱人民胜过爱自己,把革命利益、群众利益放在第一位,为革命为人民而艰苦奋斗,冲锋陷阵,"把有限的生命投入到无限的为人民服务中去"。雷锋的快乐幸福观就是设身处地地替他人着想,"先天下之忧而忧,后天下之乐而乐",忧他人之忧,乐他人之乐,以自己的一颗爱心,把自己的一切毫无保留地奉献给人民,奉献给伟大的共产主义事业,用他的实际行动践行马克思主义的幸福观。

二、雷锋精神的人格价值

心理学认为,人格(personality)是指个体在对人、对事、对己等方面的社会适应中行为上的内部倾向性和心理特征。表现为能力、气质、性格、需要、动机、兴趣、理想、价值观和体质等方面的整合,是具有动力一致性和连续性的自我,是个体在社会化过程中形成的独特的心身组织。社会学认为,人格指一个人做人的资格和为人的品格的总和,具有个体的内在倾向性,是人的思想、价值、信仰、道德、情感及其生化反应的产物，体现为人的内在精神和外在行为。"所谓人格问题，从根本上说，是人的生成及其价值追求问题，其实质是人对本质的追求、创造和实现问题。"❶ 从哲学的视角来看，任何一个社会的价值体系中，都存在着相互矛盾的两个基本方面，这就是社会的价值理想、价值规范和价值导向与个人的价值目标、价值取向和价值认同之间的矛盾。通俗地说，就是社会所引导的"我们到底要什么"与个人所追求的"我到底要什么"之间的矛盾。人不仅追求一种自然生命本质和自在生命本质，而且追求一种社会生命本质和自为生命本质。雷锋精神产生于社会主义建设这一特定的历史时期，但它超越特定时代而成为每个时代的人们汲取精神养分的精神高地。

（一）人的价值是人生价值与人格价值的辩证统一

马克思主义认为，"人的价值问题主要探讨人在世界上的地位和人的生活使命"❷，人的价值内在包含人生价值和人格价值两方面内容。人的价值和人生价值在贡献与权利指向方面是不同的。从人作为价值客体去理解，人的价值主要是人的人生价值，是指个人主要是通过他的劳动向社会贡献物质的或精神的财富，以满足他人或者社会的需求；若从人作为价值主体去理解，人的价值主要是人的人格价值，"强调的是满足人的生存和发展的需要，尊重人的劳动创造精神，也就是尊重人的做人的资格和起码应具有的权利。"❸ 人的价值和人生价值又是相互联系、相辅相成、相互统一的。人格价值的实现是人生价值的实现前提和基础，人生价值的实现会促进人格价值的实现，促进人格的进一步完善。在马克思看来，追求人类崇高理想的人是高尚的人，为实现人类崇高理想而奋斗是高尚的行为，为人类崇高理想的实现贡献自己的全部智慧和力量是高尚的人格价值。马克

---

❶ 崔秋锁.雷锋精神的伦理学解读［J］.毛泽东邓小平理论研究，2014（6）：61-67，92.
❷ 袁贵仁.马克思的人学思想［M］.北京：北京师范大学出版社，1996：170.
❸ 袁贵仁.马克思的人学思想［M］.北京：北京师范大学出版社，1996：172.

思认为，青年在选择职业时，应该遵循的主要方针是"人类的幸福"和"自身的完美"，"如果我们选择了最能为人类福利而劳动的职业，那么，重担就不能把我们压倒，因为这是为大家而献身；那时我们所感到的就不是可怜的、有限的、自私的乐趣，我们的幸福将属于千百万人，我们的事业将默默地、但是永恒发挥作用地存在下去，面对我们的骨灰，高尚的人们将洒下热泪。"这是高尚人格价值在青年选择职业问题上的体现。高尚人格价值，是把人类幸福作为最高价值目标，把自身完美作为价值尺度，把劳动职业作为价值手段，勇于担当，善于作为，乐于献身。人应该在为崇高价值目标和价值理想而奋斗的过程中，塑造自己的高尚人格，实现自己的高尚人格价值。理想人格之为"理想"，就在于它被认为是最有价值的人格，亦即最能满足有效实践活动对人的要求的人格。

（二）雷锋人格价值的实现方式

人格在社会生活的现实中实质上是一个道德命题，其含义便是选择什么样的信念和通过什么样的方式来证实主体的生命创造及其价值。一是雷锋精神反映深层次的人性道德基础。人性不是抽象的，而是具体展现在有限性的历史进程中。不同时代的现实因素和历史条件的影响使人性呈现出不同甚至截然相反的样态，人类社会的现代性使得人们在追求物质享受的同时更注重心灵思想层面的建设以及人的发展的社会意义，雷锋始终为一代又一代的中国人所敬仰，在于雷锋的道德本性和人格价值。二是雷锋精神具有超越时代的永恒魅力。雷锋的事迹使他成了道德的化身、为人的楷模、理想人格的典范，雷锋和雷锋精神不仅集中体现了当代中国人的人格理想，而且也集中体现了人类卓越的理想人格。雷锋精神不单单是个人的精神追求，而是把个人与社会、国家紧密联系起来，所展现出的社会主义核心价值观的要求。在"现实个人"修养层面主要体现为激发主体活力，约束主体行为；在社会建构层面，主要体现为协调利益，促进社会和谐稳定；在国家治理层面主要体现为提供精神动力，导引发展方向。雷锋精神补足了共产党人的精神之钙。习近平总书记指出："信仰、信念、信心，任何时候都至关重要。小到一个人，一个集体，大到一个政党、一个民族、一个国家，只要有信仰、信念、信心，就会愈挫愈奋，愈战愈勇，否则就会不战自败、不打自垮。"无论过去、现在还是将来，对马克思主义的信仰，对中国特色社会主义的信念，对实现中华民族伟大复兴中国梦的信心，都是指引和支撑中国人民站起来、富起来、强起来的强大精神力量。雷锋身上体现的信念的能量、大爱的胸怀、忘我的精神、进取的锐气已成为至善至美的精神符号、成为时代的精神坐标和广大人民群众共同追求的理想人格。雷锋精神已经成为我们这个时代精神文明的同义语、先进文化的表征。雷锋人格是雷锋精神的质的定位和灵魂。它体现了中华民族的传统美德和共产主义道德，为一代甚至几代人的价值取向提供了典范。

三、雷锋精神的实践价值

（一）人是实践性的存在

人，首先直观地表现为一个一个的感性实体的存在。然而，现实的人"不是处在某种幻想的与世隔绝、离群索居状态的人，而是处于一定条件下进行的现实的、可以通过经验观察到的发展过程中的人"[1]。正因如此，马克思提出，"人的本质并不是单个人所固有的抽象物。在其现实性上，它是一切社会关系的总和"，人"实际上是属于一定的社会形式的"[2]。"社会"是人的存在形式。人类是自在自为的存在，即作为物质世界中达到自

---

[1] 中共中央马克思恩格斯列宁斯大林著作编译局.马克思恩格斯全集：第3卷[M].北京：人民出版社，1960：30.

[2] 中共中央马克思恩格斯列宁斯大林著作编译局.马克思恩格斯全集：第3卷[M].北京：人民出版社，1960：30.

我认识和自我改造的能动性主体而存在，人类达到既服从于自然的规律又实现自己的目的，并达到以自己的历史性活动而构成思维与存在、主观与客观、目的性要求与客观性规律、人的尺度与物的尺度的统一性。从根本上说，马克思主义哲学把人理解为实践性的存在。马克思主义哲学认为，人的存在和人的世界，都需要从人的实践的存在方式出发去理解，实践是人类的生存方式和发展方式，是人的价值的本性。人为满足自身的需求就必须通过实践来改造外部世界，从而创造出满足自身的物质产品和精神产品，这就是创造价值进而实现价值的过程。而人的实践能力决定了价值生成以及实现的程度，人类创造自己所需的价值过程，也是进行实践的展开和实践能力的形成过程。人为自己绘制自己所要求的客观世界的图景，并通过对象化的实践活动改变外部现实，使世界变成人类的理想的现实。马克思主义经典作家从人与动物的生命活动特点上加以区分："动物和它的生命活动是直接同一的。动物不把自己同自己的生命活动区别开来。它就是这种生命活动。人则使自己的生命活动本身变成自己的意志和意识的对象。"❶ 这就意味着动物的生命活动就是生存，动物以自然所赋予的生命本能去适应自然，从而维持自身的生存；人则不仅以生命活动的方式存在，而且能意识到自己的生命活动，并且根据自己和意识进行生命活动，把自己的目的性要求变成人所希望的现实的活动。

（二）雷锋精神提升社会文明程度

在中国特色社会主义现代化建设语境中，"提高社会文明程度"属于精神文明范畴，是建设社会主义文化强国的重要内容和支撑。党的十九届五中全会审议通过的《中共中央关于制定国民经济和社会发展第十四个五年规划和2035年远景目标的建议》专门用一个部分对文化建设进行部署，

---

❶ 马克思.1844年经济学哲学手稿［M］.北京：人民出版社，1985：53.

并将"提高社会文明程度"作为文化建设三方面重点任务之一。文明是现代化国家的显著标志。推动社会文明程度不断得到新提高、达到新高度，是全面建设社会主义现代化国家的重要目标要求和重要保证，也是推进社会主义文化强国建设的重大任务。新时代，随着全面建成小康社会和人们生活水平的提高，精神文明建设会越发重要，尤其需要将"提高社会文明程度"放在更加突出的位置，以"提高社会文明程度"深化社会主义精神文明建设，推动中国特色社会主义经济、政治、文化、社会和生态建设更加协调，真正体现全面建设社会主义现代化的内在要求。每一个人都要增强主人翁的意识，以雷锋精神作为自己的精神引领。一个社会的道德建设状况、人们的文明素养决定着社会风尚的状况，反过来，一定的社会风尚又会深刻影响着人们的价值观念和行为方式。良好的社会风尚彰显着一个社会的文明程度，影响着一个社会的精神塑造，蕴含着一个社会健康向上的力量。《新时代公民道德建设实施纲要》（以下简称《纲要》）中指出，要把社会公德、职业道德、家庭美德、个人品德建设作为着力点。推动践行以文明礼貌、助人为乐、爱护公物、保护环境、遵纪守法为主要内容的社会公德，鼓励人们在社会上做一个好公民；推动践行以爱岗敬业、诚实守信、办事公道、热情服务、奉献社会为主要内容的职业道德，鼓励人们在工作中做一个好建设者；推动践行以尊老爱幼、男女平等、夫妻和睦、勤俭持家、邻里互助为主要内容的家庭美德，鼓励人们在家庭里做一个好成员；推动践行以爱国奉献、明礼遵规、勤劳善良、宽厚正直、自强自律为主要内容的个人品德，鼓励人们在日常生活中养成好品行。怎么有效地推动新《纲要》实施，这就要有一个好"抓手"。这个"抓手"就是深受百姓欢迎的学雷锋和志愿服务活动。要弘扬雷锋精神和奉献、友爱、互助、进步的志愿精神，围绕重大活动、扶贫救灾、敬老救孤、恤病助残、法律援助、文化支教、环境保护、健康指导等，广泛开展学雷锋和志愿服务活动，引导人们把学雷锋和志愿服务作为生活方式、生活习惯。推动志愿服务组织发展，完善激励褒奖制度，推进学雷锋志愿服务制度化、常态化，使"我为人人、人人为我"蔚然成风。

（三）"楷模"雷锋助推中华民族伟大复兴中国梦的实现

习近平总书记指出，雷锋是时代的楷模，雷锋精神是永恒的。我们在实现"两个一百年"奋斗目标的征程上，需要凝聚力量，需要见贤思齐，向楷模看齐，把雷锋精神代代传承下去。伟大时代呼唤伟大精神，崇高事业需要榜样引领。一个有希望的民族不能没有英雄，一个民族的复兴，需要有一种赓续传承的精神禀赋，成为推动中国之治、实现中国梦的意志力量。

马克思主义在关于人的全面发展和社会发展要求中指出："我们民族的优秀分子，在他们身上体现着我们的民族精神，体现了民族的希望。"❶其中民族的优秀分子就是指我们今天所说的榜样楷模。实现中华民族伟大复兴，需要不断闯关夺隘，也需要更多的时代楷模。以习近平同志为核心的党中央持续推出各行各业先进人物，广泛推荐宣传最美人物、身边好人，让不同行业、不同群体都能学有榜样，行有示范，形成见贤思齐、争当先进的生动局面。我们要心有榜样，学习英雄人物、先进人物、模范人物、美好事物，挖掘"楷模"价值，在学习中养成好的思想品德追求。雷锋是时代的楷模，雷锋精神是中华民族伟大复兴的精神财富，是践行社会主义核心价值观的新时代精神坐标。在建设社会主义现代化强国的征程中，需要弘扬雷锋精神，更需要将弘扬雷锋精神与传承劳模精神、工匠精神有机结合起来，用先进思想、模范行动影响和带动全社会，争做新时代的奋进者，不断为中国精神注入能量。

---

❶ 吴德刚.关于马克思主义人的全面发展学说的再认识教育研究［J］.2008（4）：3-8.

第三章　新时代雷锋精神的育人功能

雷锋精神是对雷锋的道德观念、先进思想、崇高品质的高度概括与凝练，承接了中华民族传统美德，契合了时代进步潮流，同中国共产党的先进本色相一致。雷锋精神生动彰显了中国共产党人的初心使命，生动诠释了社会主义核心价值观，是新时代中国特色社会主义建设的精神结晶。雷锋精神蕴含着丰富的育人元素，深入挖掘雷锋精神的育人功能，践行雷锋精神，为新时代中国特色社会主义发展注入新的精神力。同时，弘扬雷锋精神是落实"立德树人"根本任务的需要，是培养社会主义建设者和可靠接班人，担当民族复兴大任的必然要求。

第一节　雷锋精神为共产党人初心使命强基固本

"为中国人民谋幸福、为中华民族谋复兴"是中国共产党人的初心使命。在中华民族实现站起来、富起来到强起来的艰辛历程中，无数共产党人用其一生为践行初心和使命砥砺前行，涌现出众多的先进楷模，雷锋就是其中的典型代表。雷锋精神不仅体现着共产党人的初心使命，诠释着共产党人初心使命的价值真谛，而且彰显了共产党人初心使命的时代要求，为共产党人初心使命强基固本。

一、中国共产党的初心使命

初心和使命是中国共产党的性质宗旨、奋斗目标。心怀为中国人民谋幸福的初心，肩扛为中华民族谋复兴的使命，这是中国共产党从诞生之日起就确定的目标和追求。

（一）中国共产党初心和使命的科学内涵

2015年7月1日，习近平总书记给国测一大队老队员老党员的回信首次提到了"初心"，他提出："不忘初心，方得始终。全国广大共产党员要始终在党爱党、在党为党，心系人民、情系人民，忠诚一辈子，奉献一辈子。"❶2016年7月1日，习近平总书记在庆祝中国共产党成立95周年大会上向全党郑重发出"不忘初心、继续前进"的号召。2017年10月18日，习近平在中国共产党第十九次全国代表大会上的报告中指出："中国共产党人的初心和使命就是为中国人民谋幸福，为中华民族谋复兴。这个初心和使命是激励中国共产党人不断前进的根本动力。"❷习近平总书记在"七一"重要讲话中把"践行初心、担当使命"作为伟大建党精神的重要组成部分，充分彰显了百年来中国共产党坚守的价值追求和历史担当，正是由于中国共产党始终践行初心、担当使命，才能团结带领人民谱写中华民族伟大复兴的美丽画卷。

党的初心，在语义学上是指出发时的目标、誓言或承诺。就字面而言

---

❶ 习近平给国测一大队老队员老党员回信勉励广大共产党员在党爱党 在党为党 忠诚一辈子 奉献一辈子［J］.党建，2015（7）：12-13.

❷ 习近平.决胜全面建成小康社会夺取新时代中国特色社会主义伟大胜利——在中国共产党第十九次全国代表大会上的报告［N］.人民日报，2017-10-28.

就是党在建立时所确立的目标和想要达到的心愿，它回答了为什么要建立党、建党之后党要做什么、奋斗的目标是什么等问题。从这个意义来讲，初心既是出发时的原点，也是预设的目标点。所谓使命，一般是指受委托应完成的任务和应尽的责任。从这个语义上理解牢记使命，最直接最简单的意思就是有责任心的自觉。在《共产党宣言》中，马克思指出："无产阶级的运动是绝大多数人的、为绝大多数人谋利益的独立的运动。"❶党的初心使命是党的性质、宗旨的集中体现，深刻回答了我们党"从哪里来"和"到哪里去"的根本性问题。中国共产党自成立起，就把全心全意为人民服务作为根本宗旨，将实现民族复兴的历史使命扛在肩上。毛泽东同志曾在论述革命的缘由时指出，是"为了使中华民族得到解放，为了实现人民的统治，为了使人民得到经济的幸福"。"江山就是人民，人民就是江山"，这一理念彰显了新时代中国共产党人坚守初心使命的信心与信念。

奋斗百年路，启航新征程。经过百年的接续奋斗，特别是近 40 年的改革开放，我们党取得了前所未有的进步，经济实力、科技实力、综合国力跻身世界前列，国际地位显著提高，带领着亿万中国人民走上了中国特色社会主义的康庄大道、迎来了民族复兴的光明前景。那是什么成就了我们党的千秋伟业？是什么让亿万中国人民相信并追随在这鲜红的旗帜下？是中国共产党，在不懈奋斗中牢记初心使命，致力于为中国人民谋幸福，为中国华民族谋复兴。习近平总书记在庆祝中国共产党成立 95 周年大会上指出："一切向前走，都不能忘记走过的路；走得再远、走到再光辉的未来，也不能忘记走过的过去，不能忘记为什么出发。"

党的初心和使命是党的理想信念与奋斗目标的集中反应，是党的性质与宗旨的集中体现。马克思主义认为，"人民群众是历史的创造者，无产

---

❶ 中共中央马克思恩格斯列宁斯大林著作编译局.马克思恩格斯选集：第 1 卷［M］.北京：人民出版社，2012：411.

阶级政党是为绝大多数人谋利益的政党"。中国共产党自诞生之日起，就始终把广大人民的根本利益放在突出位置，全心全意为人民服务，不拿群众的一分一毫。打开党史，一代代共产党人前仆后继、殚精竭力，书写着不忘初心、牢记使命的壮丽篇章。革命战争年代，有蔡和森、李大钊、刘胡兰、杨靖宇等；和平建设时期，有雷锋、焦裕禄、"铁人"王进喜等。一批批革命烈士抛头颅洒热血，以单薄身躯扛起使命大旗，为争取民族独立和人民解放奋勇向前。"靡不有初，鲜克有终"，初心不会随着时间的推移而保持自身应有的新鲜，使命片刻都不能忘记。一旦忘记最初的本心和使命，党就会失去所拥有的人民、失去未来，彷徨而不知自身。因此，只有牢牢坚持立党为公、执政为民，不忘初心、牢记使命，我们党才能够始终立于不败之地。

不忘初心、牢记使命，是加强党的建设的永恒课题。我们党是一个在14亿人口的大国长期执政的党，是中国特色社会主义事业的坚强领导核心，党的自身建设历来关系重大、决定全局。在党长期执政条件下，各种弱化党的先进性、损害党的纯洁性的因素无时不有，各种违背初心和使命、动摇党的根基的危险无处不在，党内存在的思想不纯、政治不纯、组织不纯、作风不纯等突出问题尚未得到根本解决。习近平总书记在"不忘初心，牢记使命"主题教育总结大会上反复提醒全党，中国共产党是世界上最大的政党，大就要有大的样子，强调"不要忘了中国共产党是什么、要干什么这个根本问题，不要在日益复杂的斗争中迷失了自我、迷失了方向"。这就要求我们必须把不忘初心、牢记使命作为必修课、常修课，完善和发展党内制度，形成长效机制，让初心和使命在广大党员干部内心深处铸牢、在思想深处扎根。

不忘初心、牢记使命，是我们党肩负起实现民族复兴历史使命的根本要求。当今世界正经历百年未有之大变局，我国正处于实现中华民族伟大复兴关键时期，我们党正带领人民进行具有许多新的历史特点的伟大斗争,形势环境变化之快、改革发展稳定任务之重、矛盾风险挑战之多、对我们党治国理政考验之大前所未有。习近平总书记在"不忘初心、牢记使命"主题教育总结大会上的讲话中指出:"越是接近民族复兴越不会一帆风顺,越充满风险挑战乃至惊涛骇浪。"不忘初心方能行稳致远,牢记使命才能开辟未来。我们要增强忧患意识,时刻保持警醒,以初心砥砺前行的精神,以使命鼓舞奋发的斗志,不断夺取伟大斗争新胜利。

不忘初心,方得始终。一个忘记来路的民族必定是没有出路的民族,一个忘记初心的政党必定是没有未来的政党。唯有不忘初心、牢记使命、永远奋斗,方可告慰历史、告慰先辈,方可赢得民心、赢得时代,方可善作善成、一往无前。新征程上,我们要永远保持建党时中国共产党人的奋斗精神,永远保持对人民的赤子之心,永远把人民对美好生活的向往作为奋斗目标,坚持以伟大自我革命引领伟大社会革命,继续朝着实现中华民族伟大复兴的宏伟目标奋勇前进。

(二)党的历史是不断实现初心和使命的历史

党的历史就是不断实现初心和使命的历史,党在领导人民进行革命、建设和改革进程中,始终立足于社会历史条件,紧紧围绕自身的初心和使命制定路线、方针、政策,把谋求人民幸福、争取民族复兴作为历史目标,在社会主义改革与建设中不断奋勇向前。继续践行这一初心和使命,必须与新时代进行伟大斗争、建设伟大工程、推进伟大事业相关联,最终实现人民幸福、民族复兴的伟大梦想。

在不同历史时期,党总能站在时代潮头,紧紧抓住时代脉搏,科学分析并有效解决人民追求幸福生活和民族复兴道路上的主要矛盾,在遂行时代任务的历史实践中保持初心、完成使命。

新民主主义革命时期,中国人民深受帝国主义、本国封建势力与官僚资本主义的剥削与压迫,主权受损、政治腐败、国家分裂、社会动荡成为人民生活日益困苦和中华民族不断衰微的根本原因。此时，中国共产党人的初心和使命体现为推翻帝国主义、封建主义和官僚资本主义对中国的统治，实现民族独立、人民解放、国家统一、社会稳定，为实现人民幸福和民族复兴提供根本政治前提。谁能够领导中国人民走出这种困境？谁又能够带领中国人民求得民族独立和解放？这是历史对时代担当者的呼吁。中国共产党整装待发，在成立之初就把党的初心和使命贯穿于救亡图存的革命运动中，贯穿于实现中华民族伟大复兴的中国梦中。毛泽东提出："共产党的唯一任务，就在团结全体人民，奋不顾身地向前战斗，推翻民族敌人，为民族与人民谋利益，绝无任何私利可言。"❶ 与此同时，在马克思主义理论的科学指导下，中国共产党人不断奋勇向前，取得了新民主主义革命的伟大胜利，实现了中国人民自近代以来被压迫被奴役的屈辱史到站起来挺起脊梁的奋进史的伟大飞跃。

新中国成立后，随着全国范围内土地改革和社会主义改造的完成，落后的物质文化水平成为实现人民幸福和民族复兴的主要障碍，"人民对于建立先进的工业国的要求同落后的农业国的现实之间的矛盾"，"人民对于经济文化迅速发展的需要同当前经济文化不能满足人民需要的状况之间的矛盾"❷，成为我国社会主要矛盾。这一时期，党的初心和使命表现为在全国范围内建立和完善人民当家作主的社会主义制度，全面开展社会主义现代化建设，为民族振兴和人民的幸福生活提供坚实的物质文化基础。在这一初心激励下，党团结带领人民以昂扬的精神状态和崭新的时代风貌为自身的美好生活与国家的繁荣富强而努力奋斗，生产资料公有制和人民民主的政治制度不断巩固，独立的比较完整的现代工业体系得以建立，人民物质文化生活水平不断提升，医疗卫生状况持续改善，人均寿命大幅延长，

---

❶ 毛泽东.毛泽东文集：第2卷［M］.北京：人民出版社，1996.
❷ 建国以来重要文献选编：第9册［M］.北京：中央文献出版社，2011.

实现了中国人民由饱受欺凌到追求幸福生活、中华民族由不断衰落到踏上复兴之路的富起来的伟大飞跃。同时，党提出要立足中国实际并正确借鉴国外经验，实现马克思主义基本原理与中国具体实际的"第二次结合"，找出在中国进行社会主义革命和建设的正确道路的重要命题，开始探索符合中国国情的社会主义建设道路，为新时期中国特色社会主义事业的创立提供了历史经验、物质基础、理论准备和制度保障。

党的十一届三中全会以后，"人民日益增长的物质文化需要同落后的社会生产之间的矛盾"❶被确定为我国社会的主要矛盾，各种不合理的体制机制成为束缚生产力发展、阻碍综合国力增强和人民生活水平提升的障碍，以经济建设为中心，全面实行改革开放，推进经济社会持续稳定发展以满足人民需要成为党面临的主要任务。这一时期，党的初心和使命体现为领导和团结全国各族人民，解放和发展生产力，建设社会主义市场经济、民主政治、先进文化、和谐社会、美丽中国，为实现全体人民共同富裕和民族不断振兴而不懈努力。在完成这一使命过程中，党带领人民开辟了中国特色社会主义道路，形成了中国特色社会主义理论体系，确立了中国特色社会主义制度，孕育了中国特色社会主义文化，使千百年来饱受困苦的中国人民实现了生活水平由贫困到温饱再到小康的伟大飞跃，使历经苦难的中华民族迎来了从站起来、富起来到强起来的伟大飞跃，迎来了美好生活和民族复兴的光明前景。

党的百年历史充分证明，中国共产党无论是弱小还是强大，无论是逆境还是顺境，都不忘初心、牢记使命，团结带领人民历经千难万险，敢于面对曲折，勇于修正错误，为千百万中国人民的幸福生活拼搏进取，朝着中华民族伟大复兴的宏伟目标奋勇前进。

---

❶ 关于建国以来党的若干历史问题的决议（注释本）[M]．北京：人民出版社，1983．

（三）在"四个伟大"中践行初心和使命

实现中国人民的幸福安康、实现中华民族的伟大复兴，既是中国共产党人的初心和使命，又是近代以来无数仁人志士为之奋斗的伟大梦想。这个梦想寄托着亿万中国人民对幸福生活的美好期望、对国家富强的美好祝愿、对民族振兴的美好憧憬，是新时代中国共产党人的总任务和总目标。

在进行伟大斗争中践行党的初心使命。践行党的初心和使命的道路不是一帆风顺的，更不是轻轻松松、敲锣打鼓就能实现的，在其进程中有着各种各样困难与险境，对外面临着复杂多变的国际形势，对内各种可以预见和难以预见的风险挑战，要求我们时刻准备进行伟大斗争。中国特色社会主义进入新时代，习近平总书记指出："凡是危害中国共产党领导和我国社会主义制度的各种风险挑战，凡是危害我国主权、安全、发展利益的各种风险挑战，凡是危害我国核心利益和重大原则的各种风险挑战，凡是危害我国人民根本利益的各种风险挑战，凡是危害我国实现"两个一百年"奋斗目标、实现中华民族伟大复兴的各种风险挑战，只要来了，我们就必须进行坚决斗争，毫不动摇，毫不退缩，直至取得斗争胜利。"❶因此，必须要坚持中国共产党的领导，维护和巩固社会主义意识形态，坚决反对一切歪曲、否定党的领导和我国社会主义制度的言行；坚持以人民为中心，坚决反对一切损害人民利益、脱离人民群众的行为；坚决维护祖国统一，反对一切分裂祖国、破坏民族团结和社会稳定的行为。党员干部要不断强化自身使命感、责任感和群众观念，增强思想、行动和人格的力量，始终保持党的先进性和纯洁性，积极应对各种重大风险挑战，解决重大矛盾，更加强有力地进行伟大斗争、夺取新的胜利。

---

❶ 习近平在中央党校（国家行政学院）中青年干部培训班开班式上发表重要讲话［N］.人民日报，2019-9-4（1）.

在建设伟大工程中践行党的初心使命。践行党的初心和使命离不开建设伟大工程的根基。伟大工程向我们宣示了新时代中国共产党"领导力量和依靠力量是什么",又是以什么来推进事业、实现梦想。新时代中国特色社会主义的前途是光明的,道路是曲折的,一个政党曾经走在世界的前列不代表永远走在世界的前列。要依靠建设伟大工程提供的前进精神动力,确保我们党始终走在时代的前列。世界形势风云突变,对我们党牢牢把握时代脉搏提出了更高要求,对我们党政策制定、战略谋划、目标指向等提出了更高要求。在世界形势变化的大背景下,我们要蹚过深水区、走过攻坚期,不断推进改革开放,实现"两个一百年"奋斗目标,不断提升党的执政水平和执政能力,确保党永葆旺盛的生命力和强大的战斗力。只有持续推进党的建设的伟大工程,才能实现全党成员更加自觉地坚定党性原则,锤炼过硬作风,细致精致极致做好各项工作,不断增强党的执政领导力、思想引领力、群众组织力、社会号召力,才能实现我们党始终成为中国特色社会主义事业的坚强领导核心。

在推进伟大事业中践行党的初心使命。伟大斗争和伟大工程是实践,伟大事业是路径,是对新时代我们要"举什么旗,走什么路"的根本问题的回答。新时期,我们的伟大事业是建设中国特色社会主义,是改革开放以来党的全部理论与实践的主题。习近平总书记指出:"中国特色社会主义是实现中华民族伟大复兴的必由之路。只要始终不渝走中国特色社会主义道路,我们就一定能够不断实现人民对美好生活的向往,不断推进全体人民共同富裕。"❶ 因此,新时代推进伟大事业,必须全面贯彻党的政策理论方针,自觉增强道路自信、理论自信、制度自信、文化自信,党员干部要充分发挥带头作用,坚定理想信念,筑牢政治定力,坚持实干兴邦,有

---

❶ 习近平 2022 年 3 月 5 日在参加十三届全国人大第五次会议内蒙古代表团审议时的讲话 [N]. 人民日报,2022-3-5(1).

序推进伟大事业。历史和实践将向我们证明，只有社会主义才能救中国，只有中国特色社会主义才能发展中国，只有坚持和发展中国特色社会主义才能实现中华民族伟大复兴。

在实现伟大梦想中践行党的初心使命。伟大梦想是目标，实现中华民族的伟大复兴是近代以来中华民族最伟大的梦想，是党的初心和使命的题中应有之义。只有实现中华民族的伟大复兴，中国人民才能屹立于世界民族之林，才能实现国家富强、民族振兴和人民幸福，才能实现每个人更加幸福美好的生活。习近平总书记指出，"实现中华民族伟大复兴是近代以来中华民族最伟大的梦想。"❶这个梦想，凝聚了几代中国人的夙愿，体现了中华民族和中国人民的整体利益，是每一个中华儿女的共同期盼。伟大复兴的中国梦是每一个中华儿女的梦，必须同每一位中国人民的幸福美好生活相结合才能取得真正的成功。尽管现当下中国共产党已经带领着中国人民取得了全面建成小康社会的伟大胜利，但现阶段人民日益增长的美好生活需要和不平衡不充分的发展之间的矛盾仍制约着人民的幸福生活。因此，对新时代的中国共产党来说，实现中华民族伟大复兴的中国梦仍是一场大汗淋漓的长跑，对共产党人的耐心和恒心是一次巨大的考验。新时代的共产党员要把初心和使命内化于心、外化于行，时刻把实现伟大梦想扛在肩头，坚持以民所想、为民所思，解决人民群众最关心的问题，更大程度提升人民的获得感、安全感、幸福感，以实现伟大梦想为奋斗目标，进行不懈追求。

以初心载担当，用使命创未来。不管是国家、民族还是政党，他们保持生命力的根源就在于拥有强大的推动力。我们要不忘初心、牢记使命，用习近平新时代中国特色社会主义理论武装头脑，坚定马克思主义信仰，坚定中国特色社会主义信念，统揽"四个伟大"，奋力谱写人民美好幸福

---

❶ 习近平. 习近平谈治国理政［M］. 北京：外文出版社，2018：102.

生活和中华民族伟大复兴的新篇章。

二、"立德树人"的育人目标

新的历史时期，新的时代任务。中国共产党在不懈努力奋进的同时也对我国教育事业发展提出更高要求。习近平总书记在全国高校思想政治工作会议上指出，要坚持把立德树人作为中心环节，把思想政治工作贯穿教育教学全过程，实现全程育人、全方位育人，努力开创我国高等教育事业发展新局面。确立"立德树人"的育人目标，回答好"为谁培养人""培养什么样人""怎样培养人"的问题，实现中国特色社会主义教育事业的高质量发展。

（一）回答好"为谁培养人"，明确育人指向

习近平总书记曾明确回答了"为谁培养人"的问题——培养"为人民服务、为中国共产党治国理政服务、为巩固和发展中国特色社会主义制度服务、为改革开放和社会主义现代化建设服务"的人，明确了"立德树人"目标指向。

"立德树人"首先要为人民服务，这既是对教育为谁服务这一根本性问题的回答，也是对党的十六大以来一直秉持的以人为本的价值取向的坚持。党的性质和宗旨是全心全意为人民服务，"人民群众是历史的创造者"是贯穿马克思唯物史观理论的一条思想主线，因此，历史实践性要求我们必须坚持以人民为中心，全心全意为人民服务。我们的一切工作也只有依靠人民群众的智慧和力量，才能实现中华民族的伟大复兴，才能完成共产主义事业的伟大期许。高校大学生作为新时代中国特色社会主义事业的主力军与接班人，应当树立牢固的为人民服务的价值观。高校在落实"以德树人"的进程中要坚持以学生为中心，注重培养学生的全面发展，办好让

人民满意的教育。

"立德树人"要为中国共产党治国理政服务。近年来，随着各国思想、文化的不断交流与融合，出现了一些反社会主义、反党的方针政策等的错误思想，这些思想的根源就在于历史虚无主义。事实上，中国共产党人在革命、建设和改革进程中所取得的光辉成就是不容置疑的，是我们党区别于其他大党的根本标志，也是我们党在国际上拥有较高威望的实践证明。为此，我们必须坚持中国共产党的领导，高校的立德树人工作也应当如此。在高校的思想政治理论课进程中加大党史学习教育、批判历史虚无主义、树立并坚定文化自信，武装头脑、坚定理想信念，贯彻落实高校立德树人工作。

"立德树人"要为巩固和发展中国特色社会主义制度服务。习近平总书记提出，"制度优势是一个国家的最大优势，制度竞争是国家间最根本的竞争"，"坚持和完善中国特色社会主义制度、推进国家治理体系和治理能力现代化，是关系党和国家事业兴旺发达、国家长治久安、人民幸福安康的重大问题"❶。制度好不好关系着一个国家的前途和命运，而历史向我们证明了中国特色社会主义制度的独特优势，它带领着中国人民实现了从站起来、富起来到强起来的伟大飞跃，是我国实现两个"一百年"奋斗目标和中华民族伟大复兴的根本制度保障。所以，要充分利用高校作为中国特色社会主义理论体系研究和创新的平台优势，加大对马克思主义理论研究学者的支持，带动其他学者对当代中国实际问题的关注与研究，为制度创新提供良好的理论支撑，积极发挥高校的理论"产出"作用。

"立德树人"要为改革开放和社会主义现代化建设服务。改革开放是我国命运的关键抉择，是坚持中国特色社会主义制度的必然选择。改革开

---

❶ 习近平.坚持和完善中国特色社会主义制度 推进国家治理体系和治理能力现代化［J］.求是，2020（1）.

放成功开辟了中国特色社会主义道路，形成与丰富了中国特色社会主义理论体系，又建立和完善了中国特色社会主义制度，繁荣与发展了中国特色社会主义文化，是中国特色社会主义的发展史，带领着中国人民实现富起来到强起来的伟大飞跃。我国现行宪法规定国家的根本任务是沿着中国特色社会主义道路，集中力量进行社会主义现代化建设。因此，可以说改革开放与社会主义现代化建设相互依存，改革开放是推进社会主义现代化建设的必然选择，社会主义现代化建设为改革开放实践确立目标指向，都是实现中华民族伟大复兴的必由之路。高等教育作为当前全面深化改革中的重要一环，必然要继续服务于改革开放与社会主义现代化建设；作为培养社会主义合格建设者和接班人的主阵地，必须要与大政方针政策同向同行，着力聚焦人才培养，致力于实现中华民族的伟大复兴。

（二）回答好"培养什么人"，彰显立德内涵

习近平总书记指出："培养什么人，是教育的首要问题。我国是中国共产党领导的社会主义国家，这就决定了我们的教育必须把培养社会主义建设者和接班人作为根本任务，培养一代又一代拥护中国共产党领导和我国社会主义制度、立志为中国特色社会主义奋斗终身的有用人才。这是教育工作的根本任务，也是教育现代化的方向目标。"教育需要培养什么样的人？对这一问题的回答建立在不同社会发展时期上。新中国成立之初，需要大力培养"建设"性人才，推进国民经济快速发展；全面建设社会主义时期，需要培养"劳动"性人才，加快建设社会主义；改革开放时期，需要培养"'四有'新人"，即有理想、有道德、有文化、有纪律的人，促进社会主义精神文明建设高质量发展；党的十八大以来，需要培养新时代"社会主义建设者和接班人"，推进建设新时代中国特色社会主义。总体来看，新中国成立70年来中国共产党在"培养什么样人"的问题上不断变化，但都是以当时社会政治经济发展条件为主，制定相对应的教育方针服

务于当时社会。步入新的历史时期，党的十九大对我国教育发展提出更高要求，即要"培养德智体美劳全面发展的社会主义建设者和接班人"，这是对"何为德智体美劳全面发展"和"何为社会主义建设者和接班人"两个问题的正确解答，进一步彰显"立德"内涵。

第一，何为"社会主义建设者和接班人"。首先，这是对新时代我国所要"培养什么样人"问题所作回答的总体规划和根本目标。其次，从"社会主义"这个根本的规定性入手对其进行深刻解读。教育天然的具有政治属性。我国是人民民主专政的社会主义国家，人才培养一定要与社会主义事业发展紧密结合，所培养的必须是为了我国的民族发展与社会进步而不懈奋斗的人，且必须要有正确的政治方向和切实的学科知识，积极参与建设社会主义。正如习近平总书记在全国教育大会上强调，合格的社会主义建设者和接班人应当是拥有"四个自信"和"四个意识"的人。"四个自信"即道路自信、理论自信、制度自信、文化自信，也就是说要坚持对中国特色社会主义事业发展充满自信，坚信中国未来发展道路是光明的。"四个意识"即政治意识、大局意识、核心意识、看齐意识，坚定理想信念，坚持正确的政治方向，时刻注重集体利益。其次，习近平总书记鼓励引导青年学生在对美好生活的追求中，在实现自我价值的过程中，牢记自己肩上担负的社会使命。具体来说，就是青年学生要根据时代发展的要求，主动担当时代赋予的责任。通过提高道德修养、完善知识结构、丰富专业能力，实现自我全面发展的同时承担起相应的社会责任，追求个人价值和社会价值的统一，自愿投入为建设社会主义而不懈奋斗的洪流中。

第二，何为"德智体美劳全面发展"。对于这个问题的回答历来都是见仁见智，有人认为是人的各方面素质、潜能的提高和充分发展，包括个性、气质、情感等心理因素的成长；有人则认为是劳动能力、社会关系和个体素质等方面的发展。而习近平关于立德树人的相关论述对"何为德智体美劳全面发展"做了全面、精辟的解答。首先，德育在人的全面发展中是起主导作用的。道德是照亮全面发展的一切方面的光源，只有始终贯穿着丰富的道德性这一条主导红线的时候，学校的精神生活才能成为现实的教育力量。其次，智育是人们认识世界和改造世界的知识和能力。任何一种品德的形成都需要有一定的科学知识和生活经验为基础，只有当学生通过教育掌握了一定的专业知识、技术能力，才有可能在学习生活中培养起良好的品德行为，从而为人生的下一步发展夯实基础。再次，体育不仅可以增强人的体质，而且能培养人以坚强的意志和高尚的体育道德。正如习近平总书记在2018年出席全国教育大会时指出的那样，"要树立健康第一的教育理念，开齐开足体育课，帮助学生在体育锻炼中享受乐趣、增强体质、健全人格、锤炼意志"。除此之外，美育是教育人们感受、理解和评价美的能力。习近平总书记在中央美术学院百年校庆之际指出"做好美育工作，要坚持立德树人，扎根时代生活，遵循美育特点，弘扬中华美育精神，让祖国青年一代身心都健康成长。"最后，由于生产劳动是人类生活最基本的实践活动，因此劳动教育至关重要。2020年3月，中共中央、国务院下发《关于全面加强新时代大中小学劳动教育的意见》，针对近年来部分青年学生不想劳动、不爱惜劳动成果等现象做出了回应。重新强调劳动教育蕴含的育人价值，重点提升青年学生的劳动精神面貌、劳动价值取向和劳动技能水平，有利于促进学生的知行合一和全面发展。

（三）回答好"怎样培养人"，明晰树人路径

"怎样培养人"是对如何"立德"，如何"树人"根本性问题的回答。该问题的解决关系着教育目的和教育价值的真正实现，意义重大。习近平总书记指出"做好高校思想政治工作，要因事而化、因时而进、因势而新。要遵循思想政治工作规律，遵循教书育人规律，遵循学生成长规律，不断提高工作能力和水平。"相关论述内容明晰了树人的路径，探寻新时代境遇下创新发展思想政治工作的可能。

第一，遵循教书育人规律，以增强立德树人的自觉性。总书记强调，"要把立德树人融入思想道德教育、文化知识教育、社会实践教育各环节，贯穿基础教育、职业教育、高等教育各领域，学科体系、教学体系、教材体系、管理体系要围绕这个目标来设计，教师要围绕这个目标来教，学生要围绕这个目标来学。凡是不利于实现这个目标的做法都要坚决改过来。"这就要求高校在落实立德树人实践中，更好将立德树人与其他课程相融合。无论是专兼职辅导员、思政课老师、还是其他专业课教师，都不能忽视对学生道德修养的关注，在各类课程的教学中都要融入"立德"教育。此外，教师在教学过程中不仅要着力拓展学生的科学文化知识，也要主动了解学生思想状态，注重学生个人能力、道德品质等综合素质的发展。

第二，遵循思想政治工作规律，以加强立德树人的有效性。习近平总书记指出，一方面，要着力解决好思想政治工作与日常教学工作"两张皮"的问题，实现思想道德工作与专业知识教学的更好融合，在服务学生中教育、引导学生。另一方面，要着力解决好教师"口头说"与"实际做"的"两张皮"问题，鼓励思政工作者在教育教学中坚持知行合一，不断提升思想政治工作的时代感和有效性。

第三，遵循学生成长规律，以确保立德树人的针对性。习近平总书记多次强调，老师应在增强综合素质上下功夫，教育引导学生培养综合能力，培养创新思维。因为成长于21世纪的学生们思维活跃、独立性强、善于追问、敢于质疑，用传统的灌输模式对他们进行教育往往适得其反。学校应根据每个学生的个性进行差别教育，围绕学生爱护学生，指导学生人生修为的养成、倾听学生能力提升的诉求、激发学生全面发展的内在驱动力，这样才能把立德树人工作落到实处。

因此，不论是基础教育还是高等教育都必须做好立德树人工作，着力培养引导青年一代成长成才，不论青年一代接受的是职业技术教育还是高等教育，不论将来从事什么领域的工作，都要提高自身的专业知识本领，并时刻保持清醒的头脑，思考如何在实现个人成长成才的基础上为社会主义发展做出贡献，如何在增强真才实学的过程中勇担时代使命。将小我融入大我，在实现自身价值的过程中也创造出更多的社会价值，拿好接力棒，将中国特色社会主义事业发展好、建设好，是"树人"的重要内容。

三、雷锋精神为党育人为国育才

雷锋精神承载着中华民族的传统美德，彰显着社会主义、共产主义道德的崇高境界，是中华民族精神的生动写照。新时期，传承和弘扬雷锋精神是我们每个人义不容辞的责任，更是中国共产党人筑牢初心和使命的时代任务。因此，要深入推进社会主义"铸魂育人"工程，培育"有灵魂、有血性、有本事、有品德"的新一代社会主义建设者和接班人，为党育人为国育才。

（一）雷锋精神蕴含着丰富的育人元素

雷锋精神承载着中华民族的传统美德，浓缩了人类互利互助、向善向美的精神追求，彰显了社会主义、共产主义道德的崇高精神境界，是中华民族精神的生动体现。走好新时代的长征路，要求我自觉把雷锋精神内化于心、外化于行，准确把握雷锋精神育人价值的时代要求和任务。

习近平同志指出，无论过去、现在还是将来，对马克思主义的信仰，对中国特色社会主义的信念，对实现中华民族伟大复兴中国梦的信心，都是指引和支撑中国人民站起来、富起来、强起来的强大精神力量。雷锋在自己短暂的一生中，始终自觉地将个人的前途、命运与党和国家的前途、命运紧密结合起来，体现了一个普通共产党员朴素的爱国情怀、高尚的爱国主义精神和坚定的共产主义信念。雷锋的崇高信仰和坚定信念，是他坚持做到一生为党和人民奋斗的动力源。信仰、信念、信心至关重要。小到一个人、一个集体，大到一个政党、一个民族、一个国家，只要有信仰、信念、信心，就能愈挫愈奋、愈战愈勇。广大党员、干部要像雷锋那样始终坚定理想信念，用理想之光照亮奋斗之路，引领和激励人民群众为实现中华民族伟大复兴的中国梦而努力奋斗。雷锋是共产主义道德的实践典范，也是社会主义道德的践履楷模。改革开放以来，我国社会形成了一系列与市场经济发展要求相适应的新的道德观念，如对人的正当利益、合理价值的肯定，还有进取、竞争、公正、和谐等意识，都是当前社会道德积极、进步、向善的表现。但这些道德观念尚未得到充分张扬，还有待于广泛渗透到社会公德、职业道德、家庭美德和个人品德中去。雷锋精神既包含与传统道德一致的成分，也包含与新的道德观念相通的元素，如爱国、敬业、诚信、友善等，应当大力加以发掘。

（二）雷锋精神是促进大学生全面发展的需要

雷锋精神是当代大学生成长发展、不断进步的重要精神财富，是提升精神境界、引领社会风尚、营造和谐氛围、完善美好人格的生动典范和有力载体。雷锋精神对大学生个人的全面发展具有重大时代价值。老一辈革命家谢觉哉说："雷锋同志是平凡的，任何人都可以学到；雷锋同志是伟大的，任何人都要努力才能学到。"

心有所信，方能行远。大学生作为中国特色社会主义事业的合格建设者和接班人，应当树立远大理想和坚定的政治信仰，并以此作为他们建设社会主义进程中的不竭动力。而雷锋精神所蕴含的爱国、忠党、为民的情怀恰恰是大学生所应当具备的精神品质，这些精神品质不仅有助于大学生坚定理想信念，升华自我价值，而且有助于实现国家和民族伟大复兴的理想追求。因此，以雷锋事迹、雷锋文化为主题，加强对大学生雷锋精神常态化教育，可进一步帮助大学生树立牢固的家国情怀，积极维护国家利益，践行家国同构观念。从"雷锋"的人生价值观分析，在个人层面雷锋精神表现为一种积极、阳光、向上的价值追求；在社会层面雷锋精神则表现为无私奉献、服务人民的大无畏价值观，是个人在社会发展中所做的具有奉献精神的社会性价值。加强对大学生的雷锋精神的培育，有利于引导大学生树立为人民服务的人生观，教会大学生们在面对个人的人生选择时，充分将个人的人生追求与国家、民族、社会的发展进步结合起来，明晰人生的意义和价值在于奉献，更加自觉地参与到志愿服务中。同时，用鲜活的雷锋式人物所体现的雷锋精神培育学生，可激发学生的道德情感认同，实现学生在立德上的自我觉醒和内在动力的生成，推动大学生重塑并自觉养成崇德向善的优秀道德品行。

（三）雷锋精神是落实"立德树人"根本任务的需要

雷锋精神是高校立德树人工作体系的重要组成部分。雷锋精神内涵十分丰富，是中华民族优良文化的传承和发扬，大学生是祖国的未来和中华民族生生不息的希望。高校在新的历史条件下，要完成好"立德树人"的历史使命，必须注重培育雷锋精神，用雷锋精神统领"立德树人"任务的实现，从而使雷锋精神不断内化为大学生的内在精神力量，融入到自身的政治信仰、学习工作、生活和修养之中，成为祖国需要的有用之才。

首先，加强对大学生雷锋精神培育。一方面，可以使大学生从生动的雷锋精神教育中深刻感受到马克思主义理论中人民立场的观点，使大学生感受到马克思主义理论与生活的密切联系，增强大学生学习的积极性，深化大学生服务人民的自觉意识，从而有效开展具有思想吸引力和政治凝聚力的马克思主义理论教育。使大学生能够在多元思想和价值观的环境中敏锐地辨别出社会主义主流意识形态，坚定马克思主义的指导地位，增强对中国共产党执政理念的理解，增强大学生投身建设社会主义的向心力，自觉弘扬主旋律。另一方面，可以有力回击历史虚无主义者对雷锋精神的否定。通过文本考证、事例考证等途径，为学生还原真实的雷锋，使学生真正读懂、走进、感悟雷锋。加深对大学生雷锋精神培育的研究可以有力地消除在舆论环境成长下的大学生对雷锋及雷锋精神的质疑与误解，有理有据地反驳历史虚无主义的思想，进而传承雷锋精神。

其次，通过对雷锋精神中知恩图报、严于律己、为党和国家忠贞不渝、为人民鞠躬尽瘁等内容的学习，增强大学生对中国共产党和国家民族的深厚情感，主动将个人理想追求与国家民族的发展需要相结合；增强学生以吃苦耐劳、恪尽职守的敬业精神面对自己未来的工作；以真诚之心和讲信用守道义的诚信意识，切实做到在待人与待事方面信守诺言、诚实无欺、表里如一。在日常生活中，始终保持与人为善的良好品格。同时，也利于大学生在接受雷锋精神榜样教育和参与"学雷锋"实践活动中，明方向、找差距、补短板，勤思笃行。正确认识个人价值的实现与社会和集体之间是不可分离且紧密结合的关系，主动克服市场经济带来的重物质利益和等价交换而对无私奉献漠不关心的价值误区，使大学生在多维价值选择中时刻保持清醒头脑，增强价值判断的能力，坚守社会主义主流价值取向，自觉内化社会主义核心价值观，实现知行合一。

第二节　雷锋精神助推社会主义核心价值观培育

习近平总书记指出，雷锋精神是对社会主义核心价值观的生动体现。雷锋精神是对雷锋个人的行为和事迹进行总结和提炼，形成的一套全社会共同学习和效仿的价值准则。而社会主义核心价值观则是从国家的高度，放眼整个国家，建立起的一套引导社会成员规范行为的价值准则。可见，雷锋精神与社会主义核心价值观具有个性与共性、特殊与普遍的内在一致性，在很大程度上是具有关联性的。在新的历史条件下进一步弘扬雷锋精神，是培育和践行社会主义核心价值观，引导和激励人民群众为实现中华民族伟大复兴的中国梦而奋斗的重要抓手。

一、培育社会主义核心价值观的时代要求

党的十九届六中全会公报指出："党的十八大以来，我国意识形态领域形势发生全局性、根本性转变，全党全国各族人民文化自信明显增强。"从党的十八大以来的意识形态工作实践可以看出，文化建设成就的取得离不开社会主义核心价值观引领作用。意识形态领域的安全风险和挑战重中之重，当下仍然要坚持以社会主义核心价值观为引领不断巩固社会主义意识形态的话语权，尤其是在国际舆论场中提升我国的文化话语权，有效维护文化安全和意识形态安全，夯实文化自信的群众基础，强化思想共识。巩固社会主义意识形态话语权有赖于继续弘扬社会主义核心价值观，增强我国价值观的话语影响力，一方面，有利于在国内坚定对马克思主义的信仰，巩固文化自信的思想共识和价值共识；另一方面，通过中国价值观的对外传播有利于在国际舆论场中提升我国的文化话语权和文化软实力。

（一）巩固马克思主义在意识形态领域的指导地位

巩固马克思主义在意识形态领域的指导地位，仍然是新时代加强文化建设的重要内容。文化自信源于对马克思主义的坚定信仰，巩固马克思主义的指导地位不仅需要刚性的制度规范，也需要通过价值观教育、信仰教育潜移默化地激发人们情感层面的共鸣，在情感驱动下强化理性认同。习近平总书记强调："无论过去、现在还是将来，对马克思主义的信仰，对中国特色社会主义的信念，对实现中华民族伟大复兴中国梦的信心，都

是指引和支撑中国人民站起来、富起来、强起来的强大精神力量。"❶ 对马克思主义的信仰反映了人们心中最深沉而笃定的精神寄托，表征着人们对马克思主义理论的坚定信念和强烈信心。

社会主义核心价值观凝结了马克思主义理论学说的价值意蕴和价值追求，弘扬社会主义核心价值观始终以马克思主义为指导思想，以展现社会主义制度优越性为重要使命，成为坚定马克思主义信仰、巩固马克思主义指导地位的重要举措。通过核心价值观话语内容、话语方式的创新，对社会主义核心价值观的误解得以澄清、关于马克思主义的争议得以化解，民众在文化自信、价值观自信的内在驱动下能够自觉抵御错误价值观念和社会思潮的侵蚀。换言之，马克思主义理论的科学性和先进性将会在弘扬社会主义核心价值观的过程中持续彰显，民众在接受价值观的精神熏陶中体认马克思主义的思想魅力和现实价值，对马克思主义的理解和认知将会持续加深。

（二）巩固实现中华民族伟大复兴中国梦的精神成果

社会主义核心价值观是中国人民追求理想社会愿景的价值表达，它符合中国特色社会主义发展的基本要求和根本方向，是人们对人与自然、人与人、人与社会关系的根本看法和观点，同时具有强大的生命力和远大的发展前景。价值共识是人类共同形成的对某些基本价值的认同和共享，构成了主体建立价值自信与价值认同的前提条件，是社会主流价值观具有合法性、合理性和科学性的重要依据。因此，需要强化社会主义核心价值观作为全社会价值共识的地位，彰显马克思主义理论的先进性、科学性和实践性，以社会主义核心价值观为牵引夯实群众基础，巩固实现中华民族伟大复兴中国梦的思想共识。葛兰西将包含了核心价值观在内的意识形态

---

❶ 习近平. 在庆祝改革开放40周年大会上的讲话［N］. 人民日报，2018-12-19（2）.

比作"水泥",将意识形态所具有的凝聚民心、汇聚力量并营造有利于政治统治的舆论环境的这种功能比喻为"团结统一的水泥作用"。作为凝聚社会共识的"最大公约数",社会主义核心价值观是当前我国主流意识形态的主要构成,同样发挥着团结统一、汇聚合力的作用。通过弘扬社会主义核心价值观,一方面,占领舆论宣传阵地、化解舆论冲突、消解舆论噪音,实现对社会舆论价值导向的有效调控,在全社会确立共同的价值规范,并不断增强这种价值规范对人们思想和行为的支配力与影响力,最大限度地将人民群众团结起来;另一方面,在全社会确立共同的价值目标利用共同的价值追求来动员、团结和凝聚广大人民群众。在主流媒体的舆论宣传下,激发社会主义核心价值观与人民群众的情感共鸣,不断提高人民群众遵循价值规范、实现共同价值目标的自觉性和主动性。同时,阐明个人利益与国家利益的辩证统一关系,使社会成员认识自己的价值诉求与社会整体价值目标之间休戚与共的关系,从而在价值共识和思想共识的引领下团结为命运与共的共同体。

(三)提升我国在国际舆论场中的文化话语权

一个国家的核心价值观是其文化的内核和灵魂,核心价值观的影响力所代表的不仅是国家主流意识形态的话语权,也彰显着国家的文化话语权和文化软实力。"文化软实力集中体现了一个国家基于文化而具有的凝聚力和生命力,以及由此产生的吸引力和影响力。"❶文化通过价值观的精神力量来增进文化认同、坚定文化自信,价值观自然成为文化凝聚力和影响力的源泉。对于一个国家来说,重视价值观建设是提升文化软实力的内在要求,文化软实力直接决定了在国际舆论场中的文化话语权。在推进社会主义核心价值观建设的过程中其所属文化的魅力将会得到更为全面的展

---

❶ 习近平新时代中国特色社会主义思想学习纲要[M].北京:学习出版社,2019:153.

现，文化的影响力自然也会增强，在面对未来意识形态领域的风险和挑战时亦能构筑坚实的安全防线。

社会主义核心价值观整合了中华优秀传统文化、党和人民的革命文化以及社会主义先进文化中的价值资源和话语资源，从话语权的内在构成要素之一的话语内容层面来看，话语内容的创新必然要汲取和借鉴文化当中的话语资源，文化的创造力和影响力自然也会在此过程中得到彰显。"核心价值观是文化软实力的灵魂、文化软实力建设的重点。""一个国家的文化软实力，从根本上说，取决于其核心价值观的生命力、凝聚力、感召力。"❶ 概言之，由文化软实力和文化自信奠基的意识形态安全屏障是维护国家文化安全的保障，同时成为国际舆论场中获得文化话语权的重要来源。

二、雷锋精神与社会主义核心价值观的内在契合性

社会主义核心价值观是对社会主义核心价值体系的凝练和升华，从国家、社会、个人三个层面阐述了中国人民应该遵循的价值观念和道德操守，它是全民族共同的精神纽带，是实现中国特色社会主义共同理想的基石，也是中国特色社会主义文化建设的根基。雷锋精神是社会主义精神文明建设的重要资源，是中华民族精神的重要内容。在不断丰富与发展的社会主义建设实践中，虽然弘扬雷锋精神的具体形式不断变化创新，但以爱国主义为核心，以无私奉献为本质，以自强不息为动力，始终坚持"全心全意为人民服务，为了人民的事业无私奉献"一直是雷锋精神的思想精髓与核心内涵。这一思想精髓与核心内涵可以归纳为坚持马克思主义理论的

---

❶ 习近平.在中共中央政治局第十三次集体学习时强调把培育和弘扬社会主义核心价值观作为凝魂聚气强基固本的基础工程［N］.人民日报，2014-2-26（1）.

指导，忠于国家忠于人民的精神；坚持爱国主义、爱社会主义，坚定的共产主义信念与政治立场；坚持全心全意为人民服务，大公无私的奉献精神；坚持艰苦奋斗、爱岗敬业，积极进取的奋斗精神；坚持谦虚待人、热心助人，甘于平凡的"螺丝钉"精神。由此可发现，雷锋精神的内涵与社会主义核心价值观所倡导的国家富强、社会和谐、人民幸福等基本价值取向具有高度的统一性与契合性。

（一）雷锋精神与社会主义核心价值观在文化根基上相互契合

牢固的核心价值观都有其固有的根本。中华文明绵延数千年，有其独特的价值体系。中华优秀传统文化已经成为中华民族的基因，根植在中国人内心，潜移默化地影响着中国人的思想方式和行为方式，提倡和弘扬社会主义核心价值观，必须从中汲取丰富营养，否则就不会有生命力和影响力。要利用好中华优秀传统文化所蕴含的丰富思想道德资源，使其成为涵养社会主义核心价值观的重要源泉。雷锋精神较好地体现了"公而忘私、无私奉献""乐观进取、自强不息""修己安人、仁者爱人"的中华民族精神，是对中华优秀传统文化的传承和发展。同样，社会主义核心价值观与中华优秀传统文化一脉相承，中华优秀传统文化是社会主义核心价值观的深厚根基、文化源泉。社会主义核心价值观的提出，一个重要的因素就是得益于中华优秀传统文化，弘扬社会主义核心价值观必须植根于中华优秀传统文化的沃土之中，离开了中华优秀传统文化，社会主义核心价值观将成为无源之水。但中华优秀传统文化又不是社会主义核心价值观的唯一内容，而是包含了人类文明的其他优秀成果。社会主义核心价值观不是对中华优秀传统文化的简单继承和发展，而是根据时代的变化和发展，为中华优秀传统文化注入了新的内涵，是对中华优秀传统文化的创造性转化、创新性发展。

（二）雷锋精神与社会主义核心价值观在内涵本质上相互契合

雷锋是伟大的共产主义战士，是实践社会主义思想道德的楷模，以其名字命名的雷锋精神，是中国共产党在中国特色社会主义建设过程中树立的光辉旗帜，更是推进社会主义精神建设，实践共产主义道德理想的精神动力。时代在发展，社会在进步，形成于20世纪60年代的雷锋精神也在不断变化发展，在保持精神和传承不变的前提下，内涵不断得到丰富发展，主要增添的内容为：振兴民族的爱国精神，为国为民的奉献精神，忠于职守的敬业精神，刻苦钻研的学习精神，艰苦奋斗的创业精神，团结互助的合作精神。

党的十八大在提出实现中国梦的战略任务的基础上，对社会主义核心价值观进行了高度凝练和升华，明确提出了"富强、民主、文明、和谐、自由、平等、公正、法治、爱国、敬业、诚信、友善"二十四个字的基本内涵。"富强、民主、文明、和谐"，是美丽中国的宏伟蓝图，也是从国家层面对社会主义核心价值观基本内涵的凝练。"自由、平等、公正、法治"，是对和谐社会的生动描绘，也是从社会层面对社会主义核心价值观基本内涵的凝练。"爱国、敬业、诚信、友善"，是公民道德的准则规范，也是从个人行为层面对社会主义核心价值观基本内涵的凝练。从基本内涵的诠释来看，雷锋精神和社会主义核心价值观本质上具有契合性，都是紧紧围绕"国家""社会""个人"这三个核心元素，深刻阐述了处理国家与个人，集体与个人，个人与个人相互关系的基本原则，深刻揭示了作为社会的人、现实的人，是集体性与个体性的统一，集体奉献与个人追求的统一，深刻强调了只有始终服从于国家利益和集体利益的大局，个人利益追求才能得到更好的满足，更大的保护。

（三）雷锋精神与社会主义核心价值观在实践基础上相互契合

社会存在决定社会意识，社会意识是对社会存在的反映，任何理论都是社会实践的产物，是当时历史条件下社会状态对社会意识的需要。社会主义核心价值观与雷锋精神都是我国一定历史条件下，应对中国的实际情况而提出的。社会主义核心价值观是我国全面深化改革、全面建成小康社会的社会主义实践中，基于社会日益凸显的思想道德问题，通过对社会主义核心价值体系的凝练而形成的。随着我国经济的飞速发展也伴随出现了一些问题，思想领域的问题、精神风貌的问题、价值观念的问题、道德标准的问题等。面对这些问题，中华民族靠什么凝魂聚气，遵循什么样的价值标准，引领什么样的道德风尚，都成为了我国急需回答的问题，正是基于中国特色社会主义建设的需要，我国从国家、社会、公民三个层次提出了社会主义核心价值观，形成了中国人民共同的思想基础。同样，雷锋精神离不开时代的孕育，雷锋精神也产生于当时我国的历史背景，雷锋精神产生于社会主义建设初期，当时，我国处在物质极度短缺、阶级斗争形势复杂的特定历史时期，一部分国人在价值选择上犹豫不决，在资本主义与社会主义之间摇摆不定，雷锋精神正是当时历史条件下社会精神文明建设的迫切需要，雷锋精神凸显出当时历史条件下我国迫切需要的价值观念和道德标准，艰苦奋斗、勇于奉献、坚定共产主义理想信念等等都是当时社会主义实践所需要的高尚的道德情操。他在日记中写道：我们国家还很穷，我们必须勤俭节约，减轻国家的负担。雷锋的艰苦朴素正是当时社会存在的真实反映。雷锋精神与社会主义核心价值观都是中国特色社会主义伟大实践的理论成果。

三、雷锋精神在社会主义核心价值观中的认同作用

雷锋精神使社会主义核心价值观有了生动的展现,社会主义核心价值观也使雷锋精神有了当今意义的践行标准。借助雷锋平凡而伟大的事迹与雷锋所具有的大众亲和力来弘扬雷锋精神,能够为社会主义核心价值观的认同提供一个大众化平台,推动社会成员将社会主义核心价值观的思想精髓内化为自身价值观并不断固化,从而提升社会成员对社会主义核心价值观的认同与内化程度。

(一)国家层面的价值认同:凝聚与引导

在雷锋的身上具有强烈的爱国热情,他始终把个人的前途命运与党、国家和人民的前途命运紧密地联系在一起,把个人的拼搏融入国家富强、民族振兴的历史使命中。雷锋立誓做一颗永不生锈的螺丝钉,一次次奔赴祖国最需要的地方。同时,他还把自己比喻为一块砖,哪里有用哪里搬,从事社会最需要的工作,他先后在农业、工业和国防战线为国家的建设勤恳工作,这些都是雷锋精神中所蕴含的以国家富强、人民幸福为奋斗目标的爱国主义的集中体现。正是这种对祖国和人民无限热爱的真挚爱国情怀和深厚的阶级感情,深刻体现了雷锋精神与社会主义核心价值观所倡导的"富强、民主、文明、和谐"的国家层面价值目标具有内在的统一性。倡导富强、民主、文明、和谐,实现国家昌盛与民族复兴,是近代以来中国人民寻求强国之路的共同理想,是全体人民努力奋斗的宏伟目标。作为民族精神的核心,爱国主义是全体人民团结奋斗的强大精神支柱。对于个体而言,爱国是个人存在的最大价值所在,爱国主义体现了个人与祖国之间的相互依存关系。在价值观与信仰日益多元化的背景下,培育爱国主义精神能够最大程度地提升全民族的向心力与凝聚力。在新的历史条件下,通过弘扬雷锋精神,通过发挥模范人物的影响力和感染力,用人们信服的道

德榜样来激发民众的精神力量，可以呼唤人们内心存在的爱国情感，可以为人们提供培育爱国主义精神的具体路径，引导人们为实现国家富强、民族振兴的奋斗目标而不懈努力。雷锋所具有的热爱党、热爱祖国、热爱社会主义的崇高理想与坚定信念，生动体现了社会主义核心价值观国家层面的价值目标。因此，积极宣传雷锋的爱国主义模范事迹，大力弘扬雷锋精神中所蕴含的爱国主义情怀，对于增强社会成员对社会主义核心价值观"富强、民主、文明、和谐"国家层面核心价值目标的认同具有重要的导向作用。

（二）社会层面的价值：规训与教化

雷锋以自己平凡而伟大的一生证明了对自由、平等、公正、法治社会层面的核心价值观的认同和践行，雷锋精神所蕴含的勇担社会责任、推进社会进步、讲究社会公平等价值观念，对于培育和认同社会主义核心价值观社会层面的价值追求具有重要的规训与教化作用。正是这种全心全意为人民服务、无私奉献的价值追求，深刻体现了雷锋精神与社会主义核心价值观所倡导的"自由、平等、公正、法治"社会层面的价值具有内在一致性。倡导自由、平等、公正、法治，实现社会公正、幸福、和谐，是中国人民对理想社会构建的共同憧憬，是实现中华民族伟大复兴中国梦的重要目标。雷锋精神所蕴含的全心全意为人民服务、无私奉献的精神，集中体现了雷锋以推动社会进步为人生目标与人生价值实现的人生观与价值观。在雷锋精神中，树立远大理想是一个人的重要特征。正是因为理想远大，雷锋在实现自己人生价值的过程中才具有十足的动力。雷锋将个人理想与个人价值的实现融入社会理想与社会价值实现之中，在积极奉献社会的实践中去实现自身的价值。雷锋精神中全心全意为人民服务、无私奉献的价值追求，生动体现了社会价值导向与人民利益相统一的社会主义核心价值观。这种价值追求能够为人们实现自身价值提供强大的精神动力，能够极大地推动社会成员形成对于这种价值观的情感共鸣,实现思想转化和价值观重构。因此,积极宣传雷锋服务人民、奉献社会的人生历程,大力弘扬雷锋精神中的全心全意为人民服务、无私奉献的价值追求,对于提升社会成员对社会主义核心价值观"自由、平等、公正、法治"社会层面的价值追求的认同具有重要的正面教化作用。

(三)个人层面的价值:激励与践行

作为特定历史时期的精神产物,雷锋精神所蕴含的爱岗敬业、诚信友善的高尚品德,既充分继承了中华民族的传统美德,又随着时代的变迁而不断发展创新,成为引领时代发展的社会主义先进文化的重要标志。雷锋精神所蕴含的干一行爱一行、专一行精一行的敬业精神,待人谦虚友善的高尚品质,对于社会成员将爱岗敬业、谦虚友善的优良品质内化为个人的自觉追求和价值取向产生潜移默化的影响力,对于社会成员自觉认同和践行社会主义核心价值观公民层面的价值规范具有重要的激励与践行作用。正是这种爱岗敬业、谦虚友善的高尚品质,深刻体现了雷锋精神与社会主义核心价值观所倡导的"爱国、敬业、诚信、友善"的公民层面的价值规范具有内在的契合性。倡导爱国、敬业、诚信、友善,正确处理公民个人与国家、社会、他人之间的关系,是实现国家富强、社会和谐、人民幸福的前提与基础。在雷锋短暂的一生中,爱岗敬业、立足本职,在平凡的工作岗位上创造出不平凡的业绩,集中体现出雷锋将奉献社会作为实现人生价值的根本途径。干一行爱一行,对待职业的高度责任感的敬业精神既是我们弘扬雷锋精神的重要内容,也生动体现了社会理想与职业准则相统一的社会主义核心价值观。因此,积极宣传雷锋对事业高度负责与热爱、对他人谦虚友爱的事迹,大力倡导雷锋精神中蕴含的爱岗敬业、谦虚友善的高尚品质,对于社会成员积极遵守社会主义职业道德与个人品德,对于强化社会成员对社会主义核心价值观"爱国、敬业、诚信、友善"公民层面价值规范的认同具有重要的激励作用。

作为时代的先锋和楷模，雷锋事迹与雷锋精神为社会主义核心价值观的认同树立了光辉榜样。弘扬雷锋精神与社会主义核心价值观所倡导的基本价值取向深入发掘雷锋精神对社会主义核心价值观认同的重要作用，能够有力地推动社会主义核心价值观的培育和践行向更加深广的领域发展。

第三节 雷锋精神育人功能的主要内容

大学时期是青年学生价值观形成的关键阶段，对大学生进行社会主义核心价值观教育尤为重要，雷锋精神与社会主义核心价值观是一脉相承的，具有内在的契合性。育人为本、德育为先。雷锋精神是中国共产党人宝贵的精神财富，更是全社会加强思想道德建设，培育和践行社会主义核心价值观的标杆和旗帜。探索雷锋精神的育人功能，有助于激励广大青年学生投身伟大实践，不负党和人民的殷切期望，贡献青春力量具有深远意义。

一、雷锋精神育人的塑造功能

所谓塑造本意是指用语言文字等艺术手段描写人物形象。雷锋追求至善的道德人格，其精神品格激励了几代人的成长；雷锋健康文明的交往原则，影响了一个社会的道德风尚；雷锋全心全意为人民服务的价值观赢得了亿万人民的敬仰。因此，积极挖掘雷锋精神育人的塑造功能，塑造与新时代相呼应的雷锋形象有着重要的时代价值。

（一）雷锋精神有助于塑造个人理想人格

雷锋精神育人的重要功能在于塑造个人理想人格。理想人格一般是指一定社会或阶级所倡导的道德上的完美典型，是人们普遍认为的完美人格形象，是一定社会的道德要求和道德理想的最高体现。雷锋精神的塑造性在于它可以通过自强不息的人格品质进行开导，推动人们积极完善自身人格，从而有助于引导个体塑造理想人格。

首先，雷锋精神有助于引导个体树立自主自强意识，为理想人格的塑造奠定思想基础。雷锋精神内涵了一种自主自立，自强不息的宝贵道德品质。自主又称自主性，具有较好的心理调节能力。这种能力使他们在和谐的人际交往中，依然具有强烈的自我指导和内部控制感，为个体的态度、情绪、价值和行为达成统一奠定基础。自强是指个体在成长过程中，使身心潜能得到充分的发展，对未来最高境界追寻的动机和愿望。雷锋精神作为一种实践精神，内涵了自强不息道德品质的形成过程，为个体会不断提高自我管理和自我负责的能力，塑造理想人格奠定思想基础。其次，雷锋精神有助于引导个体在实践中不断锻炼，为理想人格的塑造奠定实践基础。理想人格的塑造除了需要具备首要的判断力，也就是思想上的判别能力之外，还需要一种外在的保证能力，即行为能力的养成。这就需要在思想认知基础上，主体不断加强实践磨练，在不断的尝试和提高过程中提升自身的行为能力，达到独立判断能力和行为能力的高度统一。所以在自强不息道德品质的形成过程中，主体的行为能力也得到了不断的锻炼和增强，从而为理想人格的塑造奠定扎实的实践基础。

（二）雷锋精神有助于塑造良好的个人品德

良好的个人品德是人们成长成才的重要基础，个人品德的塑造是在道德认知深化、道德情感强化、道德信念提升基础上得以实现的。首先，雷锋精神有利于深化社会成员道德认知。道德认知是指人们对于社会道德现象、关系、规范等的认识，也包括对与道德相关的规则的认识。以高校大学生为例，大学生专业知识积累、认知能力提高，同时该阶段青年大学生更处于价值观形成的关键时期。大学生通过学习与传承雷锋精神可以有效强化自身的道德认知，进而形成正确的道德判断。其次，雷锋精神有利于强化社会成员道德情感。道德情感即人们在对社会现象认知的基础上形成的对于道德现象、道德关系、道德规范等诸如喜厌的情感体验。道德情感的强化是社会成员将道德认知进行内化并最终转化为自身行为的情感助推器，即人们在对雷锋精神进行传承中强化以爱国主义、集体主义、社会责任感等为主要内容的情感体验。这些情感体验会再次激起人们强烈的责任感、荣誉感，使得每个人丰富并强化自身的情感体验，形成完善的道德情感。最后，雷锋精神有利于提升社会成员的道德信念。道德信念是人们在对社会现象已有的道德认知的基础之上，并在自身道德情感的驱动下所产生的对于道德现象强烈的责任感，是道德认知内化的过程。人们在传承雷锋精神的过程中，形成与自身掌握的知识相结合，利于形成全面的服务他人、服务社会的理念，进而形成自身的道德信念，激发道德行为。因此，进行广泛深入的雷锋精神教育，可以更好地引导人们认识自己作为改造物质世界和创造社会历史的主体地位，认识自己的历史使命和社会责任，从而提高自身的主体意识；可以更好地保持对生活的积极参与和主动创造的精神，自强不息，百折不挠，充分挖掘自身的潜能，实现自身人格的完善。

（三）雷锋精神有助于塑造良好的社会风尚

雷锋精神育人的塑造功能还体现在塑造文明的社会风尚。当前社会已经发生深刻变革，社会矛盾随之多发、突发。在现实生活中，一些人道德失守、诚信缺失、精神滑坡，已经导致碰瓷、传销、假结婚、假货、假文凭等不良现象频频发生，虽然不是社会主流，但在新媒体的影响下，其传播效应无疑会被扩大，引起人们对社会问题深感忧虑，人际关系变得敏感、紧张。广大人民群众在物质生活水平得以提高的同时，对精神生活的追求也越来越高，各种不正之风、腐败现象受到很大程度的打压，而弘扬雷锋精神，发挥雷锋精神的育人作用创造了良好的社会风尚，符合当前广大群众的现实诉求。它有助于人们重新思考人生的意义，反思社会负面现象，启迪人们树立正确的世界观、人生观和价值观，提高自身的思想道德素质，做一个奉献社会、服务人民的社会主义公民；有助于人们重新探索成长和发展的道路，启迪人们确立行为规则、公平竞争、利人利己，从而培育出弘扬正气、化解矛盾、凝聚人心、努力奉献、沟通感情、增进融合的良好社会风尚，形成团结互助、尊老爱幼、扶贫济困、扶弱助残、诚信友爱、礼让宽容的新型人际关系，建设更加美好的社会主义社会。

二、雷锋精神育人的导向功能

雷锋精神是永恒的。雷锋具有远大的理想、坚定的信念，全心全意为人民服务的精神，具有高尚的思想道德品质和个人魅力。体现在雷锋和雷锋式人物身上的雷锋精神，对解决当今社会上存在的理想信念弱化、价值取向多元、道德失范、追求物质利益最大化、日益浮夸功利、诚信缺失和个人本位凸显等诸多社会问题具有重大的价值，是超越时空的正能量。

（一）在理想、信念弱化的社会中，引导人们树立崇高理想和坚定信念

理想信念是在世界观、人生观和价值观的指导下形成的，是人们对未来社会和自身发展方向的美好向往和追求。理想信念是人们前进的精神动力，能够激励人们克服前进道路上的困难，向着既定的目标迈进。然而，

处在社会转型期的部分人们的理想信念出现了不同程度弱化的现象。主要表现在：第一，对理想信念的重要性和意义认识不足，认为有无理想信念对个人发展影响不大；第二，在个人理想的选择上越来越感性和务实，更看重生活理想和职业理想，相对忽视政治、道德等理想；第三，理想的功利主义色彩比较浓厚，重个人理想、轻社会理想；第四，理想信念的稳定性不够，经常会随着环境的变化而改变。

弘扬雷锋精神，可以在一定程度上改变当今社会理想、信念弱化的现状，引导人们树立崇高的理想和坚定信念。雷锋有崇高的理想和坚定的信念，他爱党、爱国、爱社会主义，认为国家和集体的利益高于个人利益，坚持为国家着想，把有限的生命投入到了无限的为人民服务之中去，为了人类的美好事业——共产主义事业献身。在雷锋精神的感召下，有利于人们理性思考，重新审视理想信念的重要意义和价值，在追求生活理想、职业理想、个人理想的基础上，不忘追求社会理想，并能为实现理想信念而奋斗。

（二）在价值取向多元的社会中，引导人们做出正确的价值选择

价值取向是个体在价值观的指导下形成的，在面对或处理各种矛盾、冲突和关系时表现出来的基本的价值立场和价值倾向，可以决定和支配主体的价值选择。由于社会的变革、时代的变迁、经济的发展、个体利益的多样化以及外来文化的影响等，当今人们的价值取向呈现多元化的特点。主要表现在：第一，一部分人的价值观出现了偏离，信奉利益最大化；第二，对实用主义的追捧，忽视道义价值；第三，对社会本位的忽视，对个人本位的信奉；第四，国家和集体利益日渐淡化，个人利益备受重视。

纵观雷锋的一生，他甘愿做滋润土地的一滴水、照亮黑暗的一线阳光、哺育生命的一颗粮食、坚守在生活岗位上的一颗螺丝钉。雷锋不考虑个人私利，积极追求社会道义。坚持以国家利益为重，在有限的生命中，

为人们多做奉献。人们的价值取向有正确和错误之分。倡导雷锋精神，有利于引导人们选择正确的价值取向，有效规避错误的价值选择；有利于改变人们价值取向出现偏差的现状，引导人们自觉把国家和社会利益放在首位，正确处理国家、集体和个人利益三者之间的关系；引导人们在坚守道义的前提下，合理追求自己的利益，做出正确的价值选择。

（三）在个人价值凸显的社会中，引导人们追求和谐美好社会

目前，我国社会存在个人价值凸显的现象。一些人忽视国家利益和集体利益，以自我为中心，单纯追求个人价值，忽视社会价值。主要表现在：做事情首先考虑对自己是否有利，是否有利于国家和集体的发展并不在考虑范围之内。在这思想认识的影响下，危害国家和集体利益的事情屡见不鲜。例如，一些企业为了实现自身经济利益最大化，不惜以破坏环境、威胁子孙后代的生存与发展为代价；一些个体为了追求个人的一己私利，不惜铤而走险，触犯法律和道德等。

雷锋是道德的楷模，是人们学习的榜样，他以"一滴水"自称，坚持汇入集体这一"大海"，把自己和集体事业融合在一起，处处为国家着想；他认为"对待个人主义要像秋风扫落叶一样"，坚持把国家和集体利益放在首位，为了人间的大爱，默默地奉献自己的一生。

因此，弘扬雷锋精神，引导人们积极践行雷锋精神，有利于人们正确认识个人价值和社会价值的关系，引导人们在追求社会价值的过程中实现个人价值；有利于引导人们正确处理国家、集体和个人三者之间的关系；有利于引导人们树立正确的道德观，积极投身于社会主义建设事业，更好地构建和谐美好社会。

三、雷锋精神育人的激励功能

激励功能是指通过思想政治教育使社会成员有着强烈的社会和政治认同感、责任感。激励功能包括目标激励和情感激励。雷锋精神激励新时代青年学子为国家富强、民族振兴成长成才、激励着新时代党员干部砥砺前行、激励着时代新人勇担重任，为实现中华民族伟大复兴中国梦贡献力量。

（一）激励新时代青年学子成长成才

青年学生正处于世界观、人生观、价值观形成的关键时期，成长需要楷模引领，成才需要精神激励。习近平总书记的要求——"希望同学们把红色基因传承好，好好学习知识和本领，努力成长为德智体美劳全面发展的社会主义建设者和接班人"，迫切需要雷锋精神的激励和引领。

理想远大、信念坚定需要雷锋精神激励和引领。理想信念是一个民族、一个社会奋力前行的向导，也是青少年健康成长、成就事业的精神支柱和前进动力。青少年时代是美好人生的开端，也是培养信念、明确志向的关键阶段。有了理想信念，才能保持正确的人生航向，获得强大而持久的前进动力。雷锋身上体现了远大理想的魅力、坚定信念的力量。雷锋精神可以激励和引领青少年，更好地牢固树立共产主义远大理想和中国特色社会主义坚定信念，自觉把个人的命运与党和人民的事业紧密联系在一起，把个人的奋斗融入国家富强、民族振兴的历史洪流中。

视野开阔、知识丰富需要雷锋精神激励和引领。当今世界，经济全球化深入发展，科技革命加速推进，知识更新速度加快，信息交流日益广泛。这既为青少年成长提供了广阔舞台，也对其拓宽视野和丰富知识提出了更高要求。雷锋身上有一股强烈的勤勉敬业和"钉子"精神。雷锋精神可以激励和引领青少年，更好地拓展世界眼光，勤奋学习科学理论，刻苦钻研业务知识，掌握建设祖国的过硬本领。

作为祖国希望、民族未来的青少年，应该从小培养开拓进取、艰苦创业精神。雷锋的一生是锐意进取、艰苦奋斗的一生。雷锋精神可以激励和引领青少年，更好地培养自强不息的创新精神和艰苦奋斗的优良作风，不为任何风险所惧，不被任何干扰所惑，刻苦学习、奋发成才、勇攀高峰。

（二）激励新时代党员干部砥砺前行

站在新时代的新起点，我们面临着大好机遇，同时也面临着严峻挑战，用雷锋精神教育党员、鼓舞党员，激励广大党员干部始终坚守共产党人精神追求，将平凡力量汇聚到为人民服务中。

不忘初心永奋斗，坚定信念跟党走。雷锋在其短暂而光辉的一生中所体现出来的爱国、爱党、爱社会主义的炙热情怀，为共产主义事业奋斗终身的理想信念，无一不让人动容。无论时代怎么变化，我们的初心不会变。在错综复杂的社会环境中，广大党员干部要坚定不移跟党走，始终以党为主心骨和坚强领导核心，时刻牢记新使命，扛起新担当，用行动抒发对党的无限忠诚，对祖国的无限热爱。

俯首甘为孺子牛，奉献无悔显担当。雷锋在自己的日记中写道："人的生命是有限的，可是，为人民服务是无限的，我要把有限的生命，投入到无限的为人民服务之中去。"无私奉献精神，是人类社会文明进步的重要标志，是人类最纯洁最崇高最伟大的精神。党员干部一定要学做吃苦耐劳、甘于奉献的"老黄牛"，坚守全心全意为人民服务宗旨，努力完成新时代党的历史使命交给我们的重大任务，攻坚克难、砥砺前行，带头讲奉献，讲牺牲，为实现中华民族的伟大复兴贡献自己的一份力量。

几十年来，雷锋精神犹如一座巍然耸立的灯塔，不断放射出夺目的光芒，照亮着一代又一代人的心灵，激励着党员干部要在工作岗位上一步一个脚印，自觉服务社会、服务人民，在为人民谋幸福的征程上绘画蓝图，让雷锋精神在新时代绽放新光芒。

（三）激励时代新人勇担重任

习近平总书记2013年5月4日在同各界优秀青年代表座谈时的讲话中指出："要倡导社会文明新风，带头学雷锋，积极参加志愿服务，主动承担社会责任，热诚关爱他人，多做扶贫济困、扶弱助残的实事好事，以实际行动促进社会进步。"创新精神和创业精神是雷锋精神的特质表现，要用创新精神和创业精神激励时代新人。创新是民族进步之魂。党的十九届五中全会提出，坚持创新在我国现代化建设全局中的核心地位。在当前国内国际形势下，我们要走出一条适合国情的创新路子，就要把提升原始创新能力摆在更加突出的位置，努力实现更多"从0到1"的突破，把更多核心技术掌握在自己手中。青年时期是培养和训练科学思维方法和思维能力的关键时期。用雷锋精神激励时代新人，就要引导青年将个人进步同国家前途命运紧紧联系在一起，与时代同心同向，拿出敢为天下先的勇气，真刀真枪锤炼能力，以过硬本领展现作为、不辱使命。传承弘扬雷锋精神，有助于激励广大青年发扬钉子精神的"挤"劲和"钻"劲，练就过硬本领、勇于担当作为，不断提高解决实际问题能力，把强烈的爱国心、坚定的报国志融入创新创业中，投身到新时代中国特色社会主义伟大实践中，助力祖国发展进步的伟大事业，以青春之我，书写最美答卷！

四、雷锋精神育人的凝聚功能

凝聚，是把一些本来分散的、孤立的东西通过某种富有吸引力和黏合作用的物质或精神，有意识地聚合在一起，以形成一股强大的、向着既定的目标运动的一种作用。雷锋精神是对雷锋同志在平凡岗位上体现出来的爱党爱国、服务人民、爱岗敬业、团结互助以及艰苦奋斗等精神内涵的集中概括，是中国精神不可或缺的重要组成部分，是中华民族历久弥新的精神财富。在踏入全面建设社会主义现代化的步伐里，高举雷锋精神的光辉旗帜，践行雷锋精神的价值追求，凝聚雷锋精神所展现的团结互助、坚定信念、社会共识，必将为实现中华民族伟大复兴的中国梦提供精神动力。

（一）凝聚团结互助精神汇聚奋斗伟力

实践证明，当社会面临重大风险、巨大挑战的时候，团结互助是我们战胜困难的强大武器。自古以来，团结互助精神就是中华民族同心同向、生生不息的动力源泉，如果没有这种精神的凝结，中国特色社会主义就不会取得今天的瞩目成就，近代以来的中华民族也就不会迎来从站起来、富起来到强起来的历史性飞跃。雷锋的团结互助精神，是雷锋精神熠熠发光的关键内涵，是值得我们继续深入研究、发扬光大的可贵精神。雷锋与人相处时，对于需要帮助的对象，他总是把别人的困难当成自己的困难，关心他人比关心自己更重要，对于不理解他的人，他总是能够用微笑去应对化解，始终以温和态度和实际行动感染他人。雷锋永远把集体利益、党和人民的利益放在个人利益之上，认为个人只有融入集体才有力量，集体有了个人力量才有优势。在改革开放和社会主义现代化建设伟大事业中，只有各个成员、各个民族团结在党中央的坚强领导下共同奋斗，才能增强中国特色社会主义事业的内聚力。

（二）凝聚坚定信念汇聚磅礴力量

雷锋精神的形成和发展，是以对马列主义、毛泽东思想的坚定信仰，对社会主义、共产主义的坚定信念为根基的。雷锋的信念能量，一方面来源于他的亲身经历。雷锋的一生虽然只有短暂的 22 个年头，但却亲历了"中华民族有史以来最为广泛而深刻的社会变革"，而这场变革也从根本上改变了雷锋本人的命运，使他从旧社会全家劫后仅存、无依无靠的孤儿，成为新中国的第一代主人。从自身命运的变迁中，雷锋形成了朴素但坚定的信念，他在日记中亲笔抄录的"唱支山歌给党听"，虽不是他亲自创作的，但的确反映了他的心声。另一方面来源于他的认真学习。诚然，雷锋的文化水平，即使在当时的中国人中也并不出众，但正如他自己所言，依靠"挤和钻"的"钉子精神"，通过不断学习逐步提高自己的政治水平和文化水平。特别是通读《毛泽东选集》，学习掌握了毛泽东思想的基本原理，雷锋将原来朴素的感恩思想，升华成为对人类社会发展规律、对中华民族和中国人民的历史进程、对自身一生命运的深刻而自觉的把握。纵观雷锋的一生，可以说，对马列主义、毛泽东思想的坚定信仰，对社会主义、共产主义的坚定信念，并做到内化于心、外化于行，成为雷锋精神坚如磐石的根基。

新时代弘扬雷锋精神，必须像雷锋那样积聚信念能量，从对新时代中国特色社会主义和中华民族伟大复兴历史性成就的感受中，从对习近平新时代中国特色社会主义思想的感怀中，增强"四个意识"、坚定"四个自信"，不忘初心，继续前进，不负人民重托，无愧历史选择，以不懈奋斗和不断奋进，汇聚起同心共筑中国梦和推动振兴的磅礴力量。

（三）凝聚社会共识汇聚美好未来

在2022年的全国"两会"中，习近平总书记深刻指出："人心是最大的政治，共识是奋进的动力。"有共识就有团结，有共识就有力量。在日常生活中，不少人都有这样的感受：有些事情独自冥思苦想不得要领，几个人坐下来议一议，便能收获意想不到的启发，碰撞出更加合理的方案。尽最大努力谋求共识，在更广范围赢得共识，才能得到更多支持、争取更多主动、凝聚更大合力；凝聚共识、携手同行、团结奋进，也才能攻坚克难、勇往直前，不断开创事业发展新局面。

"我就是长着一个心眼，我一心向着党，向着社会主义，向着共产主义"，"坚决听党的话，一辈子跟党走"，"把有限的生命投入到无限的为人民服务之中去"。雷锋始终把党、人民和国家的利益放在首位，极响应党的号召，哪里需要去哪里，自觉地为建设社会主义事业奋斗终身。雷锋身上的爱党爱国爱人民精神影响着一代又一代代中华儿女，弘扬雷锋精神已成为新时代全社会的思想共识。传承与弘扬雷锋精神，正是我们党积极适应时代发展进步要求、顺应人民群众期待发出的有力号召，凝聚了党和人民的共识。

因此，在新形势下大力开展学雷锋活动，激发人们思想道德建设热情，引导人们做中华民族传统美德的传承者、社会主义道德规范的实践者、良好社会风尚的创造者；有助于凝聚全社会的理想信念、价值追求和道德取向，弘扬伟大的民族精神和时代精神；有助于引导党员干部自觉加强党性锻炼和党性修养，保持党的先进性和纯洁性；有助于凝聚干部群众的思想和意志，推动经济社会又好又快发展，共创美好未来。

第四章 雷锋精神融入思想政治理论课的实现条件与总体要求

2012年3月5日,习近平在十一届全国人大第五次会议对上海代表团的指示精神中指出:"要把学雷锋活动与加强未成年人和大学生思想政治教育结合起来,让学雷锋活动在广大青少年中蔚然成风,让雷锋精神代代相传、发扬光大。"如何将雷锋精神融入高校思想政治教育,需要发挥思想政治理论课主渠道主阵地作用。将雷锋精神融入思想政治理论课是落实好"立德树人"根本任务的有力抓手。将雷锋精神理论教学与实践教学相结合,深刻阐述在思想政治理论课教学过程中融入雷锋精神的重要意义,探索雷锋精神融入思政课的有效路径,对提高思政课教师素养,推动思政课教学改革创新,更好培养一代又一代社会主义建设者和接班人提供了根本遵循。

第一节 雷锋精神融入思想政治理论课的理论基础与现实境遇

雷锋精神不仅是中国共产党人宝贵的精神财富,是中国共产党人精神谱系上的一颗闪亮坐标,也是全社会加强思想道德建设、积极培育和践行社会主义核心价值观的标杆和旗帜,更是促进大学生形成正确的世界观、人生观、价值观的重要精神支柱。❶思想政治理论课是高校落实立德树人根本任务的关键课程,是一项铸魂育人的基础和核心课程。❷雷锋精神之所以可以融入思想政治理论课,是因为二者有共同的理论基础,且二者相互关联并相互作用。

一、雷锋精神融入思想政治理论课的理论基础

雷锋精神承载着中华民族的传统美德,浓缩了人类互帮互助、向善向美的精神追求,彰显了社会主义、共产主义道德的崇高精神境界,是中华民族精神的生动体现。思想政治理论课是为了培养社会主义的建设者和接班人的主要阵地。将雷锋精神融入思想政治理论课具有深厚的理论基础。

(一)马克思主义灌输理论

灌输是一个由来已久的概念,在中西文明的浩瀚典籍里时常出现,在不同国度不同时期蕴含着不尽相同的内容,也存在着一些共同的含义。灌输理论通常特指马克思主义经典作家在与封建势力和资产阶级的思想交锋中,根据革命斗争的现实需要而提出的关于无产阶级革命实践与科学理论指导的相互关系的一种理性认识。

马克思主义灌输理论要求无产阶级置身正义立场上,有目的、有组织、有系统,科学地对人民群众进行思想政治的宣传教育,依靠马克思主义的基本立场、观点、原则和方法武装人民群众的精神世界,使无产阶级群众认清自己的阶级利益和历史使命,唤醒自身主人翁意识,把握社会发

---

❶ 杨增崇.雷锋精神的基本内涵及其育人价值[J].人民教育,2021(Z3):12-15.
❷ 王学俭,李东坡,李晓莉.新时代高校思政课教学协同创新的内涵、重点与对策[J].兰州大学学报(社会科学版),2022,50(1):87-97.

展的基本规律，坚定社会主义信念，并为此而努力奋斗。❶灌输理论是思想政治教育现代性和时代性特征的理论源泉，是当代思想政治教育灌输规律和特点的总结概括，其主要内容包括四个方面。一是先进思想意识无法在人脑中自发产生，只能从外部灌输实现；二是灌输的基本内容包括人类一切先进的科学社会理论、政治意识和文明成果；三是灌输的基本方法是外部灌输与内在消化相统一；四是灌输活动的实质是灌输主体借助一定媒介载体向灌输客体传达特定内容，以实现预期的灌输客体的心理与思维的影响。

"灌输理论作为马克思主义理论的重要组成部分，是专门探讨马克思主义宣传和教育的部分，其本质与马克思主义完全一致，科学性与革命性的高度统一是其最主要的特征。"❷灌输理论与高校思想政治教育存在着一种契合关系，我们可以通过思想政治教育产生之初经典作家对于这个问题的论述来进行分析，即用列宁的灌输理论来揭示其本质，其实质就是"理论掌握群众"。"马克思主义灌输理论的最重要任务是在意识形态领域主阵地的争夺，关涉到党和国家制度前途命运的根基"。❸面对纷繁复杂的国内外形势，意识形态领域斗争日趋胶着，如若社会主义思想对其放任不顾，必然被资本主义思想所占领，基于马克思主义基本立场、原则、观念、方法创立的灌输理论，必须不断坚守社会主义意识形态主阵地，增强社会主义意识形态的凝聚力引领力。

自新中国成立以来，西方敌对势力对我国意识形态的分化破坏行径片刻也未停歇，披着资本主义自由化外衣笃定地实施着"分化"中国、"西化"中国的图谋。东欧剧变、苏联解体的历史之鉴余音未散，世界社会主义运动仍在低潮中奋发前行，在我们看来这场剧变的深层次原因在于社会主义意识形态灌输教育的失败而非西方敌对势力全面封锁之胜利。另外，

---

❶ 白秀银.马克思主义灌输理论及其当代发展[D].成都：电子科技大学，2012：7.
❷ 孙来斌.列宁的灌输理论及其当代价值[M].北京：社会科学文献出版社，2018：132.
❸ 谭兰.列宁灌输理论的当代价值[J].广西社会科学，2005（6）：22.

在计划经济向社会主义市场经济转轨的过程中，在改革开放由易到难的征程里，国内许多潜在的矛盾加剧，国外资产阶级腐朽思想侵袭，各式的社会理论令人目不暇接，冲击着人们的思想。当时的中国正是经济发展的重要阶段，人们的思想教育也需要坚持好正确的方向引领。坚持社会主义方向是教育的根本特征，就这一点来看，坚守社会主义意识形态便是高校思想政治教育坚持灌输理论的应有之义。

高校思想政治教育总结吸取历史经验，从以人为本、立德树人的根本目的出发，坚定不移地对青年大学生灌输宣传马克思主义基本理论。通过科学的、系统的思想教育、政治教育、道德教育、法治教育、历史教育、理想信念教育和爱国主义教育等，为青年大学生构筑科学的世界观、人生观、价值观奠定了良好的基础。总的来看，高校对大学生进行理论灌输活动是灌输理论在高校思想政治教育中的具体实践形态，是实现灌输理论价值实现的基本途径；灌输理论则是理论灌输活动的指导依据，二者是辩证统一的关系，共同发挥效力。"坚持社会主义意识形态对当代大学生思想意识形态领域的绝对领导，成功抵御了西方资本主义国家人权、民主、宗教外衣下，利用一切场合与时机，辅以各种先进信息技术手段，混淆视听、以白为黑的意识形态灌输"。通过强化马克思主义灌输教育和对一些反马克思主义、非马克思主义思潮进行深刻的揭露与批判，提升了青年大学生的思想意识和政治觉悟。

党的十八大以来，中国特色社会主义进入新时代，"在实现中华民族伟大复兴中国梦征程中，如何用社会主义核心价值观统领社会思潮、形成思想共识，为全面建成小康社会提供精神动力与思想保证，是一个重大的理论和现实的问题"[1]。习近平总书记在有关思想道德建设、社会主义核心

---

[1] 巴凤琴.习近平关于高校思想政治工作的重要论述研究[D].兰州：西北师范大学，2018：23.

价值观培育、全国高校思想政治工作会议等系列讲话中，提出了一系列紧扣时代主题的思想政治教育新观点、新思想、新论述，丰富和发展了思想政治教育的内涵与内容，为高校思想政治教育工作发展指明了方向。

理想信念是精神上的钙，精神上缺钙就会得软骨病；社会主义核心价值观承载着民族、国家、个人的精神追求，是文化软实力的灵魂，核心价值观的建设关涉国家长治久安、社会稳定与个人发展。因此，加强理想信念教育、培育和弘扬社会主义核心价值观成为新时代高校思想政治教育的必要内容。为谁培养人、培养什么样的人，怎样培养人，是教育的根本问题，"高校思想政治教育所有的育人实践都必须围绕这一重大课题展开，坚持高校立德树人的根基，坚持社会主义办学方向，培养德智体美全面发展的社会主义建设者和接班人，是新时代高校思想政治教育的最大特征"❶。2017年，全国高校思想政治工作会议的召开，为高校思想政治教育工作指明了前行方向。"高校思想政治教育工作关系到为谁培养人、培养什么样的人，怎样培养人这个根本问题。要坚持把立德树人作为中心环节，把思想政治工作贯穿教育教学全过程，实现全程育人、全方位育人，努力开创我国高等教育事业发展新局面"。党和国家高度重视高校思想政治教育工作，针对实践中存在的问题和未来发展的方向，专门召开学校思想政治理论课教师座谈会、全国教育大会等重要会议，从高校思想政治教育地位目标、课程改革、教师队伍建设、创新路径等方面作了全新全面的论述，这也成为高校思想政治工作的全新指南，并在教育实践中取得良好的成效。

"总体而言，讲政治、坚持正确的政治方向不动摇，是高校思想政治教育的基本价值取向和本质属性。事实证明，高校思想政治教育只有坚持

---

❶ 巴凤琴.习近平关于高校思想政治工作的重要论述研究［D］.兰州：西北师范大学，2018：23.

正确的政治方向和价值取向相统一，才能更好地发挥导向作用，引导、动员和团结当代大学生为社会主义现代化建设做出应有的贡献。"❶新时代，高校思想政治教育应顺应时代变化，逐步转变观念，把大学生的全面发展作为出发点和落脚点，既教育人、引导人、鼓舞人，又尊重人、理解人、关心人，构建以人为本的思想政治教育理念，并在实践中践行，把国家需要与大学生成长成才需要相结合，是高校思想政治教育的题中应有之意，也只有这样才能不断增强高校思想政治教育的针对性和实效性。

（二）马克思主义人学理论

马克思主义关于人的学说是关于人的本质与发展的理论，也是关于人的教育与发展的理论。马克思主义关于人的学说区别于各种唯心主义或直观的唯物主义的人本主义，主要指马克思、恩格斯的人本思想及其关于人的发展理论。它是马克思、恩格斯运用唯物主义世界观对人的本质与发展理论的阐释，体现了马克思历史唯物主义、唯物辩证法和实践唯物主义的丰富内涵。高校的思想政治教育工作是一项关于人的教育与发展的重要工作。马克思主义关于人的学说是高校思想政治工作重要的理论依据，对有效反思、把握当前高校思想政治教育中存在的问题具有重要指导意义。

马克思、恩格斯对人的全面发展问题曾作了卓越的阐释。马克思在《1844年经济学哲学手稿》中写道，共产主义是"通过人并且为了人而对人的本质的真正占有"，"是人的一切感觉和特性的彻底解放"。恩格斯在《共产主义原理》中称"根据共产主义原则组织起来的社会，将使自己的成员能够全面发挥他们的得到全面发展的才能"。马克思在《共产党宣言》中提出了"自由联合体"概念，在《德意志意识形态》《哲学的贫困》等著述中则进一步涉及人的全面发展问题。恩格斯在《英国工人阶级状况》

---

❶ 程浩. 中国高校思想政治教育史论［M］. 北京：社会科学文献出版社，2016：34.

中指出，资产阶级学校通过宗教的灌输，"一切理性的、精神的和道德的教育却被严重地忽视了"。马克思在《资本论》中将人的全面发展解释为劳动能力的发展，这种能力存在于人的体内，是"每当人生产某种使用价值时就运用的体力和智力的总和"。马克思主义关于人的全面发展主要包括智力、体力、道德、个性、精神等方面。延伸到现实社会生活之中，当前高校的思想政治教育明显存在着失调：道德、精神、情感、审美教育同知识与技能传授效果不对称。由于狭隘的实用主义、功利主义和就业压力的影响以及市场对人才需求结构的导向，当前思想政治教育工作总显得被动。思想政治教育容易蜕变为道德说教，学生对思想政治教育表面顺从而内心抵触的现象比较普遍。

人的全面发展应该是两个向度的丰富展开，即有关人的物质性、自然性的向度和生活中的价值、精神向度。人的物质性、自然性与生命体验是"人"存在最为本真的现实基础。马克思《神圣家族》中有关论述对德育工作者如何采取正确的道德教育方式有非常大的启发。我们不应该抽象地去宣讲善恶观，不应该像鲁道夫那样对玛丽花进行"劝善惩恶"。玛丽花尽管非常不幸，但她在接受鲁道夫式的道德惩戒之前其身心是健康的，仍体现了人的自然性的美丽。在马克思看来，玛丽花的悲剧正是这种道德说教违背了人的自然性所造成的恶果。思想政治教育的传统中总体过分强调人的"精神""理性"与"道德"维度，而束缚了人的感性、自然性存在，其结果则有碍于感性、自然性向度与道德、价值、精神向度之间的沟通。同样，思想政治教育对学生主体之自然性的忽视，严重影响学生个人兴趣、爱好、个性的发展及其创造能力的培育。在新的历史条件下，如何创造性地运用马克思主义有关人的学说指导高校思想政治教育工作，这是一个崭新课题。

（三）习近平关于思想政治理论课的重要论述

党的十八大以来，习近平高度重视加强学校思想政治理论课建设并发表重要论述，为新时代学校思想政治理论课建设注入了新动力。习近平关于学校思想政治理论课的重要论述概括起来主要有五个方面的内容。

一是关于思想政治理论课战略地位的论述。思想政治理论课战略地位涉及到高校思想政治理论课在整个思想政治教育工作中的地位和作用，关系到高校思想政治理论课根本任务的完成和落实。对此，在2016年12月全国高校思想政治工作会议上，习近平指出，"要用好课堂教学这个主渠道，思想政治理论课要坚持在改进中加强"❶。在2019年3月全国学校思想政治理论课教师座谈会上，习近平强调："思政课是落实立德树人根本任务的关键课程。""思政课作用不可替代，思政课教师责任重大。"❷"教育就是要培养中国特色社会主义事业的建设者和接班人，而不是旁观者和反对派。"❸立德树人是高校思想政治理论课的根本任务，而立德树人的成效则是检验学校一切工作的根本标准。关于思想政治理论课的地位定位从"主渠道"转变到"关键课程"，彰显了以习近平同志为核心的党中央对思想政治理论课的重视程度。大学是青年学生进入社会的最后一个环节，大学生以怎样的眼光看待周围的世界以怎样的精神去面对复杂的社会，高校的思想政治理论课的教育教学，扮演着关键的角色。思想政治理论课围绕以落实"立德树人"为根本任务，以"为谁培养人、培养什么人，怎样培养人"为教育根本问题，以培养实现中华民族伟大复兴的时代新人为出发点

---

❶ 习近平．把思想政治工作贯穿教育教学全过程　开创我国高等教育事业发展新局面［N］．人民日报，2016-12-9．

❷ 习近平主持召开学校思想政治理论课教师座谈会强调：用新时代中国特色社会主义思想铸魂育人 贯彻党的教育方针落实立德树人根本任务［N］．人民日报，2019-3-19．

❸ 习近平会见清华大学经济管理学院顾问委员会海外委员和中方企业家委员［N］．人民日报，2017-10-31（1）．

和立足点。因此，思想政治理论课是高校一切思想政治教育的基础，担负着特殊的责任和使命，是学生成长成才的关键课程。

二是关于思想政治理论课教师队伍的重要论述。高校思想政治理论课教师集"党的理论、路线、方针、政策的宣传者"和"学生健康成长指导者引路人"于一身❶，是高等学校教师队伍的"一支重要力量"，是高等学校进行思想政治教育的"骨干力量"❷。习近平非常关注教师队伍建设，在党的十八大以来的一系列重要讲话中多次强调教师工作的重大意义，对教师队伍的素质提出了明确要求。习近平指出，"办好思想政治理论课关键在教师，关键在发挥教师的积极性、主动性、创造性"，也提出了"要配齐建强思政课专职教师队伍"❸。"积极性、主动性、创造性"是对教师主体地位的一种明确确认。习近平强调，思想政治理论课是加强思想政治教育的主渠道、主阵地，而思政课教师就是这一阵地的坚守者，是社会主义核心价值观的传播者和践行者，肩负着培养时代新人的光荣而艰巨的任务。习近平充分肯定了这支队伍，他认为，这支思政课教师队伍"可信、可敬、可靠，乐为、敢为、有为"，是思政课越办越好的根本保证。❹可以说，打造一支信仰坚定、理论功底扎实、学识渊博、业务能力强的思政课教学队伍，是提高思想政治理论课教学效果，增强思想政治教育有效性的核心关节。习近平从"四有"到"六要"对教师队伍的素质提进行了一系列的论述。2014年9月，习近平在北京师范大学同师生座谈时提出了一个

---

❶ 教育部思想政治工作司组编.加强和改进大学生思想政治教育重要文献选编（1978—2014）[M].北京：知识产权出版社，2015：295.

❷ 教育部思想政治工作司组编.加强和改进大学生思想政治教育重要文献选编（1978—2014）[M].北京：知识产权出版社，2015：73.

❸ 习近平主持召开学校思想政治理论课教师座谈会强调：用新时代中国特色社会主义思想铸魂育人 贯彻党的教育方针落实立德树人根本任务[N].人民日报，2019-3-19（1）.

❹ 习近平主持召开学校思想政治理论课教师座谈会强调：用新时代中国特色社会主义思想铸魂育人 贯彻党的教育方针落实立德树人根本任务[N].人民日报，2019-3-19（1）.

好老师要做到有理想信念、有道德情操、有扎实学识、有仁爱之心的"四有"标准。2016年在全国高校思想政治工作会议上，习近平又对高校教师提出了"四个统一"的要求，即"坚持教书和育人相统一，坚持言传和身教相统一，坚持潜心问道和关注社会相统一，坚持学术自由和学术规范相统一"。"四个统一"成为高校教师师风师德建设的原则指导。2018年5月，在北京大学同师生座谈时，习近平重申"四有"要求，并重点强调师德师风应当作为评价教师素质的第一标准。2019年3月，在全国学校思想政治理论课教师座谈会上，习近平将思想政治理论课教师核心素养的要求具体化，提出了"六要"根本遵循，即"政治要强""情怀要深""思维要新""视野要广""自律要严""人格要正"。"六要"的素质要求意义重大，是新时代加强思想政治理论课教师队伍建设的纲领性指导。

三是关于思想政治理论课改革创新的论述。习近平总书记先后就如何推进高校思想政治理论课守正创新提出了一系列的论断和认识。这既是对思想政治理论课长期建设发展的规律性认识的继承，也是在新的时代条件下的新的思考和认识。主要表现在：思想政治理论课要坚持在改进中加强，不断增强思政课的思想性、理论性和亲和力、针对性，以满足学生成长发展需求和期待；推动思想政治理论课改革创新，要遵循思想政治工作规律，教书育人规律，学生成长规律"三大规律"。思想政治理论教育教学必须落实"三因"理念。如果说遵循"三大规律"是守正的话，那么，倡导"因事而化""因时而进""因势而新"的"三因"理念，则是创新，是提高思想政治理论课教育教学亲和力、针对性的科学方法论。思想政治理论课教育教学要"因事而化"，这是指通过具体化的事例来达到教化的目的。思想政治理论课教育教学要"因时而进"，则是指思想政治理论课教育教学要与时俱进，随时代改革发展变化而变化。思想政治理论课教育教学要"因势而新"，更是指随着时代的变化要不断创新。针对思想政治理论课如何改革创新，习近平提出要坚持"八个统一"：坚持政治性和学理性相统一；价值性和知识性相统一；建设性和批判性相统一；理论性和实践性相统一；统一性和多样性相统一；主导性和主体性相统一；灌输性和启发性相统一；显性教育和隐性教育相统一。这"八个统一"从课程价值实现，课程建设应遵循的原则和课程教学方法三个方面提出了思想政治理论课改革创新的实现路径。

四是关于思想政治理论课建设力量源泉的论述。习近平总书记的一系列讲话从根本保证、有力支撑、深厚力量和重要基础四个方面，对"为何能办好思想政治理论课"这一问题进行有力地回应，为新时代思想政治理论课建设提振了信心。党高度重视思想政治工作是思想政治理论课建设的根本保证。习近平指出："我们对思想政治工作高度重视，始终坚持马克思主义指导地位，大力推进中国特色社会主义学科体系建设，为思政课建设提供了根本保证。"中国特色社会主义理论与实践是思想政治理论课建设的有力支撑。中国特色社会主义是我国改革开放以来理论和实践的主题，其成果为新时代思想政治理论课建设提供了有力支撑。中国特色社会主义文化体系是思想政治理论课建设的深厚力量。中国特色社会主义文化包括源自于中华优秀传统文化，熔铸于党带领广大人民进行革命、建设、改革实践中所形成的革命文化和社会主义先进文化，这三者共同构成了中国特色社会主义文化的有机整体，是思想政治理论课建设的深厚力量。思想政治理论课建设经验是思想政治理论课建设的重要基础。思想政治理论课长期形成的规律性认识和成功经验，为新时代思想政治理论课建设提供了重要基础。新中国成立以来，思想政治理论课坚持改革创新，取得了显著成绩，积累了丰富经验。

五是推动形成办好高校思想政治理论课良好氛围是思政课能够取得成功的重要一环。习近平总书记强调："要坚持把立德树人作为中心环节，把思想政治工作贯穿教育教学全过程。"

（四）科尔伯格德育理论

科尔伯格是一位道德心理学家、教育家、公正理念的倡导者。他最主要的成就是关于道德发展的"三水平六阶段"理论和民主的公正团体教育方式。科尔伯格工作的贡献和创造性在于他将理论、研究和实践相结合，形成一种新的体系，即道德认知发展理论体系。这一理论体系是把公正的哲学理念和道德发展过程的心理学理论结合起来，形成一系列学校道德教育理论的实用指南。

科尔伯格以道德判断作为其理论的研究起点和理论核心，对于道德判断的概念及其发展，他论述道："道德判断是潜在的思维结构而非特定的反应，它的发展源自有机体的结构倾向和社会经验的普遍特征之间的相互作用。"科尔伯格从结构和内容两个维度对道德判断做了界定。道德判断的内容是指个体在对道德两难故事反应中所用的问题、规范和要素。道德判断的结构是指思考问题的方式，是对具体道德内容思维加工的方法和过程。科尔伯格认为，道德判断本质上是一种思维方式，而道德行为一方面包括道德主体对正确行为的概念，另一方面包括道德主体履行行为的责任判断。因此，道德判断只是道德行为的必要条件，而非充分条件，其本身并不直接导致道德发展。

科尔伯格首先将道德阶段分为三种水平：前习俗水平（阶段1和阶段2）、习俗水平（阶段3和阶段4）和后习俗水平（阶段5和阶段6）。在科尔伯格道德认知论中，"习俗"一词的含义是指道德主体遵守社会或权威的规则和期望，并且他们之所以遵守是因为在他们的道德思维中认为社会规则是必须要遵守的。大多数9岁以下的儿童、大多数少年犯和成年罪犯都处于前习俗道德水平上，这些个体不能真正理解社会规则和期望，社会中大多数青少年和成人都处在习俗水平，少数成年人而且只有20岁之后，才能达到后习俗水平，这些个体理解并从根本上接受了社会的规则，这种接受只是建立在一般道德规则之上的，二者发生冲突而不能相容时，这些个体会按照原则来行动而非规则。科尔伯格指出，道德判断的三个水平对应着三种阶段的社会观点，依次为：具体个人的观点、社会成员的观点、超社会的观点。在三水平的基础上，科尔伯格分别将每个水平划分为两个阶段：前习俗水平，分为他律阶段和个人主义、工具性的目的和交易阶段；习俗水平，分为相互性的人际期望、人际关系与人际协调阶段和社会制度和良心阶段；后习俗水平，分为社会契约、功利和个人权利阶段与普遍的伦理原则阶段。

以科尔伯格为代表的道德认知理论是在反传统、反灌输的基础上建立起来的。该理论已从道德心理学的角度揭示出道德灌输的无效性，并旗帜鲜明地反对道德灌输。这对我国德育教育改革提供了借鉴、参考，也对提升我国德育效果提供了新的办法。

二、雷锋精神融入思想政治教育的现实境遇

在中国，雷锋精神的弘扬已经走过了60余个年头。在这个过程中，党中央掀起了数次全民参与的学雷锋高潮，分别取得了不同程度的效果，但也存在着时代的局限。在新的历史时期，如果能够及时总结经验，更准确地把握雷锋精神教育的特点，将会为新时期大学生雷锋精神教育的开展和效果的提升提供很好的参考。从历史的角度考察和汇总，雷锋精神教育或者说雷锋精神的弘扬可分为三个阶段、六次活动高潮。

第一阶段：社会主义建设时期（共一次大规模学雷锋活动）

第一次大规模学雷锋活动：1963年。在国防部命名"雷锋班"（1963年1月7日）、中国人民解放军总政治部号召全军开展宣传和学习雷锋模范事迹的活动（1963年2月9日）等环节的推动下，共青团中央于1963年2月发出《关于在全国青少年中广泛开展"学习雷锋"的教育活动的通知》，

要求"把这项活动作为目前进行社会主义教育的一项重要措施"。同年2月22日，毛泽东主席题词"向雷锋同志学习"。同年3月5日，《人民日报》《解放军报》《光明日报》《中国青年报》等中央媒体及各地报纸都在头版显著位置刊登了毛泽东主席为雷锋题词的手迹，第二天即3月6日，《解放军报》独家发表了在京国家领导人刘少奇、周恩来、朱德和邓小平的题词手迹。随后，全国各行各业积极响应中央号召，至此，神州大地迎来了第一次轰轰烈烈的学雷锋活动高潮。

第二阶段：改革开放时期（共三次大规模学雷锋活动）

第二次大规模学雷锋活动：1977—1978年。1977年3月5日，是毛泽东"向雷锋同志学习"题词发表14周年，《人民日报》重新发表毛泽东、周恩来、朱德同志的题词，学习雷锋的第二次高潮迅速掀起。

党的十一届三中全会以后，以邓小平为核心的党的第二代领导集体坚持"两个文明一起抓"的方针，我国的社会主义各项事业呈现蓬勃发展景象，群众性学雷锋活动也焕发了新的活力。1978年10月底，共青团中央提出在全国开展"学雷锋、树新风"活动，使学雷锋活动得到了持续发展。作为学雷锋活动的主力军，上百万青少年走上街头开展服务群众活动，营造了倡导文明、助人为乐的新风尚。随着活动的深入发展，"学雷锋，树新风"活动逐步演变为社会成员广泛参与的全民文明礼貌活动。

第三次大规模学雷锋活动：1981—1984年。1981年团中央发出《关于进一步开展学雷锋树新风活动的通知》，要求广泛组织动员青少年学雷锋做好事；同时，1981年到1983年连续开展"五讲、四美、三热爱"活动以及年开展的以"四有、三讲、两不怕""为主要内容的活动，共同推动了第三次全民学雷锋活动的开展。1983年3月5日，是毛泽东同志"向雷锋同志学习"题词发表20周年。中共中央决定重新发表毛泽东同志等老一辈革命家为雷锋同志的题词。北京、上海、天津、沈阳等地隆重开展了纪念毛泽东同志"向雷锋同志学习"题词发表20周年活动。《人民日报》《解放军报》《中国青年报》等发表了重要文章和社论。同日，在首都各界纪念向雷锋同志学习周年大会上，中共中央政治局委员胡乔木作了题为《做八十年代的新雷锋》的讲话。1984年，共青团中央发起"为重点建设献青春，争当新长征突击手"的竞赛活动，引导大学生践行雷锋精神要与服务社会经济建设紧密结合。学雷锋活动与转变党风、社会风气相结合，与加强职业道德教育相结合，与城乡文明建设活动相结合，正是这一时期雷锋精神教育的鲜明特点。

第四次大规模学雷锋活动：1990—1993年。1993年3月4日，在中共中央宣传部、国务院办公厅、国家教委、解放军总政治部、共青团中央、北京市委市政府联合举办的纪念毛泽东同志等老一辈革命家为雷锋同志题词30周年大会上，中共中央政治局常委胡锦涛在讲话中号召全国人民"像雷锋那样把有限的生命投入到无限的为人民服务中去""发扬爱国主义精神，树立集体主义思想，坚定社会主义信念""艰苦奋斗，勤俭创业""发扬'钉子'精神，努力学习，刻苦钻研，用马克思主义理论和现代科学文化知识武装自己、提高自己、完善自己""立足本职，忠于职守，在现代化建设事业中做一颗永不生锈的螺丝钉"。3月5日和6日，《人民日报》《光明日报》《解放军报》《中国青年报》等发表中共中央总书记江泽民以及杨尚昆、李鹏、乔石、姚依林、宋平、李瑞环等党和国家领导同志关于向雷锋同志学习的题词。江泽民同志的题词是："学习雷锋同志，弘扬雷锋精神。"10月29日，江泽民同志在接见"雷锋团"干部战士的讲话中，对雷锋精神的内涵作了精辟概括，指出："雷锋精神的实质，是全心全意为人民服务，为了人民的事业无私奉献。""党的十三届四中全会以后，江泽民等党和国家领导人又发出了'学习雷锋同志，弘扬雷锋精神'的号召，使学雷锋活动更加深入发展。"

第三阶段：21世纪（共两次大规模学雷锋活动）

第五次大规模学雷锋活动：2003年。2003年2月7日，中共中央宣传部、中央文明办、解放军总政治部、共青团中央联合召开纪念学雷锋活动40周年大会，中共中央政治局常委李长春发表重要讲话，强调学习雷锋的重大意义。他在讲话中指出，深入开展学雷锋活动，是新时期加强社会主义精神文明建设的重要任务。这次大会，为广大民众指出了新时期学习雷锋的方向，那就是要牢固树立远大理想、发奋学习科学文化、始终坚持艰苦奋斗、大力弘扬文明新风。

第六次大规模学雷锋活动：2011—2012年。2011年10月18日，党的十七届六中全会通过《中共中央关于深化文化体制改革推动社会主义文化大发展大繁荣若干重大问题的决定》。该《决定》在"推进社会主义核心价值体系建设，巩固全党全国各族人民团结奋斗的共同思想道德基础"部分特别指出，深入开展学雷锋活动，采取措施推动学习活动常态化。为贯彻落实党的十七届六中全会精神，2012年3月2日，中共中央办公厅印发《关于深入开展学雷锋活动的意见》，深刻阐述了新时期开展学雷锋活动的重要意义，详细说明了总体要求和常态化项目并全面布置了学雷锋活动的组织实施。同日，李长春《在全国深入开展学雷锋活动座谈会上的讲话》中，进一步全面落实和推动学雷锋活动。2012年11月8日，党的十八大在北京隆重召开。胡锦涛在题为《坚定不移沿着中国特色社会主义道路前进为全面建成小康社会而奋斗》的报告中指出要深化群众性精神文明创建活动，广泛开展志愿服务，推动学雷锋活动、学习宣传道德模范常态化。第六次学雷锋活动也在"全面建成小康社会，实现民族伟大复兴"的新时期轰轰烈烈地展开了。

在雷锋精神教育历程中，其突出特点是时代性或与时俱进性。雷锋精神教育的时代性或与时俱进性具体是指，在中国雷锋精神教育余年的历程中，雷锋精神教育的理念、内容、方法等都存在着开放的、发展的、与时俱进的特点。

教育理念上由单向利他的"以他为本"转向互利共赢的"以人为本"。

中国开展雷锋精神教育之初，教育理念上在处理集体个人、他人自己的关系中，一直是强调集体、他人而忽视甚至是消灭个人、自己的，比如"大公无私""舍己为人""先人后己""学雷锋，送温暖"等，是纯粹的利他。实际上集体和个人的关系、他人与自己的关系都是相互促进、相互支持的辩证关系，不是对立关系。随着社会的发展，雷锋精神教育理念逐步转向了人、己互利共赢，如"学雷锋、做贡献、受教育、长才干""学习雷锋、奉献他人、提升自己"，即是指在帮助别人的同时，自己也获得成长和收获。

教育内容上由单一层次纯粹的"学雷锋，做好事"到多层次生活化的学雷锋。雷锋精神教育开展之初，雷锋被塑造为"高、大、全"的共产主义人格的完美光辉形象，结合时代状况，主要学习的是雷锋的共产主义伟大人格和"忠于革命忠于党"的意识形态内容，是一维的、单层次的、纯粹的雷锋精神；随着时代的发展，随着专家学者对雷锋精神内涵的研究和挖掘，雷锋形象更加丰满、雷锋精神更加丰富，雷锋精神被解读为包含共产主义理想信念、社会公德、职业道德以及个人优良品质等多层次体系。随之，学习内容逐渐显现了多层次、多维度与学习者生活紧密联系的鲜明特点。

实践方式上由阶段性的简单模仿雷锋的外在行为转变为长期的努力学习其内在的精神实质。也就是说，雷锋精神教育活动逐渐由轰轰烈烈、阶段性的运动化的形式转向了长期的、生活式的常态化形式。学雷锋、弘扬雷锋精神，人们首先想到的是做好事。这源于人们听到的、理解的雷锋精神就是助人为乐、"学雷锋，做好事""雷锋出差一千里，好事做了一火车"，学习雷锋也就成了简单模仿雷锋做好事的行为，而且更多的是离开自己的工作岗位和实际技能，到马路上、社区里做"劳力服务型"好事；随着人们对学雷锋活动的深刻认识和对雷锋精神的深刻把握，弘扬雷锋精神的方式逐渐转变为学习实践雷锋的精神实质，如采取"岗位学雷锋"等结合自身岗位和技能的"劳力与科技服务相结合,以科技知识服务为主"的学习实践方式。

第二节 雷锋精神融入思想政治理论课的可行性

中共中央办公厅、国务院办公厅印发《关于深化新时代学校思想政治理论课改革创新的若干意见》,要求各部门结合实际贯彻落实。为深入贯彻落实习近平新时代中国特色社会主义思想、党的十九大及历次全会精神,深化习近平总书记关于教育的重要论述,特别是在学校思想政治理论课教师座谈会上的重要讲话精神,围绕高校思想政治理论课未来发展要求,进一步提升高校思想政治理论课的教学深度及研究成果,切实确保教育发展方向符合社会主义发展方向以及为中国特色社会主义社会服务。在新时代,雷锋精神牢牢把握时代发展要求,将其内涵与新时代价值相融合,衍化出具有普遍实用性精神引导,其价值意蕴不言而喻,而将其融入思想政治理论课教学是符合社会教育发展的时代要求,具有鲜明必要性。

一、雷锋精神与思想政治理论课的关联性

雷锋精神在中华大地不断传承和创新,哺育和激励着一代又一代中华儿女成长,涌现出一批又一批雷锋式模范人物。"出了雷锋学雷锋、学了雷锋出雷锋",雷锋精神是一面永不褪色的旗帜,其中蕴含着极其丰富、可贵的思政课教学资源。雷锋精神的生成逻辑契合了思想政治理论课需要解决的根本问题。在党和政府的教育培养下,雷锋一生都以共产主义的思想道德严格要求自己,始终听党话,跟党走,全心全意为人民服务,做社

会主义建设者和接班人，最终成长为一个时代的楷模。雷锋用一生的言行成功地诠释了思想政治理论课必须解决的根本问题——"办好思想政治理论课，最根本的是要全面贯彻党的教育方针，解决好培养什么人、怎样培养人、为谁培养人这个根本问题"。要培养"担当民族复兴大任的时代新人"，思想政治理论课教学任重道远，要珍视雷锋成长成功的教育个案，挖掘其中蕴含的教书育人规律、思想政治工作规律和学生成长规律，在课堂教学的主渠道讲好雷锋精神。

2019年10月中共中央、国务院印发《新时代公民道德建设实施纲要》（以下简称《纲要》），明确指出："深入推进学雷锋志愿服务。学雷锋和志愿服务是践行社会主义道德的重要途径。"《纲要》将学雷锋志愿服务专门列为一节加以详细阐述，把学雷锋志愿服务摆在了公民道德建设的突出地位。而且进一步指出了包括学雷锋志愿服务在内的所有公民道德建设内容都必须纳入思政课教学。"加强思想品德教育，遵循不同年龄阶段的道德认知规律，结合基础教育、职业教育、高等教育的不同特点，把社会主义核心价值观和道德规范有效传授给学生。注重融入贯穿，把公民道德建设的内容和要求体现到各学科教育中，体现到学科体系、教学体系、教材体系、管理体系建设中，使传授知识过程成为道德教化过程。"我们应该按照《纲要》的明确要求，在思政课教学中自觉运用雷锋精神来传承中华传统美德，"发挥榜样示范引领作用"，倡导"幸福源于奋斗""成功在于奉献""平凡孕育伟大"的理念，不断释放雷锋精神在新时代的引领力。

雷锋精神形成于中国特色社会主义的开创时期，发扬光大于改革开放新的历史时期，根植于社会主义建设的伟大实践，是中国共产党用马克思主义中国化成果武装人民、培育一代社会主义新人的产物。雷锋如饥似渴地钻研马克思主义、毛泽东思想，始终坚守正确的政治方向，始终保持共产党员的先进性和纯洁性，听党的话、跟党走，是青年一代爱党爱国爱社会主义的模范。雷锋牢记全心全意为人民服务的宗旨，始终走群众路线，把个人平凡渺小的力量汇聚在人民群众的汪洋大海之中。正是党的正确理论的指引，党的光辉思想的熏陶，使雷锋坚定正确的方向，永守不变的信念，永葆向上的力量，从而奠定了雷锋精神的鲜明基调，勾画出雷锋精神的亮丽图谱。雷锋精神是在科学理论指导下形成的，是党的理论武装工作的实践结晶。

雷锋共产主义人格的成长过程是一项关键性、富有启发性、不可多得的思想政治理论课教学资源。这一珍贵资源经过新时代的"创造性转化、创新性发展"后进入思想政治理论课教学的主阵地，引导青年学生学习雷锋精神，必将帮助青年学生深化对于中国特色社会主义的本质特征和最大优势的领悟，他们会更加关心时政，扬浩然正气，争做"担当民族复兴大任的时代新人"。

二、思想政治理论课是雷锋精神融入教学的重要载体

新时代贯彻党的教育方针，要坚持马克思主义指导地位，贯彻习近平新时代中国特色社会主义思想，坚持社会主义办学方向，落实立德树人的根本任务，坚持教育为人民服务、为中国共产党治国理政服务、为巩固和发展中国特色社会主义制度服务、为改革开放和社会主义现代化建设服务，扎根中国大地办教育，同生产劳动和社会实践相结合，加快推进教育现代化、建设教育强国、办好人民满意的教育，努力培养担当民族复兴大任的时代新人，培养德智体美劳全面发展的社会主义建设者和接班人。而将雷锋精神融入学生的身心教育发展中，思想政治理论课就是为之有效的重要载体。

（一）思想政治理论课是落实高等教育的使命要求

坚持立德树人，就要明白立何德，树何人。立德对于高校思政课来说立的必须是思想之德和素质之德，树自觉践行社会主义核心价值观的

人，树具有德性涵养的人。❶办好思想政治理论课，最根本的是要全面贯彻党的教育方针，解决好培养什么人、怎样培养人、为谁培养人这个根本问题。

青少年阶段既是一个人身体发育的黄金期，更是思想的"拔节孕穗期"，是青少年世界观、人生观、价值观形成的关键时期。青少年是祖国的未来、民族的希望，肩负着人民的重托、民族复兴的重任，培养成为德智体美劳全面发展的社会主义事业建设者和接班人，是国之大计。办好思想政治理论课是青少年健康成长、顺利成才的迫切需要，党和政府历来高度重视青少年的成长问题。

促进大学生全面发展要求雷锋精神与高校立德树人相辅相融。雷锋精神融入立德树人中心工作，目的是培养大学生树立正确的理想信念、人生观念和价值观念，更好地为大学生"三观"的培育提供宽广的践行平台。弘扬雷锋精神能帮助大学生树立崇高的社会主义理想，爱国、爱党、爱人民，树立起正确的世界观；能够引导大学生不唯物质利益引诱、摒弃贪图享乐思想，树立起踏实的、正确的人生观；能够改善大学生抛弃金钱至上的思想，努力拼搏，实现自身价值，树立起正确的价值观。践行雷锋精神离不开大学生的社会实践，只有通过实践，大学生才能提高自身的思辨能力、社会适应能力、分析及解决问题能力，才能保证高校"育人"目标的实现。

雷锋精神与高校立德树人要求提升思想政治教育实效性。在诸多的大学生思想政治教育内容和载体中，雷锋精神的传承和弘扬及践行，是其中最有效、最"接地气"，也是最全面的途径。雷锋精神涵盖了思想政治教育的所有内容，这就为新时代增强高校大学生思想政治教育的实效性提供

---

❶ 曾维华，王云兰．立德树人：新时代高校思想政治理论课的使命与责任［J］．学术探索，2021（2）：136—143．

了宽阔的平台。高校必须结合大学生的思想实际和当前我国乃至世界社会经济、政治发展的新形势,顺应大学生成长过程中遇到的各种问题,有针对性地开展活动并积极解决他们各种利益、不同诉求,使他们在教育活动中受到教育、帮助别人,提升自身的思想道德修养,成为"有理想、有纪律、有道德、有文化",建设祖国的有用人才。弘扬雷锋精神,用雷锋精神立德树人,对保证高校大学生思想政治教育的实效性是十分有益的。

践行社会主义核心价值观要求雷锋精神与高校立德树人紧密相连。社会主义核心价值观,是引领全社会不断前进的根本要求。高校的"教育教学培养人才、科学研究、传播知识、服务社会"四大职能,使其必然成为践行社会主义核心价值观的引领者和排头兵,立德树人的根本任务就是要培养大学生成为弘扬社会主义核心价值体系的生力军。

雷锋精神与社会主义核心价值体系有着非常大的契合性,为社会主义核心价值观的培育提供了丰富的载体,同时也为高校"立德树人"根本任务的实现提供了更为广阔的途径。为此,高校借助弘扬和培育雷锋精神的实践活动,将其作为培育大学生核心价值观的有效载体,以雷锋所表现出来的优秀品质和良好的道德情操,影响和熏陶大学生,激发他们努力践行社会主义核心价值观。雷锋精神与社会主义核心价值体系一脉相承,凝练了高校育人工作的精髓,成为高校德育工作的主题和基础。

所以,高校要结合大学生的实际,努力寻求新形势下德育工作的新渠道、新载体、新模式,提高育人工作的创新力、影响力和亲和力,增强育人工作的针对性、主动性和实效性。总之,用雷锋精神立德树人,是时代赋予高校的历史重任,是高校落实"育人为本、德育为先"的现实要求和途径。作为高校思想政治教育不可或缺的载体和特殊的教育渠道,雷锋精神的弘扬、培育和践行,使高校的思想政治教育阵地又增加了新的牢固的

堡垒。雷锋精神与立德树人，二者既相辅相成，又相得益彰。❶

（二）思想政治理论课是落实"立德树人"的关键课程

正所谓立德树人，立德是占据首要位置的，在树人之前定要立德，可以说，立德是树人的前提基础，立德是为了更好地树人，最终目的归结为树立有德之人，是最终的教育目标所向所指。因此，立德与树人是辩证统一的关系，是不可分割的又紧密关联的教育体系。高校思想政治理论课是立德树人的主阵地，而立德树人是高校思想政治理论课的目标追求。

思政课是形塑大学生正确"三观"的关键课程。思想政治理论课从多个维度、多个角度、多个层面、多个领域来传播马克思主义世界观、历史观、方法论，同时思想政治理论课通过引领学生而形成爱国主义、社会主义、集体主义的正确思想导向，让大学生真正理性认同马克思主义与中国特色社会主义，使大学生的政治信仰无比坚定，形成科学的、正确的"三观"，让大学生认识世界与改造世界的活动有科学思想的引领，有正确"三观"的指引。

思想政治理论课是形塑大学生正确道德观的关键课程。思政课是大学生道德教育得以提升、大学生爱国主义情怀得以厚植的关键性课程，理所当然要扛起其形塑大学生正确道德观的职责，把思政课作为培育大学生能够明大德、守公德、严私德的关键课程来抓，使大学生有正确的大德观、公德观、私德观，升华自身道德素质，稳固大学生的明大德、守公德、严私德情怀，筑牢大学生的爱国主义根基。

思想政治理论课是大学生"成人"的关键课程。真正促成思政课能够成为大学生"成人"的关键课程，这种"成人"所指向的不仅仅只是知识

---

❶ 孙超.用雷锋精神立德树人根本任务实现的必然性和时代价值[J].沈阳工程学院学报（社会科学版），2019，15（4）：567-571.

与学识上的成人、学业上的成人，更是道德上、精神上、心灵上的成人，进而走向生命成人，达成自我的生命有厚度、人格有美度，促成大学生在德智体美劳上能够真正地全方面发展，成为整全人，而不是单向度的人。新时代我国高校人才培养目标的根本在于立德树人，更是我国大学办学治校的核心使命。高校把立德树人作为学校教学责任与担当的中心环节，培育学生成长与发展。习近平总书记曾强调，要坚持把立德树人作为中心环节，把思想政治工作贯穿教育教学全过程，实现全程育人、全方位育人，努力开创我国高等教育事业的发展新局面。通俗来讲，思想政治理论课是思想政治工作的重要一环，是落实"立德树人"的关键课程，是高等教育发展方式变革的时代要求。

（三）思想政治理论课是坚持"八个统一"的必然要求

2019年3月18日，习近平总书记在北京主持召开学校思想政治理论课教师座谈会并发表重要讲话，并指出，推动思想政治理论课改革创新，要不断增强思想政治理论课的思想性、理论性和亲和力、针对性，要始终坚持"八个统一"。

坚持政治性和学理性相统一，要以透彻的学理分析回应学生，以彻底的思想理论说服学生，用真理的强大力量引导学生。政治性或意识形态性是思想政治理论课的特质，是思想政治理论课存在的必要性，体现思想政治理论课独有价值的本质属性；唯有坚持政治性，才能实现为党育人为国育才即立德树人的根本任务。思政课教师不能把思政课讲低讲浅了，更不能讲成个人意志、讲成与政治无关的"心灵鸡汤"。同时，新时代思想政治理论课的政治要求要通过科学性、真理性的学理来表达，不能单凭经验教学，需要将二者紧密结合，进而推动思想政治理论课的发展。

坚持价值性和知识性相统一，寓价值观引导于知识传授之中。所谓价值性，是指思想政治理论课具有塑造学生价值观的本质特征，重在回答教育有没有用、有什么用的问题，具有一定的主观性。所谓知识性，是指思政课具有满足受教育者对科学知识渴望的内在要求，重在回答教育内容是什么、怎么样的问题，具有一定的客观性。思想政治教育是通过满足学生对知识的渴求来塑造思想灵魂，从而达到价值观引导之目的。而知识在塑造价值观中发挥着基础性的支撑作用，是坚定政治信仰、培塑道德品德的基石。思想政治教育坚持知识性与价值性相统一，就是要自觉将价值观引导作为根本取向，并寓于知识传授之中，坚定信仰，自觉确立社会主义核心价值观。

坚持建设性和批判性相统一，传导主流意识形态，直面各种错误观点和思潮。建设性和批判性都属于思维能力的范畴，要求受教育者具有一种明辨是非的能力。"建设性与批判性相统一"与其他七个统一具有一致性，也就是说"建设性与批判性相统一"与其他统一关系平行存在；同时它也具有独特性、横切性，渗透于其他关系内容之中，贯穿思想政治教育课要素建设的全过程。建设性与批判性体现了"破"与"立"的两个向度，这两个向度相反并相成。

坚持理论性和实践性相统一，用科学理论培养人，重视思想政治教育课的实践性，把思想政治教育小课堂同社会大课堂结合起来，教育引导学生立鸿鹄志，做奋斗者。高校思想政治理论课建设存在的矛盾与问题，通过实现问题导向与答疑解惑相结合、知识传授与价值引导相结合、理论思维与实践能力相结合、过程导向与结果导向相结合，真正提升高校思想政治理论课的针对性和实效性。

坚持统一性和多样性相统一，落实教学目标、课程设置、教材使用、教学管理等方面的统一要求，又因地制宜、因时制宜、因材施教。这是创造性运用马克思主义世界观方法论认识解决思想政治教育课创新发展问题的体现，揭示了思想政治教育课教学的基本规律，提出了思想政治教育课课程建设的基本原则。思想政治教育课的统一性，意味着讲原则、守规矩、有底线。思想政治教育课要把握好统一的教学目标、课程设置、教材使用、教学管理，并在实践中长期坚持并落实，从而全面贯彻党中央决策部署，推动思想政治教育课内涵式发展。思想政治教育课的多样性，就是具体落实要因地制宜、因时制宜、因材施教，结合实际把统一性要求落实好，鼓励探索不同方法和路径。

坚持主导性和主体性相统一，思想政治教育课教学离不开教师的主导，同时要加大对学生的认知规律和接受特点的研究，发挥学生主体性作用。主导性需要讲究方式方法，要充分发挥教师的积极性、主动性、创造性。主体性体现为对教育对象的尊重，思想政治教育课教师要眼里有学生，心里有学生。要把主导性和主体性统一于思政课教学全过程。思政课教师的主导，最终目的还是服务于学生这个主体。主导的过程，最重要的是把学生放在主体地位，以学生为主体实现所要主导的意图。把主导性和主体性在思想政治教育课教学过程中辩证发挥好，就会使教与学形成良性互动，就会使教师和学生形成较为紧密的教学共同体。如此，思想政治教育课的教学将会更有效果。❶

坚持灌输性和启发性相统一，注重启发性教育，引导学生发现问题、分析问题、思考问题，在不断启发中让学生水到渠成得出结论。相统一体现在教学内容和手段方面。思想政治教育课的教学内容也需要与时俱进，要进一步突出习近平新时代中国特色社会主义思想在铸魂育人中的地位和作用。通过增强思想性和理论性来提升"灌输性"的效果，突出亲和力与针对性，来增强"启发性"的效果。思想政治理论课教学要综合运用现代传媒的新技术，优化图、文、声等元素的组合；要注重理论话语向感性话语的转变，整体性话语向个体话语的转变；着力打造灌输和启发的氛围和情境。

---

❶ 余丰玉.思政课改革创新要坚持主导性和主体性相统一[J].中国高等教育，2019（18）：1.

坚持显性教育和隐性教育相统一，挖掘其他课程和教学方式中蕴含的思想政治教育资源，实现全员全过程全方位育人。坚持运用好显性教育与隐性教育相统一的教育模式。显性教育即各类学生所听到的课程，要求所有课程都要自觉体现以马克思主义为指导，坚持马克思主义的立场观点方法，在这个前提下，再结合课堂教学的内容和教学的方式，有针对性地发挥思想引导、价值引领、政治引路作用。隐性课程即要体现到其他所有课程当中。非思政课的课程发挥思想政治教育功能，要注意采取隐性教育的方式进行融入渗透的教育。要在实现显性教育和隐性教育相统一的过程中形成思想政治教育的强大合力。显性教育和隐性教育要统一于人才培养的全过程，体现在对全员育人全过程育人全方位育人的思想政治工作体系构建中。[1]

三、雷锋精神与思想政治理论课相互作用

近几十年来，学雷锋活动激励着几代人健康成长，虽然经历时代的风雨，但雷锋精神永放光芒、永不过时。救灾、支教、环保、慈善、关爱孤寡老人、留守儿童的活动中，无不体现着生生不息的雷锋精神。无论时代如何变迁，无论物质生活如何富足殷实，人们对真善美的追求一直未变，对崇高精神境界的向往一直未变。

当前，社会一些领域和一些地方道德失范，是非、善恶、美丑界限混淆，拜金主义、享乐主义、极端个人主义有所滋长，见利忘义、不讲信用时有发生。在高校深入开展学习雷锋活动和把雷锋精神融入高校思想政治理论课，并推动学雷锋活动制度化、常态化、有形化发展，不仅有助于推

---

[1] 余丰玉. 思政课改革创新要坚持显性教育和隐性教育相统一[J]. 中国高等教育，2019(20): 1.

进社会主义核心价值体系融入大学教育全过程，构筑当代大学生社会主义核心价值观，而且有助于加强和改进大学生思想政治教育，提高当代大学生的社会责任感、创新精神和实践能力，使他们成为新世纪雷锋精神的传播者、弘扬者和践行者。

新时代的思想政治理论课教学迫切需要雷锋精神来深化内容改革。当代中国正经历着我国历史上最为广泛而深刻的社会变革，也正在进行着人类历史上最为宏大而独特的实践创新。青年学生迫切需要认识当代中国发生的巨大变化和未来发展趋势，认清自己在改革开放的中国场景下生命活动的意义和价值。新时代的社会转型期用什么思想凝聚共识，用什么信念坚定人心，用什么精神激发力量，是思想政治教育课教学迫切需要思考的问题。立足新时代，要更好构筑中国精神、中国价值、中国力量，为人民提供精神指引。雷锋精神引领时代潮流，历久弥新，尤其在为青年学生提供精神指引方面颇具独到之处；雷锋精神对青年学生而言，既有思想性和理论性，又很有亲和力、针对性，是思想政治理论课教学深化内容改革的生动素材。

具体来看，一方面，有助于丰富思想政治理论课教学内容，推动社会主义核心价值体系感召大学生道德灵魂。运用典型示范进行道德感化是促使大学生内化认同社会主义核心价值体系的重要方法。雷锋拥有一颗大公无私、正直善良、热心助人的心，他的存在是为了使别人更好地生活，他的人生追求就是将有限的精力投入无限的社会主义事业中去。这种精神与大学生追求的思想境界相契合，与社会主义核心价值体系教育提倡的价值理念相一致。学习雷锋精神，把雷锋、焦裕禄、杨善洲等先进典型作为生动教材，抓住理清楚在社会主义建设过程中，全心全意为人民服务的根本宗旨，能够把社会主义核心价值体系教育要求的抽象道德规范具体化、人格化，使大学生从这些富于真实性和形象性的榜样中受到深刻教育，深学、细照、笃行，见思想、见精神，找差距、明方向，从现在做起、从小事做起，把践行社会主义核心价值体系的要求真正落实到行动上。另一方面，有助于促进雷锋精神在新时代绽放新的生机和活力，增强雷锋精神的生命力。在雷锋精神的感召下，一代又一代中国人奋发向上、忘我奉献，涌现出一大批学雷锋的先进典型、道德模范、感动中国人物等，产生了广泛而深远的社会影响。从"一不怕苦、二不怕死"的王杰，到勇拦惊马救下6名儿童而壮烈牺牲的"雷锋式好战士"刘英俊；从十余年如一日开展学雷锋志愿服务的张黎明，到矢志不渝传承雷锋精神、被誉为"当代雷锋"的郭明义；从把心血和汗水洒遍千山万水、千家万户的扶贫干部，到新冠肺炎疫情防控一线的千千万万志愿者……无数人学雷锋树新风，在服务社会、助人为乐、爱岗敬业中提升人生境界，彰显了理想信念和爱心善意。

实践充分证明，雷锋精神体现了中华民族的传统美德，顺应了社会进步的时代潮流，彰显了我们党的先进本色。雷锋精神是一面永不褪色的旗帜，是中华民族的宝贵精神财富，是社会主义核心价值观的生动体现。习近平总书记指出："雷锋精神，人人可学；奉献爱心，处处可为。积小善为大善，善莫大焉。当有人需要帮助时，大家搭把手、出份力，社会将变得更加美好。"今天，向第二个百年奋斗目标进军的号角已经吹响，我们面临着难得的机遇，也面临着严峻的挑战。奋斗新时代，奋进新征程，我们要大力弘扬雷锋精神，为实现中华民族伟大复兴提供强大精神动力和丰厚道德信仰。在新时代大力弘扬雷锋精神，就要深刻把握坚守崇高理想，秉持人民情怀，践行奉献精神，投身民族复兴的思想内涵，把崇高的理想信念和道德品质追求融入日常的工作生活，在本职工作上做一颗永不生锈的螺丝钉，主动承担社会责任，真诚关爱他人，多做扶贫济困、扶弱助残的实事好事，以实际行动书写新时代的雷锋故事，为实现中国梦有一分热发一分光，要立足新时代新要求，自觉服务党和国家工作大局，做好推动党的创新理论落地生根的传播者、践行者，在满足人民群众多样化需求中送温暖、献爱心，在践行社会主义核心价值观中树新风做新人，在推进社会治理现代化中扬正气促和谐，在推动国家发展和社会文明进步中彰显价值，作出贡献。

四、弘扬雷锋精神在高校思想政治理论课中的意义

习近平总书记要求的思想政治理论课必须实现价值性和知识性的统一，就是要求以知识传授为载体，以价值引导为核心，以知识教育来支撑价值引导，以价值引导来引领知识传授。因此，大学生思想政治教育既是价值教育，也是知识教育，这二者相互融合，不能割裂。我们必须正确认识思想政治理论课价值性和知识性相统一，从思想上重视，在教学实践中落实，正确把握和处理二者的关系。一方面，知识教育是价值教育的有效载体，离开知识性的政治教育，就是肤浅的、没有深度的，使思想政治教育的功能得不到真正发挥；另一方面，价值教育是知识教育的价值导向，价值教育必须以知识教育为基本载体，但不能只限于知识教育。[1]

（一）弘扬雷锋精神，坚定理想信念

国家的未来是掌握在青年手里的，其理想信念是否坚定是关乎祖国前途命运的。习近平总书记曾指出，广大青年要勇敢肩负起时代赋予的重任，把理想信念建立在对科学理论的理性认同上，建立在对历史规律的正确认识上，建立在对基本国情的准确把握上，永远紧跟党，高举起中国特色社会主义伟大旗帜。新时代新青年，放在首要位置的，是要对青年一代加强思想理论教育，尤其是马克思主义理论教育，帮助青年观察世界发展

---

[1] 洪小瑛.创新思想政治理论，重视知识性，彰显价值性[J].新课程教学（电子版），2020（13）：64-65.

之大势，助推中国梦的实现进程。

坚定马克思主义政治立场，就是要在思想上、政治上、行动上自觉与党中央保持高度一致。党章明确规定，党员个人服从党的组织和全体党员服从党的全国代表大会和中央委员会，其中的关键就是坚决维护习近平总书记党中央的核心、全党核心地位，维护党中央权威和集中统一领导，坚定不移走中国特色社会主义道路。坚定马克思主义政治立场，就是要不断提高政治鉴别力和政治敏锐性。全面审视当前我们的内外部环境，我国的发展处于诸多风险的矛盾凸显期，前进道路上的困难、问题和风险增多。同时，经济全球化使尖锐的政治斗争不像过去那样阵线分明了，世界金融呈现出你中有我，我中有你的特点，容易使人丧失应有的政治警觉。我们一定要始终保持头脑清醒，在大是大非问题上，坚定立场，始终与党中央保持高度的一致，确保政治上绝对合格，思想上非常过硬。❶

（二）弘扬雷锋精神，厚植爱国主义情怀

青年的成长成才是借助爱国情怀的精神养分而得以向上生长的，更是不竭的精神动力。中华民族延绵 5000 年历史，根植于我们中华儿女骨髓的印记便是爱国情怀，是取之不尽用之不竭的养分，更是激励我们迈向伟大复兴新征程的重要支撑力。我们新一代青年享受着先辈用鲜血换来的和平安稳，我们也将用自己的努力，去回报以富强繁荣。爱国不是随便说说和许诺，没有行动的付出，将是纸上谈兵，空谈一切。树立正确的世界观、人生观、价值观、民族观、历史观、国家观，爱我们的党，爱我们的国家，爱我们的社会主义，用理性头脑去认识，用实际行动去践行，要看到我们做到了什么，而不是说过什么，幻想过什么。

---

❶ 唐泽勇.弘扬雷锋精神 坚定理想信念［J］.党史博采（理论），2013（4）：23-24.

（三）弘扬雷锋精神，加强品德修养

习近平总书记强调，"一个人只有明大德、守公德、严私德，其才方能用得其所"。注重个人修养，这不仅仅是个人的立身处世之道，而且还关乎家国民族与天下。在社会大变革时代，如何让个人不忘根本，保持自我应有的精神品格，修身养性，区分荣辱，是我们当今所面临的重大问题。一个人要立足于社会，需要有能力，更需要良好的品格修养。个人修养还与国家的文化渊源有着密切的关系，它深深地影响着个人修养的养成，我国几千年的文化渊源是我们每一个修炼良好的个人修养的温床。加强心理修养，要看得开，就是要心态平和；要控得住，就是要理智思考；要放得下，就是要知足常乐。从身边的事做起，从细微处着手，学会识大体，拘小节，从自己的一言一行开始，努力提高个人综合素质，以营造和谐环境，从而成就自己的人生。

（四）弘扬雷锋精神，增长知识见识

过硬的知识见识是青年成长成才的牢固根基。当今世界，各种新知识、新情况、新问题、新事物层出不穷。习近平总书记强调，"广大青年要如饥似渴、孜孜不倦学习，既多读有字之书，也多读无字之书，注重学习人生经验和社会知识"。伴随教育的普及、互联网的兴盛，信息的获取更加方便。青年不但需要注重知识的积累，也要注重思维的锤炼、见识的增长。学习是成长进步的阶梯，实践是增长见识的重要途径。要教育引导青年多关注世界形势及其发展变化，全面客观认识当代中国、看待外部世界，成为具有中国情怀和全球视野的人才。

（五）弘扬雷锋精神，培养奋斗精神

昂扬的奋斗精神是青年成长成才的应有风貌。新时代是奋斗者的时

代。习近平总书记强调,"奋斗是青春最亮丽的底色"。青年学子只有在辛勤劳动和不懈奋斗中锤炼坚强的意志品格,培养奋勇争先的进取精神,历练不怕失败的心理素质,才能始终以乐观主义的人生态度面对一切困难和挫折。也只有主动将个人命运与国家和民族的命运紧密相连,把奋斗精神融入学习、融入日常、融入各类实践活动中,以时不我待、只争朝夕的精神更好担负起时代赋予的使命,才能在波澜壮阔的时代画卷中书写自己奋斗的人生。

（六）弘扬雷锋精神,增强综合素质

良好的综合素质是青年成长成才的时代要求。提高青年的综合素质,不仅要引导青年善于学习、乐于学习、勤于学习,还要按照培养德智体美劳全面发展的社会主义建设者和接班人的要求,在综合能力、创新思维、文明素养的培育等方面下更大功夫。唯有全面发展,才能让一代代青年心灵更丰盈、精神更饱满、人格更完善、能力更彰显。通过更高质量的综合教育,培养出更多体格强健、精神刚健、有文化修养、有人文关怀、有创造活力、有人格魅力的时代青年。这样,不仅能成就青年的精彩人生,更能成就一个蓬勃向上的青春中国。

第三节　雷锋精神教学研究的总体要求与规划设计

树人之道,内容为王;立德之基,课程为要。思想政治理论课是铸魂育人、涵德化人的基础课程,集培塑信念、培育品德、开发智力、健全人格于一体,在立德树人中地位特殊、作用关键。把雷锋精神融入高校思想政治理论课,要遵循社会主义办学的指导思想,坚持好立德树人的基本原则，合理安排规划设计，做到雷锋精神传承和思想政治理论课教学的有机统一。

一、雷锋精神融入思想政治理论课教学的指导思想

把雷锋精神融入高校思想政治理论课，要全面贯彻党的教育方针。坚持马克思主义指导地位，贯彻落实习近平新时代中国特色社会主义思想，坚持社会主义办学方向，落实立德树人根本任务，坚持教育为人民服务、为中国共产党治国理政服务、为巩固和发展中国特色社会主义制度服务、为改革开放和社会主义现代化建设服务，扎根中国大地办教育，同生产劳动和社会实践相结合，加快推进教育现代化、建设教育强国、办好人民满意的教育，努力培养担当民族复兴大任的时代新人。

习近平总书记提出"五育并举""六个下功夫"，强调凡是不利于实现立德树人这个目标的做法都要坚决改过来。要以凝聚人心、完善人格、开发人力、培育人才、造福人民为工作目标，朝着"改过来"的目标下功夫，重点针对长期以来疏于德、弱于体和美、缺于劳的问题，换脑筋、换思路、换办法，改环境、改途径、改习惯，让立德树人回归社会、回归家庭、回归生活，以新的方式推进立德树人工作，培养德智体美劳全面发展的社会主义建设者和接班人。

二、雷锋精神教学研究坚持的基本原则

思想政治理论课教学是学校思想政治教育的核心，是社会主义精神文明建设的重要组成部分。它对于奠定青年学生一生的政治方向和思想品德的基础，对于培养有理想、有道德、有文化、有纪律的社会主义现代化建设人才，都具有极其重要的作用。把雷锋精神融入高校思想政治理论课，

有利于提高大学生思想品德修养。当前雷锋精神教学研究应坚持的原则是指在当代大学生这个特殊群体的雷锋精神的宣传、学习、实践等过程中必须遵循的一般指导原理，它贯穿于弘扬雷锋精神的整个过程。

提高雷锋精神融入思想政治理论课的教学效果，真正把落脚点放在提高学生的思想素质和基本能力上，使受教育者坚持学习科学文化知识与加强思想修养的统一；坚持学习书本知识与投身社会实践的统一；坚持实现自身价值与服务祖国人民的统一；坚持树立远大理想与进行艰苦奋斗的统一。把握好思想政治理论课的时代特征，体现教育的创造性、多样性和持续性，尊重学生的个性，面向全体学生，从学生身心发展的特点和教育规律出发，采用不同形式，生动活泼地开展教育教学工作，为充分开发学生的禀赋和潜能创造一种宽松的环境，克服那种只重视知识传授，忽视能力培养的倾向，倡导教育与经济社会发展紧密结合，使受教育者积极参与社会实践和创新活动。

（一）理论联系实际的原则

思想政治课在教学内容的安排上，应注重引导学生关心和了解实际，在理论教育中加强思想性、现实性和针对性，帮助学生领会和掌握理论，在思想教育中加强理论性、知识性和科学性，处理好理论与实际的关系，既要克服单纯的理论说教，又要防止理论与实际的脱节。教学必须坚持理论与实际的结合与统一，用理论分析实际，用实际验证理论，使学生从理论和实际的结合中理解和掌握知识，培养学生运用知识解决实际问题的能力。理论联系实际原则所反映和要解决的矛盾主要是保证所学知识与社会实践不致脱节，学生掌握的知识能够运用或回到实践中去。理论联系实际是人类认识或学习活动的普遍规律之一，是教学必须遵守的。不少教育家对这个要求从不同的知行统一观出发作过理论探讨。

将雷锋精神融入思想政治理论课中，是对雷锋精神的传承，不要仅仅停留在口头、表面化地学雷锋，和对思想政治理论课的记忆和掌握，而应当让雷锋精神走进大学生的课堂的同时，也走进大学生的日常活动中，成为大学生日常学习生活中努力遵循的道德准则和行为规范。可以通过让大学生写心得体会、讲雷锋故事、谈感想、参加辩论等方式，让同学们将雷锋精神融入自己的日常生活，尤其是具体的学习态度、为人处世的方式、待人接物的态度，表现出勤奋好学、积极向上、助人为乐、勤俭节约的好风气。

（二）知识性与思想性相结合的原则

知识性是思想政治课教学的基础，每门课程都有其科学的知识体系，有观点、有理论，有证明观点和理论正确的推理过程和实际材料。离开了知识基础，理论就成了空洞的说教，言之无据，从而导致学生学习政治课的逆反心理，事倍功半。思想性是思想政治课最显著的特点，它主要指马克思主义、社会主义和共产主义思想。政治课就是通过思想性去教育人、引导人、感染人，提高学生分辨是非的能力和贯彻执行党的方针政策的自觉性。离开了思想性，政治课也就失去了存在的意义。在教学过程中，坚持知识性与思想性相结合的原则，就是要运用教材中所讲的政治观点和原理去分析社会生活中存在的政治现象、经济现象，思考世界观、人生观的问题，逐步提高思想觉悟，培养社会责任感。

（三）教师主导作用和学生主体作用相结合的原则

在教学中，教师为主导，学生为主体。教师的教和学生的学和谐一致、共同作用，才能完成教学任务，达到教学目标。教师教的目的就是要让学生掌握知识，不仅学会，而且会学，这就是我们平常所强调的不仅要研究教法，而且要研究学法，教法与学法同样重要，只有教和学统一了，双向交流，师生互动，学生的积极性和创造性才会发挥出来。

（四）意识形态性和非意识形态性相统一的原则

新时期大学生雷锋精神教育要坚持意识形态性和非意识形态性相统一的原则。意识形态性也可称为政治性、党性、方向性，是新时期大学生雷锋精神教育阶级性的必然要求，是社会主义思想政治教育统一的方向要求；非意识形态性是指雷锋精神本身所具有的助人为乐、爱岗敬业等个人品质，是中国社会发展新的历史任务的要求，也是雷锋精神完整性的要求。意识形态性和非意识形态性相统一的原则是指新时期大学生雷锋精神教育的目标设定既要具有明确的社会主义和共产主义方向、要与中国共产党的纲领和宗旨相一致，又要关注其道德、品行等维度。这是新时期大学生雷锋精神教育目标设定和内容选择的第一原则。意识形态性和非意识形态性相统一，能够保证新时期大学生雷锋精神教育的政治性本质特色、保证新时期大学生雷锋精神教育活动坚定正确的政治方向的同时，也能保证雷锋精神教育政治性和非政治性目标的平衡、保证雷锋精神教育目标的完整性。意识形态性和非意识形态性相统一的原则是新时期大学生雷锋精神教育的内在要求。

新时期大学生雷锋精神教育目标设定和内容选择要坚持这一原则，首先需要统一对坚持意识形态性的认识。随着社会发展的中心任务的转变，雷锋精神的内涵也与时俱进地发生了变化，但雷锋精神的意识形态性、政治属性却不能有丝毫动摇，这是社会主义大学培养中国特色社会主义事业接班人和建设者的教育目标的内在要求，也是雷锋精神教育目标和内容的核心和本质。其次，要讲求科学性和一贯性。这要求设定目标和内容选择时要结合雷锋精神的时代内涵、时代发展和大学生全面发展的要求，遵循新时期大学生雷锋精神教育的规律，一贯坚持和落实新时期大学生雷锋精神教育的完整性和全面性。

（五）坚持整体性和层次性相兼顾的原则

新时期大学生雷锋精神教育要坚持整体性和层次性相兼顾的原则。整体性是教育对象的多样性及教育对象思想的复杂性所要求的。它包含两方面含义：一是指新时期大学生雷锋精神教育目标、内容、功能、教育者等各要素相互联系，共同构成新时期大学生雷锋精神教育这个系统，使其具有了整体性；二是指雷锋精神教育的对象——大学生素质的各要素也相互联系，使大学生素质结构也表现出整体性特点。新时期大学生雷锋精神教育目标的层次性也叫作有序性，是由目标的整体和部分的辩证统一关系决定的。

坚持整体性和层次性结合的原则，首先，需要增强教育者对大学生素质整体性的认识，将新时期大学生雷锋精神教育目标和内容具体体现在各系统、各岗位教师的工作目标和职责中，充分发挥全校教师员工相互配合所产生的教育合力；另外，在设定和选择目标和内容时也要充分考虑大学生素质各要素的整体性，使雷锋精神教育目标和内容系统各要素协同作用，使教育目标和内容成为具有良好功能的系统，从而发挥雷锋精神的整体功能。其次，在开展教育活动之前，需要通过调查研究，准确了解不同学校、不同专业、不同年级以及新时期大学生个体的思想特点和道德水平，这是开展有效教育活动的前提和基础。再次，要进行整体规划、统筹安排，对不同层次道德水平的新时期大学生确定不同的教育目标和内容。最后，在新时期大学生雷锋精神教育活动实际开展中，需要针对新时期大学生的不同思想层次和不同的个体，采取不同的教育方法，促使每个新时期大学生的个性和特长得到充分的展示和发展。

（六）思想政治理论课和学校思想工作结合的原则

思政理论课是学校思想政治工作的主渠道、主阵地，思政理论课教师是学校思想政治工作的主力军，思政理论课教学必须紧密结合思想政治工作，开展形式多样的思想教育活动，整合各种教育资源，增强思想教育工作的针对性、实效性。

一方面，推进以理论课教师与辅导员协作机制来实现思想政治教育队伍的结合。两支队伍有着一致的工作职能和目标，即引导大学生树立正确的思想道德观念和人生理想信念。理论课教师是马克思主义理论和党的理论、路线、方针、政策的宣讲者，社会主义意识形态和精神文明的传播者，是大学生健康成长的指导者和引路人，其职责是通过课堂教学主渠道引导学生，着力培养学生的思想政治素质和理论素养，即通过"提高教学水平，用中国特色社会主义理论体系武装大学生，用社会主义核心价值体系引领各种社会思潮，把他们培养成德智体美全面发展的社会主义建设者和接班人"。

另一方面，思想政治理论课与团学活动相结合。确立科学的团学活动目标体系，保证隐性思想政治教育的实施。高校的团学活动在开展过程中应明确一个科学的目标，才能真正将思想政治教育课程理论知识运用到实际，才能保障团学活动的思想政治教育效果，使得团学活动的教育意义长期存在，才能保证团学活动这一隐性思想政治教育课程载体的有效利用，从而也才能保证思想政高校思想政治理论课与日常思想政治工作相结合以及在校园文化层面的全面实施。❶

三、雷锋精神教学研究的规划设计

雷锋精神教学研究是一项重要的教学规划设计，将符合社会主义建

---

❶ 姚远. 高校思想政治理论课与日常思想政治工作相结合的意义与途径研究[D]. 成都：西南石油大学，2012.

设、符合学生身心发展的雷锋精神融入教学体系，是可以推动双方相互促进发展的。利用理论逻辑，将其科学化、合理化，整合成符合教学的学科体系。

（一）完善雷锋精神教学教材和教学活动建设

推进雷锋精神教育融进思政课教学过程与教学内容。在"思想道德修养与法律基础"与"中国近现代史纲要"的授课过程中，将雷锋精神与课程相关内容有机结合起来，实现雷锋精神进课堂，进学生头脑，把爱英雄、尊敬英雄、学习英雄，批驳历史虚无主义，融进教学各个环节中。比如将忠于职守的敬业精神与学生的职业道德教育结合起来；将艰苦奋斗的创业精神与学生奋发有为的奋斗精神教育结合起来，等等。

在"毛泽东思想和中国特色社会主义理论体系概论"与"马克思主义基本原理"授课过程中要突出对学生社会主义核心价值观教育。雷锋精神教育是社会主义核心价值观的组成部分，教师以专题形式进行雷锋精神教育，重在培养学生科学的世界观、人生观和价值观。组织学生课堂演讲活动，让学生讲英雄、学习英雄，以英雄榜样激励学生学习基础知识与专业课学习。这种学生课堂演讲活动，一般在教师正常授课前进行，时间在五分钟内，内容是宣传英雄人物与弘扬雷锋精神。教师或学生进行点评，根据学生表现纳入学科考核成绩中。学生通过演讲活动的准备过程，自己找资料，拟定题目，通过演讲表达出来，从中锻炼了学生分析问题、解决问题能力。

组织与指导学生成立学习马克思主义课外小组。引导学生读原著、学原文、悟原理、探究马克思主义，是高校培育青年马克思主义者的应有职责和必要途径。在引导学生读原著、学原文、悟原理中，应以第一课堂为主、第二课堂为辅。学生自主学习，教师利用第二课堂进行辅导，这对于提高学生政治修养，贯彻落实习近平新时代中国特色社会主义思想，努力培养担当民族复兴大任的时代新人，培养合格的社会主义建设者和接班人很有意义。尤其是在新媒体形态的变化下，教师必须要具备较高的新媒体技术运用能力，要引导学生学会辨别正确和错误的思想形态，正确理解雷锋精神，要学会利用网络来加强与学生的沟通交流，有效利用信息技术，来推进大学生雷锋精神教育。

（二）提高思想政治理论课教师队伍雷锋精神教育能力

一方面，要优化培育队伍。一是要鼓励引导学校的教师、辅导员、管理人员加入雷锋精神培育队伍，提高培育队伍的质量。二是要鼓励引导校内学雷锋先进典型加入雷锋精神培育队伍，发挥典型人物的引领示范作用，为学生树立贴近生活实际的鲜活榜样。三是要积极邀请校外优秀的雷锋式人物如郭明义、易大成、刘宏伟等加入雷锋精神培育队伍，借助校外的优质培育资源合力开展大学生雷锋精神培育工作。

另一方面，要提高专业水平。习近平总书记在北京大学师生座谈会上的讲话中强调，教师思想治状况具有很强的示范性，要坚持教育者先受教育，让教师更好担当起学生健康成长指导者和引路人的责任。如果作为教育者没有雷锋精神，其所开展的雷锋精神培育将难以让大学生信服，效果也势必事倍功半。教育者一定程度上具备雷锋精神，是开展雷锋精神培育的必然要求，因此教育者应先学好雷锋精神，不断提高专业水平。为提高专业水平，可以定期组织参观雷锋纪念馆、展览馆，加强对雷锋精神的认识了解；定期开展雷锋精神培育主题的交流会，总结研讨雷锋精神培育工作的心得和经验，提高培育工作的开展能力；选派优秀教师参加雷锋精神学术交流会，提高理论知识。

（三）优化雷锋精神教学内容

在当代大学生群体中培育和弘扬雷锋精神，要从提高思想认识、科学把握雷锋精神的时代内涵入手，优化雷锋精神的教学内容，拓宽雷锋精神教学的广度和深度。一方面，全面理解雷锋精神。雷锋是社会主义建设时期涌现的优秀人物，但雷锋精神并不仅仅是雷锋的个人品质。今天所提倡和弘扬的雷锋精神，既是对雷锋事迹所体现出来的先进思想和崇高品质的总结，又是对众多雷锋式先进人物的崇高思想和优秀品质的概括。大学生现在说起雷锋精神，想到的就是为人民服务，助人为乐，乐于奉献做好事，然而这仅仅是雷锋精神的一个方面，不能以偏概全，以此来概括雷锋精神的全部。雷锋精神不只是做做好事，帮助他人，还体现在思想、工作、学习的方方面面。坚定的理想信念、爱岗敬业、刻苦钻研、艰苦奋斗、自强创新等等品质都是雷锋精神的重要内容。当代大学生弘扬雷锋精神，就是要在全面把握和深刻领会雷锋精神实质的基础上，坚定社会主义共同理想，树立正确的人生观、价值观，刻苦学习，掌握为人民服务的本领，把个人理想融入中国特色社会主义共同理想的实现中，艰苦奋斗，勇于创新，全面发展，不断赋予雷锋精神新的时代内涵，防止对雷锋精神的片面化和庸俗化理解。只有全面科学地理解雷锋精神，才能更好地弘扬雷锋精神，把雷锋精神真正落到实处。

另一方面，正确认识个人利益。在社会生活中，利益总是与人们的生活息息相关。个人利益是指与个人的生存发展紧密相关的利益。半个世纪以前，即雷锋生活的计划经济的时代，人们在生活中追求的价值单一，在当时，集体主义精神已经深深镌刻在人们的心里，人们崇尚集体主义，忽视甚至鄙视个人利益。今天，在改革开放和社会主义市场经济发展的新时期，个人利益日益受到人们的重视与法律的保护。现代社会，人们只要在合理合法的前提下，在不损害他人、国家、集体利益的情况下，可大胆追求个人的正当利益。个人利益满足了，个人强大了，也能为国家、为社会做出更大的贡献。因此，在向当代大学生宣传雷锋精神的时候，特别应该指出，雷锋精神并非与个人正当利益对立，他的无私奉献，也并非不要个人利益。雷锋失去的物质利益也许相对多些，收获的精神利益却是丰厚的。一个人活在世界上，追求个人利益不仅要注重物质追求，还要注重精神追求。

当前，在当代大学生中弘扬雷锋精神一定要结合实际，顺应时代的要求，不断拓展雷锋精神的时代内涵，不断创造具有时代气息的弘扬雷锋精神的新内容、新形式、新载体，这样才能让雷锋精神的弘扬恒久弥新，收到预期的效果。

（四）创新雷锋精神教学方法

学校雷锋精神培育工作的开展，既要用好线下的课内渠道和课外渠道，也要利用好线上的网络媒体，构建与全过程"组织学"格局相配套的全方位"组织学"格局。

首先，打造课内"组织学"格局。课内教育是学校教育的主渠道，是学生获取知识的主要途径。学校应充分利用好课内资源，向学生灌输雷锋精神的相关内容，提高学生对雷锋精神的认知。应综合运用疏导教育法、典型教育法等方法，激发学生对雷锋精神的崇敬和向往，提高学生对雷锋精神的认同。其一，可以将雷锋精神纳入相关思想政治教育课程的教学内容中，通过课堂向学生阐释雷锋精神的内容和内涵。其二，应丰富课堂教学形式，通过雷锋话剧、雷锋专题诗朗诵等活动进行课堂成绩的考核，寓教于乐，提高学生对雷锋精神的认知和认同。其三，应将雷锋精神培育与课程思政相结合，推进课堂教学的改革，优化专业教材的设计，梳理专业课程中所蕴含的雷锋精神培育契机，将雷锋精神融入课堂教学，通过课堂教学潜移默化地提高学生对雷锋精神的认同。

其次，打造课外"组织学"格局。课外教育是指在课程计划和学科课程标准以外，对学生实施的各种有目的、有计划、有组织的教育活动，是学校开展教育的重要渠道。学校应以雷锋精神培育为核心，组织开展各类课外教育活动，引导学生践行雷锋精神。其一，应发挥第二课堂的导向作用，将践行雷锋精神纳入第二课堂的考核范围，引导学生积极践行雷锋精神。其二，应充分发挥学生组织的育人功能，在党支部、团支部、社团、学生会等各类学生组织内部开展雷锋精神培育活动，并发挥组织的辐射作用，以相关组织为核心团结更多的学生加入学雷锋的队伍中。其三，要做好校园文化建设，通过营造良好的学雷锋文化氛围在潜移默化中培育雷锋精神，可以建立雷锋文化角、在广场放置雷锋雕塑、在人流密集处张贴学雷锋标语等，加强物质文化建设；也可以依托结合读书会、舞台剧等活动，加强精神文化建设。

最后，打造网络"组织学"格局。网络，已经成为了受众最多、影响力最广的宣传媒介，在为人们带来便利的同时，也为思想政治教育工作的开展带来了一定的挑战。雷锋精神的培育，必须抢占网络高地，加强网络平台建设，发挥网络育人功能。其一，可以建立雷锋精神专题网站，在网站中收集整理雷锋精神相关材料，为学生学习雷锋精神提供便利，并以此为媒介为学生提供分享交流学雷锋经验的平台。其二，应在网络上开展各类雷锋精神培育活动，如通过网络投票的方式开展雷锋式人物评选等。其三，应不断净化网络环境，对于不良风气要敢于发声，坚决抵制抹黑雷锋精神的言论、行为。其四，应做好网络宣传，可以通过抖音、微博等网络平台，宣传雷锋文化、弘扬雷锋精神。

（五）转变雷锋精神教学过程

严抓创新关，丰富雷锋精神培育活动的种类，转变雷锋精神的教学过程。不同大学生的学习习惯、学习倾向各不相同，因材施教是重要而必要的，针对不同类型的大学生，应当采取相匹配的雷锋精神培育活动，因此雷锋精神培育活动的创新是亟需和必要的。此外，随着社会环境的改变，当今大学生的思想活跃开放，主体意识不断增强，个性化愈发鲜明，传统的灌输式教育日趋低效，雷锋精神培育工作亟须创新。隐性教育方法因其潜移默化的特性，更容易为大学生所接受，为雷锋精神培育活动创新提供了方向。日新月异的高新技术则为隐性教育活动创新提供了可能。通过隐性教育方法创新雷锋精神培育活动，应从以下几个方面入手。其一，做好渗透式雷锋精神培育活动创新。渗透式教育方法是指将教育内容渗透到受教育者可能接触到的事物或者活动中，潜移默化地开展教育。一方面，可以利用网络开展培育活动，比如在抖音上发布日常学雷锋做好事的短视频，在电视上播放学雷锋的公益性广告。另一方面，可以通过特殊场地开展，比如组织大学生参观雷锋纪念馆等。其二，做好陶冶式雷锋精神培育活动创新。一方面，可以寓教于文化，大力推动雷锋精神文化研究，通过高质量的文化作品感染大学生。另一方面，应寓教于环境，通过建设良好的学雷锋环境如建设雷锋广场、设立雷锋宣传板、打造雷锋摆件等，让大学生在耳濡目染中学习雷锋精神。其三，做好体验式雷锋精神培育活动创新。所谓体验式教育活动，就是通过实践体验来进行教育的方式。可以组织开展大学生学雷锋活动，在实践过程中培育雷锋精神；可以组织开展角色互换活动，让大学生从受助者角度感受雷锋精神的高尚；可以组织重走"雷锋路"活动，通过亲身体验雷锋的生活经历感悟雷锋精神。

严把质量关，提高雷锋精神培育活动的质量。当前一些单位为了营造"轰轰烈烈"学雷锋的场面，只重视活动的开展次数、参与人数，甚至强制学生参加活动，因此导致一些学生认为学雷锋活动是形式主义、面子工程，极大制约了雷锋精神培育的实效。因此，雷锋精神培育过程中，应当更多地注重活动质量，严把质量关；对于质量低、成效差的活动应尽量少开展甚至不开展，避免适得其反。在时间精力有限的条件下，减少活动的规模和数量，优先保证活动质量，宁可"小而精"切勿"大而糙"；要精心组织策划，避免应付工作任务而简单粗暴地开展活动，在活动筹备阶段，应当精心设计活动环节，做好组织策划工作，进而提高活动的质量；

要考虑学生的实际情况,结合学生的兴趣爱好以及学习倾向,举办学生喜闻乐见的活动;要理论联系实践,用雷锋精神研究相关成果来指导培育活动的开展;要不断对雷锋精神培育活动进行修改优化,如开展问卷调查工作收集活动参与者的意见和建议、组织开展工作总结会对活动进行总结反思等,不断改进优化进而提高活动质量。

(六)构建完整的雷锋精神教学制度机制

雷锋精神培育制度的完善,对于提高雷锋精神培育成效有着重要而关键的意义。雷锋精神培育制度的建立,应从激励机制着手,构建内部与外部相结合,宏观与微观相配套的激励机制;应从长效机制着手,广泛开展雷锋精神培育活动,持续推进雷锋精神教育宣传。

一是高校应出台雷锋精神培育的激励机制。适当的激励机制,可以有效地激发大学生学雷锋的积极性,是推进雷锋精神培育的重要抓手。当前,部分高校出台了雷锋精神培育激励机制,但尚未有覆盖范围广、内容完善的激励机制。雷锋精神培育激励机制的制定,应当从以下两个方面着手:一方面,构建内部与外部相结合的激励机制。内部激励主要是提高雷锋精神培育本身的吸引力、号召力,通过激发大学生学雷锋的内部驱动因素,实现激励作用。首先,要做好雷锋精神的宣传推广,引导大学生对雷锋精神有着正确的认识;其次,应当积极营造正面舆论导向,引导大学生认为学雷锋是一件光荣高尚的事情;最后,应提高雷锋精神培育相关活动的吸引力,引导大学生主动参加。外部激励主要是通过外界刺激如物质奖励、荣誉奖励来实现,具体可以分为物质激励、精神激励及政策激励三种。物质激励可以主要分为物质鼓励和物质奖励,前者是对所有践行雷锋精神的人给予一定的津贴,目的是鼓励更多的人主动践行雷锋精神,达成条件可以较为宽泛;后者是对学雷锋表现突出的人,目的是鼓励人们更好地践行雷锋精神,达成条件可以较为严格。精神激励主要是通过荣誉奖励实现，当前部分高校已经出台了荣誉奖励相关的办法，但是覆盖面和推广程度有待提高，在后续的精神激励建设中，应当侧重精神激励的覆盖面和推广程度的提高。政策激励方面，可以实行学雷锋星级评定制度，根据学雷锋活动参与时间、次数、表现，进行表彰和奖励；在评奖评优时，可以将学雷锋星级作为重要参考依据。另一方面，构建微观与宏观相配套的激励机制，政府应当出台雷锋精神培育的专项激励机制，在宏观的层面激励雷锋精神培育；高校应当出台雷锋精神培育的激励办法，在微观的层面激励雷锋精神培育。

二是高校应打造雷锋精神培育的长效机制。雷锋精神的培育是一项久久为功的工程，需要社会各界的高度重视和不断投入，在2019年的《新时代公民道德建设实施纲要》中，就明确指出"推进学雷锋志愿服务制度化常态化"，学雷锋长效机制的建立是亟需而必要的。

建设长效机制，高校应从雷锋精神培育活动的广泛开展着手。实践证明，以活动为载体，开展有意义的具体的精神文明建设活动也是教育，因此各高校要广泛开展各类学雷锋活动，寓教于活动。雷锋精神培育活动要有数量保证，全年各月都要有活动的开展，避免"雷锋三月来了四月走"的尴尬局面；雷锋精神培育活动要有质量保证，质量体现在大学生在参加活动后的思想收获，要精心设计活动流程，以活动为载体，以思想进步为目的，让雷锋精神真正地入脑入心。长效机制的建设，应从雷锋精神培育宣传的持续推进着手。各级单位应高度重视雷锋精神的宣传，因地制宜开展雷锋精神培育宣传，营造民众广泛参与学雷锋活动、积极践行雷锋精神的良好社会学雷锋氛围。

第五章　新时代雷锋精神的理论教学

雷锋精神是中华优秀传统文化和红色革命文化的结合，蕴含丰富的育人价值。在对当代大学生进行思想政治理论课理论教学的过程中，融合雷锋精神中关于理想信念、价值追求、进取创新、团结协作、爱岗敬业等雷锋精神核心内容，成为思想政治理论课的重要补充，做到在思想政治理论课中既学习雷锋精神，又学习雷锋的做法，从而把雷锋崇高的理想信念、道德品质追求，转化为大学生具体行动，体现在青年学生平凡的学习工作和生活中，做出自己应有的贡献。

第一节　坚定理想信念　弘扬雷锋忠诚为党精神

理想信念是人的精神世界的核心，是人精神上的"钙"。崇高的理想信念能够激发人们的主动性和创造性，鼓舞斗志，振奋精神。对马克思主义的信仰，对社会主义和共产主义的信念，是共产党人的政治灵魂，是共产党人经受住任何考验的精神支柱。中国共产党在奋斗中诞生、成长和壮大，靠的就是对马克思主义的坚定信仰，对社会主义的强大信念。雷锋始终坚定为共产主义奋斗终身的理想信念。"学习雷锋好榜样，忠于革命忠于党……"这首耳熟能详的歌曲，唱出了雷锋的对党的感恩反哺和无上忠诚，热爱党、热爱祖国、热爱社会主义的坚定信念。理想信念教育是大学生思想政治教育的核心内容，弘扬雷锋精神，做中国特色社会主义共同理想的坚定信仰者，是大学生健康成长、成就事业、开创未来的精神支柱的前进动力。

一、理想信念与对党忠诚

习近平总书记指出："革命理想高于天。中国共产党之所以叫共产党，就是因为从成立之日起我们党就把共产主义确立为远大理想。我们党之所以能够经受一次次挫折而又一次次奋起，归根到底是因为我们党有远大理想和崇高追求。"中国共产党从诞生之日起，就把马克思主义鲜明写在自己的旗帜上，把实现共产主义确立为最高理想，把为中国人民谋幸福、为中华民族谋复兴作为自己的初心使命，并一以贯之体现到党的全部奋斗中。

（一）理想信念是精神之钙

理想，始于初心；信念，源于使命。理想在实践中形成，是人们对未来发展的美好向往与追求，它能够集中体现人们在日常生活中的世界观、人生观和价值观。理想来源于现实，又作用于现实。信念则是人们在具有一定认识的基础上，对某种思想或事物坚信不疑的态度。同时，信念与人格密切相关，坚定的信念是稳定人格的外在表现。因此，在信息迅速发展的时代，理想与信念息息相关，在每个人的成长道路上二者缺一不可。理想信念是具象的，需要人们去身体力行，需要全体共产党员，坚持对党忠诚，始终将人民放在心中最高的位置，在关键时刻毫不动摇坚守初心、践行使命，将个人理想同国家理想保持高度一致，实现好、发展好、维护好最广大人民的根本利益。概括来说，理想信念是把一种未来的社会蓝图视为最高价值，高度地信服和敬仰，是对一定社会理想的自觉认同和执着追求的一种个人的精神寄托。如果有坚定的理想信念，我们的骨头就硬，没有理想信念，或者说理想信念不够坚定，精神上的"钙"含量不足的话，就会得"软骨病"。因此，要坚定我们的理想信念，用理想信念练就"金刚不坏之身"，同时，以坚定的理想信念全面建设社会主义现代化国家，推动中国特色社会主义不断发展，也是现代大学生的行动指南。

习近平总书记强调："认识真理，掌握真理，信仰真理，捍卫真理，是坚定理想信念的精神前提。"❶我们的理想是实现共产主义，我们的信念是中国特色社会主义必然胜利。在中国共产党人的百年奋斗征程中，理想信念是中国精神之"钙"，是共产党人的精神支柱和政治灵魂，更是百年来激励中国共产党人不懈奋斗的根本动力。理想信念是人们精神上的灯塔，为无数人照亮奋斗的路途，心存高远，方能始终。在中国共产党漫漫百年的奋斗历程中，无数共产党人生动展现出"生为真理而生，死为真理而死"的坚定信仰信念，诠释出马克思主义真理的伟大力量，彰显出社会主义制度的显著优势。当前我国正处于百年未有之大变局，新的问题与挑战日益复杂严峻。在实现中华民族伟大复兴中国梦的征程中，全体中华儿女必须严阵以待，自觉从马克思主义的深邃理论中汲取智慧和力量，不断提升自身的道德修养，才能补足理想信念的精神之钙，才能以永不懈怠的精神状态和一往无前的奋斗姿态为建设中国特色社会主义现代化强国贡献自己的一份力量。

（二）忠诚为党是基本的政治要求

树立坚定的理想信念，发扬艰苦奋斗的精神，坚持爱党、爱国、爱社

---

❶ 习近平.在纪念红军长征胜利80周年大会上的讲话[N].人民日报，2016-10-22（2）.

会主义的有机统一是新时代爱国主义精神的基本要义。忠诚为党是共产党人应有的政治品格和基本的政治要求，并不是一时的兴起，而是需要共产党人全心全意终身践行的。党的十九大报告指出，要把对党忠诚、为党分忧、为党尽职、为民造福作为根本政治担当，永葆共产党人政治本色。

　　1. 忠诚为党是共产党人的一贯准则。

　　"严守秘密，服从组织，牺牲个人，永不叛党"是革命时期中国共产党人的入党誓词；在中国共产党的百年奋斗征途中，中国共产党人牢牢铭记，紧密团结在党中央周围，坚定不移服从党的安排。党的十八大以来，习近平同志指出："对党绝对忠诚要害在'绝对'两个字，就是唯一的、彻底的、无条件的、不掺任何杂质的、没有任何水分的忠诚。党员、干部要用这样的标准要求自己，自觉在思想上政治上行动上同党中央保持高度一致，党叫干什么就坚决干，党不允许干什么就坚决不干。"可见，无论在哪个时期，共产党人时刻将对党忠诚作为自己行为的一贯准则。

　　2. 忠诚为党是共产党人的基本政治素养。

　　新时代共产党员的政治修养，就是要坚决维护习近平总书记党中央的核心、全党的核心地位，坚决维护党中央权威和集中统一领导，坚定执行党的政治路线，严格遵守政治纪律和政治规矩，坚定政治意识、大局意识、核心意识、看齐意识，在政治立场、政治方向、政治原则、政治道路上同党中央保持高度一致。忠诚为党是每个中国共产党人应有的基本政治素养，这是实现中华民族复兴伟大事业的必要前提。由此可见，忠诚为党是每个共产党人必备的政治素质。作为中国特色社会主义事业的接班人，中国共产党人应时刻服从党的安排，言行一致，用实际行动践行忠诚为党的誓言。

　　3. 忠于人民是忠诚为党的必然要求。

　　全心全意为人民服务，是我们党的宗旨，也是共产党员的任务。共产党人的初心使命就是为人民谋幸福，为中华民族谋复兴。中国共产党是中国人民和中华民族的先锋队，它代表着最广大人民的根本利益，始终一切以人民利益作为每一个党员的最高准绳，服务人民、奉献人民。除此之外，我们党没有任何自己的特殊利益。从这个意义上讲，忠诚为党就是忠诚为人民，时刻将人民放在心中最高的位置，才能切实想人民之所想，解人民之所难。

（三）坚定理想信念是大学生的必备品德

"理想信念是人们对未来美好生活图景的展望，是世界观和政治立场在奋斗目标上的集中体现，是人们人生诉求、政治立场和政治主张，以奋斗目标为表征的超越自我、超越现实的高度自觉意识。"❶ 大学生正处于形成理想信念的关键时期，树立坚定的理想信念对其成长发展具有重要的导向性意义。由此，坚定理想信念是大学生的必备品德。

1. 坚定理想信念有助于大学生弘扬爱国主义精神。

爱国主义精神是中华民族精神的核心表达和集中展现。树立坚定的理想信念，坚持爱党、爱国、爱社会主义的有机统一是新时代爱国主义精神的基本要义。雷锋精神的实质在于热爱党、热爱国家、热爱社会主义的爱国精神，具体体现在对党的绝对忠诚，对祖国的无上热爱。中国共产党人的理想信念是中国特色社会主义时代性与先进性的有机结合，在发展过程中以坚定不移之姿存在在人们的思想中，外化于人们的日常行为中。在我国百年奋斗的党史中，共产党人的理想信念根基牢固，影响深远，是中华儿女在奋斗中矢志不渝的不竭动力。

新时代下，大学生树立坚定的理想信念，有助于增强大学生的爱国主义情怀，把实现中华民族伟大复兴中国梦作为自己的奋斗目标。在建设社会主义现代化国家的征途上，大学生要胸怀理想，坚信个人的未来是美好

---

❶ 黄蓉生.论国际化背景下大学生理想信念教育[J].高校理论战线，2011（4）：31-35.

的,国家的未来更是美好的,并为之不断奋斗,不断增强自身道路自信、理论自信、制度自信、文化自信,不断增强大学生的认知水平,坚定不移为中国特色社会主义共同理想而奋斗。

2. 坚定理想信念有助于大学生树立正确的"三观"。

大学生正处于世界观、人生观、价值观形成的关键时期。大学生是祖国的未来和希望,他们的思想素质如何,直接关系到中国未来的发展和前途命运。帮助大学生确立崇高的理想信念,对大学生一生走什么路、做什么样的人有着不可估量的作用。大学生的主流是好的、积极的,但个别大学生也存在消极的错误思想,如追求名利、金钱至上、心理承受能力弱。面对这些问题,没有马克思主义武装头脑,缺乏远大的理想和科学的信念,大学生就容易走错路。

新时代,面对重重风险与挑战,大学生要坚定自己正确的理想信念,将个人理想同国家发展有机结合起来。这就需要大学生不断学习,深入探究马克思主义的理论知识,及时了解习近平新时代中国特色社会主义思想的最新理论成果,学会用马克思主义的立场、观点和方法来分析和解决问题。在工作和学习中不断完善自己、充实自己,在各个方面不断提高自己,进而坚定自己的道路自信、理论自信、制度自信、文化自信。在实践中不断打磨自己,以马克思主义为指导,力争将自己培养成满足时代所需的合格人才。

二、雷锋的忠诚为党精神

雷锋在自己的成长经历中亲身见证了中国共产党领导人民翻身得到了解放,从而对党充满了赤诚的爱。他时刻铭记党的恩情,坚决听党的话,时时处处以共产主义信念鞭策自己,一心向党,一心为党,一切服从党的安排。

（一）雷锋坚定的共产主义理想

雷锋精神倡导全心全意为人民服务的奉献精神，其本质就是要求全体社会成员坚定共产主义的共同理想和信念，在正确处理个人利益与集体利益的关系中实现个人价值与社会价值的高度统一，为社会的发展、国家的繁荣和民族的振兴贡献自己的力量。雷锋同志的一生是忠于革命忠于党的一生，雷锋感受过新旧社会的不同生活经历，明白了是共产党让广大群众的生活越来越好，感受到了中国共产党的伟大。这种深厚的感情使雷锋一生都在践行爱国爱党爱人民理想信念，始终坚定着伟大共产主义的追求，对党和人民充满热爱。

实现共产主义远大理想，需要坚守崇高理想信念。只有坚定共产主义理想，才能保证中国特色社会主义的正确方向。雷锋说："我就是长着一个心眼，我一心向着党，向着社会主义，向着共产主义。"❶字里行间表达了对党的热爱和对社会主义的深情，雷锋一生忠诚于党，在其短暂而光辉的一生中服从组织，不辞辛苦，用生命践行了为党和共产主义事业奉献一生的誓言。

雷锋在日记中写道："革命前辈用生命和鲜血拯救了我，伟大的共产党和毛主席拯救了我……我要永远听党的话，永不忘记过去，为了共产主义事业，永生战斗。""我们每个人的幸福依赖于祖国的繁荣。如果损害了祖国的利益，我们每个人就得不到幸福！"在《雷锋日记》中，"党""祖国""社会主义"是用得最多的词语，这些词语体现了雷锋坚定的社会主义、共产主义理想信念，雷锋也用一生去践行这些理想信念。雷锋同志的一生，就是爱党、爱国、爱人民的一生。他心甘情愿做一个有利于人民和国家的"傻子"，这正是一名共产主义战士的博大胸怀，是忠诚为党精神的最好体现。

---

❶ 雷锋．雷锋日记［M］．北京：解放军文艺出版社，1963．

（二）"听党的话"是雷锋精神的内涵基因

雷锋一生勤学理论，以党的思想理论为"粮食""武器"和"方向盘"，真正理解党的政策主张、目标追求，并内化为自觉意识和自我追求。雷锋一心向党，坚定理想信念，"坚决听党的话，一辈子跟党走"。雷锋同志确证和认同党的思想理论和方针政策的科学性、先进性，在思想和行动上同党中央保持高度一致。

在雷锋悲惨的童年里，共产党就是他的救命恩人，没有共产党就没有雷锋，雷锋写过一份自述材料，名字叫作《解放后我有了家，我的母亲就是党》，在《雷锋日记》里面经常用"伟大的党啊""有向党说不尽的话"等句子描述对党的感恩之情，因为他是在党和人民政府的关怀下上的学，他在党的关怀下刻苦学习，积极参加土地革命斗争，渴望早日加入中国共产党。他在入党申请中写道，"我活着只有一个目的，就是为了实现人类最伟大的理想——共产主义而斗争"，这种精神就是他忠诚于党、国家和人民的表现，也是雷锋精神最核心的内容之一。加入中国共产党之后，他更加严格要求自己，时常利用休息时间学习马克思列宁主义和毛泽东思想，以此提高自身的思想觉悟，从党组织的教诲里不断吸收思想养分，更加懂得时刻以集体主义为原则，以国家和民族的利益为重，将个人的命运与国家的未来紧密相连的重要性。通过不断的学习和实践，他的理想变得更加远大，政治立场更加坚定。雷锋同志在任何时期都能做到"听党话、跟党走"，可以说，雷锋精神中所蕴含的忠诚为党精神是雷锋精神的灵魂。

（三）感恩反哺是雷锋精神的重要基石

我国自古以来就有浓重的感恩反哺文化，从"投我以木桃，报之于琼瑶"到"受人滴水之恩，当涌泉相报"等古训，无不体现了感恩反哺的美好情怀和人们对感恩反哺的充分认可与践行。可以说，感恩反哺是雷锋精神的基石，从雷锋精神的现实来源与感恩反哺的多层次、多领域内涵无不体现了两者的一致性。

雷锋精神的现实来源与生命根基是其对党和国家的感恩之情。雷锋的童年是苦难的，新中国成立后，他成了翻身少年，上学读书学文化。经历由苦到甜的生活，雷锋把党看作自己的再生母亲，把人民看作自己的亲人。他在日记中写道："唱支山歌给党听，我把党来比母亲，母亲只生我的身，党的光辉照我心。""党的恩情永远报答不完。"❶ 雷锋感恩的不只是领导、长辈、同学、朋友，更是一个政党、一个社会、一种制度。正是这种朴素的感情和实践认知，使雷锋逐步树立起对共产主义的坚定信仰，成长为伟大的共产主义战士；正是因为有感恩反哺的思想根基，他才会践行"我要把有限的生命，投入到无限的为人民服务之中去"的远大志向，才会在22年的短暂人生中谱写出全心全意为人民服务的壮丽诗篇。

三、做新时代回报社会的时代"一片叶"

站在"两个一百年"的历史交汇点，在大发展、大变革、大调整的社会转型期，置身利益分化、价值多元的当代社会，我们身处的世情、国情、党情更为复杂，我们更需要传承和弘扬雷锋精神，像雷锋那样，不忘初心、牢记使命，对党忠诚，不负人民。在为共产主义理想和中国特色社会主义事业奋斗的革命建设改革实践中，永葆正确的政治底色，锤炼过硬的政治品格，做新时代回报社会的时代"一片叶"。

（一）做志存高远的追梦人

志气是指做成某事的决心，是一种有信心、有理想的表现。立志是

---

❶ 雷锋. 雷锋日记 [M]. 北京：解放军文艺出版社，1963.

一切开始的前提,志存高远,方能行稳致远。青年只有志向远大、矢志不移,才能成为国家和民族战无不胜的前进动力。一百年前,一群新青年高举马克思主义的火炬,在风雨如磐的中国探索出了一条适合中国国情的道路。一百年后的今天,在中国共产党的旌旗下,中国青年把自己的青春奉献给了党和人民的伟大事业,成为实现中华民族伟大复兴的先锋力量。进入新时代,踏上新征程,中国青年更要继续坚定真理和信仰,坚定信念和信心,坚定立场和方向,品味真理之甜,夯实信仰之基,追求真理,胸怀大志,继续为实现中国特色社会主义共同理想和共产主义远大理想艰苦奋斗。

今天的中国,前所未有地接近世界舞台中心,为世界和平发展、合作共赢提供了方案、贡献了智慧。青年兴则国家兴,青年强则国家强。推动社会主义现代化建设、实现中华民族伟大复兴,青年应当做积极的行动者、热忱的付出者、追梦的奋斗者,胸怀以国家之务为己任的担当、为人民美好生活奋斗的初心使命,勇立潮头,争当新时代发展最坚实的基础、最强的生力军。

大学生作为担当民族复兴大任的主力部队,要自觉关注以雷锋精神为代表的新时代榜样精神教育,真正掌握雷锋精神的时代内涵,不断锤炼自身的品德,提高道德情操,为党和国家事业的发展贡献一份青春之力,为现代化强国的建设奠定坚实的基础。加强雷锋精神教育,不仅可以引导大学生认清现实,明确追求目标,树立符合自身发展的理想信念,而且有助于大学生在追梦路上发扬脚踏实地、吃苦耐劳的精神。

(二)做爱党爱国的热血青年

大学生作为青年一代的主力军,易主观判断对错,易受历史虚无主义、文化虚无主义、普世价值观等不良思想的侵害。究其根本原因,则是这部分大学生没有树立热爱党、热爱祖国、热爱社会主义的坚定理想和崇高信念。雷锋的生命只有短短的22年,但在这短暂的22年里,他爱党、爱国、爱人民，时时刻刻为他人着想，鲜明表达他向着社会主义、向着共产主义的坚定信念。新时代要弘扬雷锋爱党、爱国、爱社会主义的崇高理想和坚定信念，培育当代大学生正确"三观"，树立高度的爱国使命感，引导其用雷锋精神筑信仰之基，补精神之钙，涵养正气、升华境界、淬炼思想，自觉将个人追求同党的事业、国家命运、民族前途融合起来，为实现伟大复兴中国梦贡献青春力量，争做爱党爱国的热血青年。

在新时代，让雷锋精神补足我们精神上的"钙"，坚定我们热爱党、热爱祖国、热爱社会主义的崇高理想和坚定信念。一方面，在高校发挥思政课主渠道作用，让雷锋精神引导学生厚植爱国主义情怀，让爱国主义精神在学生心中牢牢扎根，自觉将自己融入国家发展大业中，在广阔天地中大有可为，大有作为，把爱国情、强国志、报国行统一起来，为推动党和国家事业发展、实现社会主义现代化强国目标贡献自己的一份力量。另一方面，在社会积极开展学雷锋志愿服务活动，在活动中践行雷锋全心全意为人民服务的精神，如在重大灾难面前，数以万计的志愿者奋战第一线；在大型赛事面前，不计其数的志愿者在幕后挥汗如雨。他们的行为都深深地打动我们，他们就是新时代雷锋精神最鲜活最具体的体现。他们不仅在活动中服务了人民，更在服务人民中坚定了理想信念，将雷锋精神内化于心，外化于行，带动人们广泛参与各种各样的学雷锋志愿服务活动，让雷锋精神的光芒愈加闪耀。

（三）做回报社会的践行者

雷锋精神之所以不朽，在于其广泛的实践性。不分职业、不分性别、不分贫富、不分时间地点，都能服务社会、回报社会，在成就大我中实现个人价值。在经历新旧中国转变的过程中，雷锋从苦难到新生，构成了他人生观和价值观的基础。对旧中国社会腐朽的憎恨和对新中国光明的热爱促使雷锋形成了爱党、爱国、爱社会主义的感情底色，萌生了服务人民、回报社会的思想，使他最终成为一名光荣的共产党员和解放军战士。雷锋所做的一切都是对国家、对集体、对人民有利的事情，他在有限的一生中做了数不尽的好人好事，用自己的实际行动，诠释了什么是无私奉献、什么叫乐于助人、什么是不负人民。

雷锋的拳拳爱国之心，值得当代大学生借鉴。学习雷锋精神，就是要深刻体会一名新时代青年对党、对国家的感恩之情、忠诚之心。在大学校园里刻苦学习知识、扎实掌握技能，在平凡的岗位上做出不平凡的业绩，以实际行动回馈党的恩情、报效国家的栽培。对于大学生来说，不管是不是党员，都要常怀感恩之心，知党恩、念党情，以实际行动为党和国家做出自己的一份贡献。学习和领会雷锋精神，学会雷锋精神在新时代被赋予的新内涵，把它当作为大学生的行为准则，并以这种行为准则作为精神旗帜，付诸实际行动去践行它。

正如习近平总书记所言，"雷锋精神，人人可学；奉献爱心，处处可为"，雷锋为人民树立起行为典范和道德标杆，他短短22年的生命证明了无论事情大小，只要做到就是有意义的，无论能力高低，尽其所能就是对社会的贡献。党的十九大报告提出了"培养担当民族复兴大任的时代新人"战略要求，新时代下，大学生更要奋斗进取、开拓创新、奉献青春，以坚定的理想信念和卓越的工作业绩回报党和祖国的培养。在参与爱心奉献、回报社会的过程中，更能将个人与集体、公民与国家联系起来，将党和国家的伟大事业与个人奋斗凝结成一个统一的有机整体，将中华民族的伟大事业推向新的高度。

雷锋精神中为实现共产主义伟大理想而奋斗的坚定信念与"思想道德与法治"课程"忠于革命，忠于党"的理念相结合，达成在平凡的岗位上做出不平凡的业绩的目标。首先，在课程绪论、第一章"领悟人生真谛 把握人生方向"、第四章"明确价值要求 践行价值准则"的教学中，要引导学生：处于社会主义新时代，要按照党的十九大报告提出的"培养担当民族复兴大任的时代新人"战略要求，在新时代奋斗进取、开拓创新、奉献青春，以坚定的理想信念和卓越的工作业绩回报党和祖国的培养。在此基础上，在第二章"追求远大理想　坚定崇高信念"、第三章"继承优良传统　弘扬中国精神"教学中引导大学生坚定科学信仰，胸怀共产主义远大理想，弘扬以爱国主义为核心的民族精神，并将弘扬民族精神与推进国家经济社会发展相结合，用实际行动展现出弘扬中国精神的青春风采。

第二节　坚守价值追求　弘扬雷锋无私奉献精神

"人的存在是追求生命价值和生活意义的存在，人类的历史是追求自己的目的的人的活动过程。因而对于人来说，'无价值'的生命和'无意义'的生活，是人的'存在的空虚'。"❶"人无法忍受'存在的空虚'和'自我的失落'，人更无法忍受连灵魂都不复存在的'彻底的空白，因而人以自己的超越性的生命活动去实现人生的自我超越'。"❷这说明只有对社会和个人有作用和意义的人的生命及其实践活动才是有价值的人生。个人人生活动是提高自我价值的过程，也是创造社会价值的过程。而奉献是人生价值的核心。在大学生中弘扬雷锋无私奉献精神，将自己的人生追求同国家发展进步紧密结合起来，这样的人生才是有意义的人生。

---

❶ 孙正聿.生命意义研究［M］.北京：北京师范大学出版社，2020.

❷ 孙正聿.生命意义研究［M］.北京：北京师范大学出版社，2020.

一、无私奉献与人生价值

无私奉献作为一种高贵的精神品质,历来被人们尊崇。马克思曾说过:"如果人仅仅为自己劳动,也许他能够成为著名的学者,伟大的智者,卓越的诗人,但是他永远也不能成为真正完善和真正伟大的人。"因此,一个人不仅要为自己劳动,更要力所能及地帮助他人,在奉献自己的力量的过程中实现自身的人生价值。

(一)无私奉献的内涵

私,本义是私人所拥有的"禾",后引申出自己、独自、私人等义;其反义是"公",有公共、共同之义,可以理解为不是自己的,没有私心的,"公"即"无私"。"奉",即"捧",意思是献给;"献",即"献祭",意思是把实物或意见等恭敬庄严地送给集体或尊敬的人。两个字合起来,奉献,就是"恭敬地交付,呈献,不求回报"。由此可见,"无私"是一种精神层面的认知,达到的是一种"忘我"的境界;"奉献"则是一种实践,强调用实际的行动将自己所拥有的恭敬地交付出去。因此,无私奉献在内涵上是精神认知和实践行动的统一体,其含义是个人舍弃自我的利益,为了国家的利益义无反顾地付出,无私奉献的最高境界就是个人为了国家的利益而奉献出自己的生命。

(二)无私奉献是人生价值的最高层次

什么样的人生才是有价值的人生?习近平总书记在继承马克思主义关于人生价值思想的基础上,站在党和国家发展全局高度,结合新时代赋予青年的光荣使命,对这一问题作出了全新的解答。他在2014年北京大学师生座谈会上的讲话中指出:"有信念、有梦想、有奋斗、有奉献的人生,才是有意义的人生。"在这里习近平总书记明确地告诉我们,信念、梦想、奋斗、奉献，构成了新时代青年人生价值的有机结构，这一全新的诠释体现了时代性、现实性、主体性的高度统一。

人生价值说到底就是人怎样活着才有意义，什么样的人生才值得过的问题。在一定意义上，人生的价值是人生的意义，评估人生"价值量"大小，可以理解人生的意义如何，理解人生意义的大小。人生的价值是在积极参与社会实践活动中实现的。一个人的价值是"从公"还是"从私"，是"忘我"还是"为我"，一直是我们思考和需要回答的问题。一个人的人生是否有价值，应该看他奉献什么，而不应看他得到什么，这样的人生才是有价值的人生。自觉履行对国家、对社会所承担的责任，有坚定的全局观念、整体观念，始终把国家、集体和人民的利益放在个人利益之上，都叫奉献。奉献是一种责任，一种境界，一种能力。毛泽东同志在1939年12月21日《纪念白求恩》这篇文章中曾这样说过："一个人能力有大小，但只要有这点精神，就是一个高尚的人，一个纯粹的人，一个有道德的人，一个脱离了低级趣味的人，一个有益于人民的人。"奉献是我们的坚定信念，是我们的执着追求，而无私奉献则是人生价值追求中的最高层次。无私奉献是共产党员最基本的素质要求，就是在人民需要的时候，敢于舍弃个人利益；在国家需要的时候，敢于舍弃小我。为实现中国梦而奋斗，在奋斗中奉献自我，这就是新时代青年人生价值追求及其表现的应有之义。

（三）无私奉献是大学生的优秀品质

习近平总书记在其关于大学生人生价值重要论述中多次鼓励大学生自觉奉献社会，为全面建成小康社会奉献智慧和力量。大学生是民族的希望、国家的未来，是社会主义现代化建设事业的接班人。大学阶段是其人生观形成的关键时期，人生观一经形成将会影响其一生，改变起来极其困难。因此，大学生尤其需要首先加强人生观方面的修养，树立奉献的人生观，在奉献社会中寻找自身的人生价值，争当合格的社会主义接班人。

奉献社会首先要处理好个人与社会的关系，积极承担社会责任。习近平总书记指出："得其大者可以兼其小。"这句话为大学生正确认识社会主义社会中的个人与社会的关系指明了方向。对于大学生而言，个人的人生要融入社会的发展和进步之中，也就是把个人追求和个人理想融入社会发展大局之中，在人生价值创造的过程中承担起相应的社会责任，在为社会的奉献中实现人生价值，这才是个人与社会的正确关系。

奉献社会还要练就自身过硬的本领。提升自身的能力是当代大学生投身于人生价值创造的重要条件和基础。因此，习近平总书记寄语青年"梦想从学习开始，事业靠本领成就"。中国青年要想为社会、为祖国作出新的更大的贡献，就必须以能力、本领为基石，在学习中提升认识能力，在实践中练就真本领。一是要掌握马克思主义的理论本领。大学生要在认真学习理解马克思主义基本理论的基础上，掌握马克思主义的基本立场、观点和方法，并在实践中灵活运用，做到科学认识客观事物，更好地理解和把握社会发展规律，使自己的认识和实践与国家和社会发展同频同谱同向。二是要掌握深厚的专业本领。"闻道有先后，术业有专攻"，由于人生的有限性，每个人只能选择一个领域或某几个相近的领域作为自己学习和研究的方向。而且当今社会分工日益精细化，对高层次专业技能人才的需求日益迫切，这就要求当代大学生努力学习科学文化知识和专业技能，掌握扎实的专业本领，习得真才实学，用自己的专业知识和技能为祖国建设服务。三是要掌握创新的本领。伟大事业都基于创新，习近平总书记指出："青年是社会上最富活力、最具创造性的群体，理应走在创新创造前列。"[1] 创新已越来越成为综合国力竞争的重要指标，创新决定未来。这就要求青年在学习和实践中，强化创新意识和创新能力的培养，掌握创新本领，以创新创造的丰硕成果贡献祖国，彰显不凡的人生价值。

---

[1] 习近平.在同各界优秀青年代表座谈时的讲话［N］.人民日报，2013-5-5（2）.

二、雷锋无私奉献精神

雷锋在日记中写道:"人的生命是有限的,可是,为人民服务是无限的,我要把有限的生命,投入到无限的为人民服务之中去。"❶ 这一充满哲理的话语是雷锋一生的写照。贯穿其中的实质与核心则是雷锋的服务人民、助人为乐思想。每当国家利益遭到损失,雷锋会挺身而出;每当人民群众遇到困难,雷锋又总是会倾力相助。雷锋用炽热的真情和实际行动诠释并实践着一名共产党员的承诺和担当。

(一)服务人民是雷锋精神的实质

人应该怎样活着?为谁而活?这是对人生意义的拷问。"我活着,只有一个目的,就是做一个对人民有用的人",雷锋对于这一问题的回答,映射出他的思想境界和人生价值走向。雷锋一生始终坚持人民利益至上,在他短暂的生命历程中,始终为我们诠释着为谁活着这一命题,人生的每一步都闪耀着为人民服务的孺子牛品质。他在日记里写道:"我们吃饭是为了活着,可活着不是为了吃饭。我活着是为了全心全意为人民服务,是为人类的解放事业——共产主义而斗争。"雷锋以人民至上为价值取向,全心全意践行为人民服务的宗旨。他把做对人民有用的人作为自己一生的座右铭,把自己定位为人民的勤务员,心中装着人民,誓死捍卫人民群众的利益。他正是用一件件平凡的小事成就了不平凡的人生,毫不计较个人得失,服务人民,甘于奉献,为共产主义事业奉献终身。他的事迹至今温暖着我们的社会,感动着我们的时代。

将雷锋奉献精神融入思想政治理论课教学,对于加强大学生思想政治

---

❶ 雷锋. 雷锋日记 [M]. 北京:解放军文艺出版社,1963.

教育，弘扬中国精神、凝聚中国力量，为实现社会主义现代化和中华民族伟大复兴的中国梦而团结奋斗，具有重要理论意义和实践价值。毛泽东同志撰写的《为人民服务》中，将为人民服务的思想作为共产党人崇高的道德思想品质。邓小平同志指出，全心全意为人民服务，一切以人民的利益为最高准绳，是中国共产党党员的任务。江泽民同志提出了执政为民的思想，明确提出"中国共产党要代表最广大人民的根本利益"。胡锦涛同志则提出了以人为本的科学发展观。习近平同志更是明确要求以人民群众的意愿和满意程度为衡量党和政府工作得失的标准。历代中国领导人的相关论述充分证明，作为共产党人，其共同确立的世界观、人生观、价值观就应该是为人民服务。因此，我们所提倡的雷锋精神，无论是在过去、现在还是将来，都是以为人民服务为核心的。在雷锋精神的感召下，各行各业英雄模范人物不断涌现，如李素丽、任长霞、郭明义等先进的优秀的共产党员，他们虽然从事不同职业，地处不同地区，但是他们的先进事迹中都体现了一个共同之处，那就是雷锋精神的核心：为人民服务。近年来，央视推出的系列公益节目，如感动中国人物的评选，都在一定程度上，宣传了为人民服务的思想。

（二）助人为乐是雷锋精神的具体体现

"雷锋出差一千里，好事做了一火车"，雷锋走到哪里，好事就做到哪里，温暖就送到哪里。他用自己的津贴给丢了车票的大嫂买票，他把自己的线衣送给淋雨发冷的小女孩儿，他送大娘找儿子，他教战友学文化，他为灾区捐款，他给小学生辅导功课……这些"微不足道"的小事，雷锋做了一生，他把自己当成滋润土地的一滴水，照亮黑暗的一线阳光，哺育生命的一颗粮食，坚守岗位的一颗最小的螺丝钉，勿以善小而不为，助人为乐，无私奉献就是雷锋毕生的信条，而助人为乐的宝贵品格正是雷锋精神重要的组成部分。助人为乐是中华民族传统美德的升华，更是社会主义社会公民道德精神的集中展现。每帮助别人解决一个困难，雷锋都会在他的日记中记录下他内心所体会到的"快乐"，这种"快乐"是"助人"的道德行为本身带来的精神愉悦。在雷锋看来，能够帮助他人解决困难，是他人生中"最大的快乐"。雷锋在帮助他人的行为中体验到人生真正的快乐，这种快乐在实际生活中表现为行动的自觉。当助人为乐的雷锋被人笑称"傻子"时，雷锋说："我要做一个有利于人民、有利于国家的人。如果说这是'傻子'，那我是甘心愿意做这样的'傻子'的。革命需要这样的'傻子'，建设也需要这样的'傻子'。"雷锋助人为乐的一生向我们揭示着个体幸福与德行完善的内在统一，揭示着个人幸福和他人幸福、社会幸福的内在关联。告别个体精神世界的荒芜和人情淡漠的社会关系，现代人必须警醒，以避免在物质主义、功利主义和个人主义中沉沦，同时，采取积极行动，走向他人，关爱他人，向他人伸出友爱之手。

三、做新时代奉献社会的"一团火"

《新时代公民道德建设实施纲要》中指出，要弘扬雷锋精神和奉献、友爱、互助、进步的志愿精神……广泛开展学雷锋志愿服务活动，引导人们把学雷锋志愿服务作为生活方式、生活习惯。推动志愿服务组织发展，完善激励褒奖制度，推进学雷锋志愿服务制度化常态化，使"我为人人、人人为我"蔚然成风。

（一）服务人民　书写人生华章

2021年春节团拜会上，习近平总书记发表重要讲话，激励全党全国各族人民大力发扬孺子牛、拓荒牛、老黄牛精神。其中，为民服务、无私奉献的孺子牛精神，实质是全心全意为人民服务。服务人民，要在思想和行动上见真章。全心全意为人民服务，是党的根本宗旨。坚持以人民为中心，是新发展理念的核心要义。我们要深刻领悟习近平总书记真挚的为民情怀，在学习中提高思想境界，在实践中锤炼坚强党性。勤勤恳恳耕耘在人民群众中间，少索取、多奉献，少为己、多为民，在工作岗位上默默挥洒汗水、升华人生。要始终把人民群众的利益作为一切工作的出发点和落脚点，坚持"发展为了群众，发展成果群众共享"，并以此检视我们的每一项工作，确保方向摆正、姿态摆正、步子迈稳。服务人民，要在服务群众和利民惠民上见成效。推动经济社会发展，归根到底是为了满足人民群众日益增长的美好生活需要。怀揣赤子心，甘为孺子牛。新时代弘扬雷锋精神，以雷锋同志为榜样，在日常生活中时常激励自我，用有限的生命创造出无限的价值，服务人民，书写人生华章。

大学生服务人民意识是高校大学生在对服务人民意识的正确认知和理解的基础上，认同服务人民的内在价值，并愿意自觉去弘扬和践行的一种精神意识。具体来看，它是大学生依据自己的意愿与兴趣，同时在不影响自身学业的情况下，利用自己的课余时间和精力，无偿自愿地贡献自己的专业知识和能力，对他人、社会、国家热情服务，助人自助、贡献爱心、相互协作的一种精神。它是大学生对当代社会价值和个人价值的正确认识和反映，体现当代大学生对美好生活的向往和追求，是当代大学生实现自我全面发展和社会全面发展的一种内在精神力量。

(二) 奉献社会　成就出彩人生

古人"先天下之忧而忧，后天下之乐而乐"的爱国忧民情怀，当代的集体主义原则与救灾抢险精神，无不体现着广大人民的无私奉献。奉献精神是爱国主义最好的表达，是国家兴旺发达的精神动力。当前，实现中华民族伟大复兴，应对国内改革和国际形势的各项挑战，培养时代新人，都必须大力弘扬奉献精神，鼓励奉献行为。社会生活的各个领域都需要奉献精神，奉献在一定程度上能缓解社会矛盾，解决社会难题，提高社会效益。无论社会发展处于什么历史时期，都存在很多艰苦的工作需要有人去做，也会有发生天灾人祸的时候。这样的情况下，以奉献精神为核心的各项志愿服务活动和献爱心等公益活动就会发挥不可替代的作用。近年来，国家呼吁青年建功新时代，到社会需要的地方奉献青春才智。大批志愿者走到贫困偏远的地区做奉献，推动了落后地区的发展，为解决我国社会主义初级阶段人民日益增长的美好生活需要和不平衡不充分的发展之间的矛盾出了力，使得区域、城乡的发展趋于协调，并逐渐缩小了与发达国家在经济、科技等方面的差距。此外，在诸如奥运会、世博会等国内外大型活动中，来自各个领域的志愿者无私奉献，为国家和社会节约了大量经济成本，极大提高了社会效益，促进了良好社会环境的形成。

奉献精神对提高个人精神境界和道德修养有着极高的价值。自古以来，中国知识分子便有"为天地立心，为生民立命，为往圣继绝学，为万世开太平"以及"天下兴亡，匹夫有责"的志向和传统，如此高尚的爱国奉献情怀是伟大而值得尊敬的。奉献社会，成就出彩人生。一个具有奉献精神的人，才能将爱人助人、服务他人、奉献社会作为自己长远的志向；才能摆脱狭隘的个人主义、功利主义、实用主义的不良思想，更好地引领社会良好的道德风气；才能不断认识自我、改造自我、发展自我，使自身日趋完善，实现全面发展。

（三）实现人生价值　创造无悔青春

马克思认为，"社会生活在本质上是实践的"[1]。服务人民的品格和无私奉献的精神作为物质基础决定的社会意识，其形成和发展来源于人类的物质交往活动。服务和奉献既有精神性的一面，也有实践性的一面，不仅体

---

[1] 中共中央马克思恩格斯列宁斯大林著作编译局.马克思恩格斯选集：第1卷[M].北京：人民出版社，1995.

现为理论层面的叙述，也需要依托具体的助人为乐与献爱心等实践活动来表现。大学生是思想活跃、愿意参与社会生活的群体，他们的奉献精神不该只是学校课本中的教学内容，更应该是走出校园、参与志愿服务和社会实践的具体形式。大学生服务人民、奉献社会的精神的发展遵循着历史的发展规律，它继承和发扬中华优秀传统文化中的奉献思想和雷锋精神的特质，又与时俱进地加入新的时代特征。大学生跟随时代进步而不断发展，其服务意识和奉献精神也会在社会变化与时代变迁中不断增添新的内涵和要求。党和国家在不同的历史时期对人才培养提出不同的要求，大学生奉献精神的弘扬与践行需要与时俱进地发展。当代大学生应当遵循和坚持习近平总书记的殷切期盼，"同人民一道拼搏、同祖国一道前进，服务人民、奉献祖国"。同样，奉献精神是具有时代性的精神，也是时代精神的组成部分，其形成和发展势必会打上时代的烙印。培育大学生奉献精神，扭转其做奉献的不良动机，帮助其抵御社会不良思想侵蚀，有助于大学生在做好事、献爱心的过程中陶冶情操，提升道德境界，使大学生人格不断完善，朝着健康方向发展。大学生在奉献中不断磨练意志、塑造品德、锻炼才干，实现"小我"到"大我"的飞越，用无私奉献彰显当代大学生的理想与担当，加深对国情和社会环境的认知，从而更好地融入社会，进一步明确自身所应承担的社会责任，在服务人民和无私奉献中实现个人的人生价值，创造无悔青春。

雷锋精神中投身民族振兴发展的无私奉献精神与"思想道德与法治"课程中第一章"领悟人生真谛　把握人生方向"、第五章"遵守道德规范　锤炼道德品格"第（一）（二）节教学相结合，要引导大学生树立全心全意为人民服务的中国革命道德和助人为乐的高尚品格，强调责任奉献，积极参与到志愿服务等公益性事业中，确立科学高尚的人生观。"赠人玫瑰，手有余香"，帮助当代青年在奉献中收获快乐，在服务中见证成长，在帮助中体现价值。

第三节　锐意进取创新　弘扬雷锋刻苦钻研精神

创新始终是推动人类社会发展的第一动力，而中华民族是富有创新精神的民族。在人类历史的长河中，变通求新、与时俱进等思想观念和实践活动为我国社会的发展提供前所未有的强劲动力。雷锋精神体现出来的锐意进取创新的优秀品质，越来越成为社会发展的关键因素。新时代的大学生置身于实现中华民族伟大复兴的时代洪流中，应把握时代脉搏，迎接时代挑战，增强创新创造的本领，将雷锋刻苦钻研的"钉子"精神贯穿于事件中、体现在行动上，勇做改革创新的实践者。

一、刻苦钻研与进取创新

刻苦钻研既是一种迎难而上的奋斗品质，也是一种勤于探索的创新精神。进取创新是国家及民族发展的不竭动力，体现了实践性、时代性、超越性的鲜明特征。在社会发展过程中，新时代青年尤其是当代大学生成长成才不可或缺刻苦钻研精神。因此，要重视刻苦钻研精神对当代大学生成长成才的重要作用，并用其引导大学生树立远大目标，提升大学生的精神境界，使他们真正成长为新时代中国特色社会主义的奋斗者。

（一）刻苦钻研的内涵

刻苦，即勤奋努力，不怕吃苦，是一种强迫自己探索的行为；钻研，即深入研究，对于未知的问题进行探索和更深层次的研究。刻苦钻研既是一种态度，又是一种精神。对于看不懂的字句、解决不了的问题，要反复揣摩，由表及里、由浅入深、由易到难，做到反复学、及时学，以一股子钻劲，学出精神、学出态度，钻得愈深，其进愈难，久久为功，方得真知。

（二）进取创新是民族发展的不竭动力

进取，即不懈不怠，追求发展，争取进步。创新，即运用已知的信息，不断突破常规，发现或创造某种新颖、独特的社会价值的新事物、新思想的活动。

创新是一个国家和民族发展不竭的动力。创新既需要内在驱动，又需要外部推动；既需要充分发挥人民群众的主观能动性，又需要政府的大力扶持。党的十八届五中全会提出坚持创新发展，把创新摆在国家发展全局的核心位置，不断推进理论创新、制度创新、科技创新、文化创新等各方面的创新，让创新贯穿党和国家一切工作，让创新在全社会蔚然成风。

人类文明的发展史就是一个不断创新的历史，中华民族的发展史同样是一个不断创新的历史。从西周时期的封建制度，到中国古代的四大发明，都是中国人民为人类政治制度和科技制度创新所做的重要贡献。近代以来，由于闭关锁国，故步自封，缺乏创新精神，结果被西方国家的洋枪洋炮打开了大门，中国沦为半封建半殖民地国家。改革开放以后，全国人民在中国共产党的领导下，以大无畏的决心和勇气，积极探索新的土地制度、企业管理制度以及科技发展制度，实现了国民经济快速发展。中国的改革开放历史就是创新的历史，在农村果断实行土地承包责任制，极大地激发了劳动人民的积极性和创造性，实现粮食连年增收，为中国工业化提供了大量的剩余劳动力，从而使中国真正走向了农业促进工业发展、工业反哺农业的现代化发展道路。可以说，新中国成立70多年来，从"一穷二白"的科技弱国成长为举足轻重的科技创新大国，走出了一条中国特色科技创新之路，为经济增长持续注入动力。从基础领域不断取得突破，化学、材料、物理等学科走在世界前列,到涌现出量子通信、载人航天、探月工程、北斗导航等一大批重大科技成果,中国科技创新事业成为全球创新版图日益重要的一环。

创新不是抛弃人类文明发展的一切成果,从头做起,而是充分借鉴其他国家的有益经验,结合中国的实际,建立更加完善的社会政治法律制度体系;创新不是跟在发达市场经济国家身后亦步亦趋,东施效颦,而是要在充分吸收人类文明发展成果的基础之上,走出适合中国发展的道路;创新不是在其他国家发明创造的基础之上修修补补,而是要在现代科学技术观念的引领下,实现突破性发展。综上,创新不仅是民族发展的不竭动力,同时也是实现中华民族复兴的必由之路。

(三)刻苦钻研精神是大学生的基本素质

作为新时代的大学生,有目标、有追求才能保持积极向上的精神面貌,具备战胜困难和挫折的无限动力。然而现今有的大学生自我学习时间少,效率低下,遇到困难就退缩,没有吃苦耐劳的精神,没有持之以恒的态度,重要的是缺乏刻苦钻研的品格。李开复对刚上大学的女儿说过:大学将是人生最重要的时光,最重要的不是学到的具体的知识,而是学习新事物和解决新问题的能力,这才是大学学习的真正意义,即大学并不是有些人认为的学习的终点,相反是人生自主学习的起点,大学生要培养独立钻研的能力,并为之奋斗形成刻苦钻研的精神。所谓独立钻研的能力,就是自学的能力,即独立地发现问题、分析问题及解决问题的能力。只有充分发挥主观能动性,才能系统地掌握专门的知识,完成由认识到技能、技巧的转化过程,从思想上不断认识自我、提升自我,为将来工作和生活打下坚实的基础。

刻苦钻研精神是大学生在长期的学习生活活动与社会实践中形成的心理素质,它在大学生调动自身力量去克服困难和挫折的实践中体现出来。

大学生的意志品质如何,直接影响着他的生活、学习和工作,对大学生们进行艰苦奋斗吃苦耐劳精神教育有助于坚定他们的理想,使他们遇到困难和挫折的时候能正确看待,保持刚毅的勇气和坚定的意志。❶ 韦秀英在《哈佛凌晨四点半》中指出:"在哈佛,学生的学习是不分白天和黑夜的,即使在半夜或者凌晨,整个校园也是灯火通明的,那是一座不夜城。餐厅里、图书馆里、教室里还有很多学生在看书,那种强烈的学习气氛感染着哈佛的每一位学子。"❷ 只有通过长期奋勇拼搏、锐意进取的磨炼,才能铸就健全的人格品性,获得独立钻研的能力。

二、雷锋"一颗钉"的刻苦钻研精神

雷锋勤于学习、善于学习,发扬善于"挤"和善于"钻"的"钉子精神",努力用科学理论武装自己、提升自己、完善自己,在学习中永不满足、永不停步。

(一)雷锋的"钉子"精神

雷锋1961年10月19日写下了一篇比较著名的"钉子"精神日记,其中有这样一段话:"要坚守在自己的岗位上。有些人说工作忙、没有时间学习。我认为问题不在于工作忙,而在于你愿不愿意去学习,会不会挤时间。要学习的时间是有的,问题是我们善不善于挤,愿不愿意钻。一块好好的木板,上面一个眼儿也没有,但钉子为什么能够钻进去呢?这就是靠压力硬挤进去的,硬钻进去的。由此看来,钉子有两个好处:一个是挤劲,一个是钻劲,我们在学习上,也要提倡这种'钉子'精神,善于挤和

---

❶ 程阳.90后大学生艰苦奋斗精神教育研究[D].南昌:南昌航空大学,2017.
❷ 韦秀英.哈佛凌晨四点半[M].合肥:安徽人民出版社,2012.

善于钻。"这就是人们广为称道的雷锋刻苦学习的"钉子"精神。我们在学习上，也要提倡这种"钉子"精神，即善于挤和善于钻。

我们都知道雷锋是一个对党和事业有热情有激情的人，他脸上洋溢着微笑、身上有一股使不完的劲，可谁想到，先天不足的小个子也给他造成许多苦恼。雷锋刚刚入伍时参加新兵训练，在实弹投掷考核中，他拼尽了全身的力气，也没有将手榴弹扔过及格线。为了不影响全班的成绩，雷锋每天天不亮就起床练习投弹和双杠，胳膊练肿吃饭连筷子都拿不起来。而且当时的环境也很艰苦，北风似狼一样地嚎叫着扑面而来，那扬起的雪粒扑打在脸上像刀割一样疼，冰冷的双杠凉得刺骨，他忍耐着；汗水浸透了衣服，北风吹来，寒意入骨，他坚持着。就是这样日复一日的练习，雷锋凭着他刻骨钻研的"钉子"精神，终于在实弹考核中取得优异的成绩。他克服了一个又一个困难，摆脱了个子矮的先天不足，放大了自己的能量，成为一个不平凡的战士。

（二）雷锋锐意进取的品质

雷锋既是一个踏踏实实的实干家，又是一个锐意进取、勇于探索的创造者。他每到一个新的工作岗位，都能很快适应，成为行家里手，得益于他有一种刻苦学习、勤于钻研的劲头和锐意进取、自强不息的创新精神。雷锋驾驶的抗美援朝时期苏联生产的嘎斯51型汽车，是全连有名的"耗油大王"，节油运动中谁也不愿意开。雷锋主动要求开这辆车，他翻阅许多专业书籍，请教许多行家里手，不仅安全行车2.6万公里，还把"耗油大王"改造成"节油标兵车"。他还针对连队缺少教练车的现状，带领战友们做了一个模拟汽车驾驶台，被推举为技术学习小组长。正是凭着这种善于挤、善于钻的"钉子"精神以及锐意进取的品质，雷锋很快成长为岗位上的标兵。

雷锋热爱学习，善于学习，把学习视为一种精神追求，当作实现人生价值和赶超先进的重要途径。雷锋认为："要想工作好，就得学习好。工作和学习的关系就像点灯加油一样：点灯不加油，就会变得暗淡无光，只有不断加油，灯才会亮。人只有不断地努力学习，才不会迷失方向。"雷锋学习《毛泽东选集》，加强理论和政策学习，并把它作为自己的行动指南；学习方志敏、白求恩、董存瑞、黄继光等革命先烈和先进模范的事迹，把他们作为自己的奋斗目标和行为镜鉴；积极向师傅学习技术，不断创新工作方法，提高工作效率。通过坚持不懈的学习，雷锋在知识、技能和思想境界上都有了很大的提升。在学习中雷锋表现出他的"钉子"精神，善于"挤"和"钻"，就是靠这样不起眼的"挤"和"钻"，不断提升自己的思想认识，不断实现自我超越。"我要像松树那样，不怕风吹雨打、严寒冰雪，四季常青。我要像柳树一样，插到哪里都能活。"❶这是雷锋自我激励的铮铮誓言，他主动离开稳定、舒适的工作环境，到祖国最需要的地方去，在苦难的环境中磨砺意志、砥砺品行。他说："真正的青春，只属于那些永远力争上游的人，属于永远忘我劳动的人，属于永远谦虚的人。"❷

雷锋学习上的"钉子"精神，工作上的精益求精和敢闯敢干，生活上的勤俭节约和艰苦奋斗，面对困难和挫折时的永不低头、迎难而上的乐观主义，面对成绩和荣誉时的谦虚谨慎和不骄不躁，以及对革命事业的高度热情和力争上游的精神，充分体现出奋发向上的进取锐气。雷锋的这种品质和精神，对加强党的作风建设，实现中华民族伟大复兴的中国梦具有重要现实意义。

---

❶ 雷锋.雷锋日记[M].北京：解放军文艺出版社，1963.
❷ 雷锋.雷锋日记[M].北京：解放军文艺出版社，1963.

三、做新时代进取创新的"一颗钉"

雷锋精神不仅是一种宝贵的精神财富,而且具有实践意义。它照亮了一代又一代青年的人生道路,激励着一代又一代的中国青年树立全心全意为人民服务的宗旨,为中华民族的伟大复兴贡献力量。因此,在新的时代背景下,学习和弘扬雷锋同志刻苦钻研、进取创新的精神品质是当代青年义不容辞的责任与使命。

(一)珍惜时光 不负韶华

雷锋在其日记中曾说道:"青春啊,永远是美好的,可是真正的青春,只属于这些永远力争上游的人,永远忘我劳动的人,永远谦虚的人。"❶雷锋用22岁的短暂一生树起了一座令人景仰的精神丰碑,他不仅是一个时代的榜样,更是一种精神的传承,可以说,雷锋把最美好的青春奉献给了最伟大的事业。青春是一种精神状态,而不是单指人生的某个时期。在枪林弹雨的革命年代,由平均年龄不到28岁的青年所组成的红军队伍,最终取得了长征的胜利;在社会主义建设时期,为抵制帝国主义的武力威胁,有志青年选择隐姓埋名毅然归国,将青春奉献在深山戈壁;在只争朝夕的改革岁月,最美奋斗者廖俊波、曲建武等一大批优秀党员在青年时期就立志为祖国奉献一生,书写了不平凡的成绩。现如今,中国仍不乏勇担国家大任的青年,例如"蛟龙号"总设计师、潜航员叶聪,付出常人十倍百倍的努力,让大国重器落地;"嫦娥"团队中那些"90后"的年轻人,同先辈合作将中国的兔子送上月球背面;哈工大那群二十几岁的青年,成功在轨抢救回了"龙江二号"并拍下了被世界称赞的"最棒的地月合照"……这些走在时代前列的年轻人,完美地诠释了什么是"振兴国家,不负韶华"。

---

❶ 雷锋.雷锋日记[M].北京:解放军文艺出版社,1963.

习近平总书记指出:"人的一生只有一次青春。现在,青春是用来奋斗的;将来,青春是用来回忆的。"新时代是一个英雄辈出的时代,青年人正逢其时。时代大潮已经浩浩荡荡涌来,再遇"百年未有之大变局",作为新时代青年应该续写雷锋故事,摆脱迷茫、找准方向、克服慵懒、成就梦想,趁着壮志犹存、热血尚在,以"不可一日无觉醒"为鞭策,挺直腰背,破浪前行,练就过硬本领,志存高远、脚踏实地,努力从书本中汲取智慧和营养,在实践中增长才干和本领,做到知行合一,以真才实学服务人民。青年一代要不负青春、不负韶华、不负时代,珍惜时光好好学习,掌握知识本领,树立正确的世界观、人生观、价值观,系好人生第一粒扣子,走好人生道路,以实现中华民族伟大复兴为己任,立大志、明大德、成大才、担大任,努力成为堪当民族复兴重任的时代新人,自觉树立和践行社会主义核心价值观,追求更有高度、更有境界、更有品位的人生,让清风正气、蓬勃朝气遍布全社会。

(二)积极进取 勇于开拓

无论是在工作中还是在生活中,雷锋总有一种无穷的动力,就是要钻进去、吃透它,通过学习钻研,不断地丰富和提升自己。他曾说道:"我愿做高山岩石之松,不做湖岸河旁之柳。我愿在暴风雨中——艰苦的斗争中锻炼自己,不愿在平平静静的日子里度过自己的一生。"❶雷锋只有小学文化程度,但是在22年的短暂生命中却做出了那么大的成绩,成为全国人民学习的楷模,靠的就是积极进取、勇于开拓的精神品质。

雷锋以短暂的一生谱写了无比壮丽的人生诗篇,树起了一座令人景仰的思想道德丰碑,是全国人民学习的光辉榜样。新时代学习雷锋积极进取、勇于开拓的精神品质,首先,要紧跟时代步伐,提高站位、开阔视

---

❶ 雷锋. 雷锋日记 [M]. 北京:解放军文艺出版社,1963.

野，敢于上下求索、开拓进取，全面掌握先进知识，并自觉致力于经济社会发展各领域创新，要坦然面对困难，欣然接受挑战，以顽强的意志、不懈的努力，敢于压倒一切困难而决不被任何困难所压倒的气概，攻坚克难、施展才华，为中国特色社会主义事业作出力所能及的贡献。其次，要勇于实学实干，既要仰望星空，又要脚踏实地，把理想信念付诸于实践行动，努力发扬螺丝钉的"挤"劲和"钻"劲，精益求精，对待学习及工作常怀敬畏之心，全身心投入。最后，要保持积极的人生态度、良好的道德品质和健康的生活情趣，加强实践工作锻炼，端正心态，多接触、多接受、多运用新事物，追求更有高度、更有境界、更有品位的人生。

（三）自强不息　做时代改革先锋

习近平总书记强调，雷锋是时代的楷模，雷锋精神是永恒的。实现中华民族伟大复兴，需要更多的时代楷模，我们既要学习雷锋的精神，也要学习雷锋的做法，把崇高理想信念和道德品质追求转化为具体行动，爱岗敬业、无私奉献、锐意进取、自强不息，全心全意为人民服务，争做时代改革先锋。

新时代创造更大业绩，需要激发更多人干事创业的激情，需要让改革精神代际传承并内化为每一个有志者奋勇搏击的内生动力。1978年，中国开启了改革开放的伟大征程，从农村到城市，从试点到推广，改革的精神一脉相承。四十多年的改革开放，将历史性变革和成就写在广袤大地上，中华民族也迎来从"站起来""富起来"到"强起来"的伟大飞跃。我们用几十年的时间走完了发达国家几百年走过的工业化历程，一代代人敢闯敢试、敢为人先的改革精神让不可能成为可能。四十多年中，一大批勇立时代潮头、锐意改革创新、敢于实践探索的先锋模范涌现出来，他们不仅是改革开放的见证者，更是参与者和推动者。改革开放无止境，未来任务更艰巨、挑战更严峻，作为新时代的青年，要成为担当中华民族伟大复兴大任的时代新人，不仅要在成长成才过程中掌握足够的本领和技能，更要将雷锋精神内化于心、外化于行，力争成为一名新时代的奋进者，通过奋斗实现人生幸福，不断提升自己的精神境界。习近平总书记在 2021 年新年贺词中提到："征途漫漫，惟有奋斗。我们通过奋斗，披荆斩棘，走过万水千山。我们还要继续奋斗，勇往直前，创造更加灿烂的辉煌。"❶ 面对改革发展大潮，新时代青年要以时不我待、只争朝夕的精神，自强不息、锐意进取，争做时代先锋，在祖国大地高歌猛进的时代进程中谱写新篇章。

雷锋精神中锐意进取的精神与"思想道德与法治"中第三章"继承优良传统　弘扬中国精神"第（三）节与第二章"追求远大理想　坚定崇高信念"第（三）节教学内容作为铺垫，引导学生树立正确的择业观和创业观，积极响应国家号召，适应社会发展需求，在创业中磨炼意志、砥砺前行、艰苦奋斗、勤俭节约。在此基础上，通过结合第四章"明确价值要求　践行价值准则"，第五章"遵守道德修养　锤炼道德品质"中第三节"遵守社会公德"和"恪守职业道德"，引导学生要像雷锋那样怀着永不自满的谦虚品格和锐意进取、自强不息的创新精神，锤炼过硬本领，争做时代先锋。

第四节　凝聚共同力量　弘扬雷锋团结协作精神

人心齐，泰山移。独脚难行，孤掌难鸣。这说的是只要团结，就一定能战胜困难，创造奇迹。团结一致，在社会发展中高扬集体主义情操，思想上渴望摆脱束缚与压迫的梦想相连。雷锋将个人看作"一滴水"，将集

---

❶ 国家主席习近平发表 2021 年新年贺词［N］. 北京：人民日报，2021-1-1（1）.

体这个大家庭看作无数水滴汇集成的海洋，并用自己的一生去诠释一滴水的团结协作精神。大学生要培育自己的创新能力、团队协作能力，凝聚力量，共同为社会主义建设事业添砖加瓦。

一、团结协作与集体主义

（一）"和"是中华优秀传统文化的本质内涵

"和"是中华传统文化的核心理念，既贯穿于我国千百年来的历史进程，也体现在当今社会发展的诸多方面。总体来看，"和"是调节人与自然关系的自然观思想，是支配社会结构调整的内在动力，是治国安邦的统治哲学，是人际关系和社会群体发展的理性规范，也是个人道德修养的标准。简言之，"和"有和平、和睦、和谐之意，具体体现在人们处理与自然、社会、人际以及自身心灵关系的基本理念和行为准则，无论是精神层面还是实践层面，"和"所展现的最根本、最核心的是人文主义精神。在中华优秀传统文化中，"和"所代表的就是"天时不如地利，地利不如人和""和衷共济"等思想。总结来说，就是要将不同的东西和谐地排列组合到一起，让一切客观事物达成相互依存、相互贯通的统一体，世界处于和谐状态。有了这样的目标，就需要在发展的过程中，依据道德的规范，让人们有意识地达到意志、行动、情感上的和谐统一。

《礼记·中庸》中写道："中也者天下之大本也，和也者天下之达道也。致中和，天地位焉，万物育焉。"在古人看来，每个人在社会大团体中的作用都是独一无二的，尤其是在做事情、处理各种关系的过程中更要做到适中。人的工作和生活，小到家庭，大到整个社会，总是处于一定的关系之中，人们又有着爱好、性格、利益上的差异。古人所谓"致中和"，就是以和、团结为目标，在社会大机制之中每个人都应该遵守道德的规范，各处其位、各得其所，严格要求自己，对自己的言行有所节制，尽到自己的责任和义务，避免影响他人的利益和感情。所以，在一定程度上，"和"不仅是处理好人际关系的重要法则，更是符合社会大发展整体机制的重要目标。

（二）团结协作是人类社会的共同追求

团结精神是习近平总书记凝练的中华民族伟大民族精神，中华儿女团结一心，在面对艰险时紧紧凝聚在一起，展现了齐心协力、风雨同舟的积极精神状态。中国人民讲团结，认为团结协作是一切事业成功的基础，是立于不败之地的重要保证。实际上，团结不只是解决问题的方法，也是积极向上的道德品质，集中体现了人们的集体智慧，是现代社会生活中不可缺少的一环。

叔本华曾说过："单个的人是软弱无力的，就像漂流的鲁滨逊一样，只有同别人在一起，他才能完成许多事业"。可见，团结协作是解决困难的最好办法，与其孤军奋战，不如团结起来，共同取胜！在过去的半个多世纪，共产党人面对民族大义之时，具体表现为同心同德的民族向心力。"面对国家和民族生死存亡，全体中华儿女同仇敌忾、众志成城，奏响了气吞山河的爱国主义壮歌。"❶ 全党全国各族人民紧密团结在党中央周围，高举中国特色社会主义伟大旗帜，时刻保持团结奋进的姿态，勇于迎难而上。在新中国成立之后，中国共产党坚持引导群众、动员群众、团结群众，积极进行社会主义建设，创造了经济长期快速增长和社会长期稳定的奇迹。

人是具有群体性和社会性的，在日常工作、学习生活中，人们无法摆脱与他人的交往过程。对个人来讲，处理好与同事之间、上下级之间、邻

---

❶ 习近平. 在纪念中国人民抗日战争暨世界反法西斯战争胜利75周年座谈会上的讲话[M]. 北京：人民出版社，2020.

里之间、家庭成员之间的关系，就意味着营造了美好和谐的社会氛围，时刻体会着人和人之间的情谊和温暖。但处理不好这一点，在意志、行动和情感上产生分歧、冲突，其结果必然是因闹矛盾、搞内讧导致困难重重，集体分崩离析。孔子说"君子和而不同"，强调的是求同存异。在团体之中，差异和分歧的存在是正常的，要达到团结和谐，不是取消不同意见，而是在不同意见之中发现共通之处，发挥个体的长处，和谐相处，共同进步并使得集体事业发展。

山川异域，风月同天。只有全国各族人民携起手来，团结友好，互信互利，才能应对复杂的风险挑战，建设好美丽的祖国，为实现中华民族伟大复兴的中国梦奠定坚实基础。

（三）集体主义是社会主义道德的基本原则

集体主义是社会主义道德的基本原则和价值导向，在加强社会主义道德建设、引领社会风尚和集聚气势磅礴之力攻坚克难等方面具有强大功用。集体主义在不同方面所反映的思想内涵也有所不同：作为一种道德原则，强调集体利益高于个人利益；作为一种哲学思想，强调人民群众创造历史；作为一种财产制度，维护社会主义公有制；作为一种政治学说，主要体现为社会主义民主集中制。❶作为客观历史进程的产物，集体主义不是一成不变的，而是保持其质的规定性的前提下，随着经济社会的发展进步而发展变化。在新时代，集体主义焕发出了新的风采，为决胜全面建成小康社会及夺取新时代中国特色社会主义伟大胜利提供更强大的精神动力与道德滋养。

首先，集体主义是人类社会本质的必然选择。以社会为本位，在人与社会的统一中确立共同的价值目标。其中，人是促进社会发展的决定力

---

❶ 王易，朱小娟.罗国杰集体主义思想研究［J］.思想理论教育导刊，2016（12）：40-47.

量，社会提供人们发展自我的客观条件，在社会和个人相互依存中，要明确社会整体高于个体，没有社会就没有单个的"人"。社会不是无数个体的简单集合，而是每一个个体的存在样式。人与社会的发展相辅相成，人类社会的本质最根本就在于社会的规定性，所以，在整个社会发展过程中，坚持好集体主义的价值原则，人类社会才得以更好地延续和发展。

其次，集体主义也是调节个人与社会利益的基本原则。在社会主义条件下，将集体主义原则置于最高地位，正确处理好个人利益同社会利益、集体利益、国家利益之间的关系，要求坚定维护社会、国家的整体利益，舍小家，为大家。在新时代更加要求个人与集体之间形成辩证统一的过程。在这一过程中，重视人的共性发展，提高个体的道德素养，为我们养成良好的社会主义道德品质打下坚实基础。

二、雷锋"一滴水"的团结协作精神

（一）雷锋的自律意识

所谓自律是指仅仅依靠自我克制的能力，严格要求自己，变被动为主动，主动遵循规范并约束好自己的一言一行。简言之，自律就是克制自己，按照一定的规范行事。从个体自身建设层面说，雷锋精神包含着他自己努力追求至善的品质。在这一过程中，他是坚强的自律主义者，始终严格要求自己，形成了他坚韧不拔的品格。

首先，他勤俭节约，艰苦奋斗。雷锋同志秉承着中华民族艰苦奋斗的民族精神，一针一线都要为祖国留下，这与他儿时的苦难经历分不开，也与他个人的自我修养有很大联系。在日常的生活与工作中，他积极向党员同志看齐，以他们的行为为标杆，反对贪图安逸、铺张浪费的行为，树立了质朴的生活态度，这是他追求高尚的道德品格的表现。其次，他言行一致，表里如一。雷锋是一个勇于探索的实干家，他从不撒谎，从不说大话套话，而是说到做到，身体力行，通过点滴小事就足够证明他内在思想的伟大与崇高。他坚持理想与现实相一致，决心为共产主义奋斗终身，又把实现崇高的理想落实到本职岗位上，理论联系实际，实现了无论在思想境界上还是在自我行动力上的严格统一。最后，他追求崇高，不断学习。他始终明白学海无涯的道理，无论条件有多艰苦，他都在不断地学习，不仅学习书本，也注意深入实践，明确实践出真知的道理；不仅学习普通的文化常识，还注重理解学习社会主义革命理论，提出了"钉子精神"，即要善于"挤"和善于"钻"，在有限的时间里完成提升自己的重要任务。"落后就要挨打"的真相在中国近代史展现得淋漓尽致，我们不能沾沾自喜，必须时刻谨记追求新知的重要性，大力发扬"钉子"精神，明确"知识就是力量"，不断充实、提高、完善自己，在全社会范围内进行学习型社会的建设，提高我国公民的整体知识素养。

（二）雷锋的集体主义思想

在马克思看来，个人与社会之间属于种属关系，其中，个人是社会的个人，不能离开社会而单独存在，而社会是个大集体，包括了无数个体的存在。从人的自然属性来说，我们每个人要想维持自我生存发展，就必须从大自然和人类社会中不断得到物质，而从人的社会属性来讲，要想实现自身的发展就必须在社会发展的过程中与不同的人们形成一定的社会关系，组成一个又一个的共同体，来面对自然界给予我们的各种挑战。因而马克思指出："人的本质不是单个人所固有的抽象物，在其现实性上，它是一切社会关系的总和。"❶ 所以，个人的发展水平一定要放在整个社会的发展进程中来进行衡量。

---

❶ 中共中央马克思恩格斯列宁斯大林著作编译局.马克思恩格斯选集：第 1 卷［M］.北京：人民出版社，1995：60.

正确处理个人与集体的关系体现出了个人的道德品质与能力。在马克思看来，只有在集体之中，个人才能够得到发展，自身的价值也能够充分展现。因此，集体利益高于一切，个人利益必须要为集体利益让步，有时甚至还要牺牲个人利益。我们说雷锋同志是集体主义信念忠实的信仰者。首先，每个个体都是集体必不可少的一部分。要重视个人的作用，个人的细微区别也将给整个集体带来巨大的变化，充分发挥出每个人的价值，为集体的发展进步提供保障。其次，究其根本，个人利益与集体利益是一致的。雷锋同志以实际行动为向我们展现了他的选择。树立起集体主义的责任观，一切以党、国家、人民的利益为重，热爱集体，融入集体，献身集体。以集体主义精神来鼓舞自己，这是起点，也是终点，是重点，也是难点。他在工作期间，即使历经多次工作变动，无论工作地点在哪里，依然勤勤恳恳、忠于职守、任劳任怨，祖国哪里有需要，他就会像颗钉子一样扎根在那里，干一行，爱一行，钻一行，将个人与祖国的繁荣发展视为相辅相成的关系，齐头并进，共创美好。最后，当集体利益受到外在威胁时，要牺牲个人利益，维护好集体权益，以大局为重，以集体的荣辱为根本。作为一位共产党员，雷锋有着坚定的共产主义信仰，从他入伍的第一天起，就以黄继光，董存瑞等革命将士为榜样，以"生为人民生，死为人民死"作为自己的信条，"时刻准备着为党和阶级的最高利益，牺牲个人的一切，直至生命的终结"，不可置喙，他始终坚定共产主义信仰，以无私奉献、敢于牺牲的精神品质，作为他鞠躬尽瘁、前仆后继的精神支撑和动力源泉。

三、做新时代团结协作的"一滴水"

"如果你是一滴水，你是否滋润了一寸土地？如果你是一缕阳光，你是否照亮了一分黑暗……"滋润万物的从来都不是一滴水，而是无数滴水汇聚的结果，新时代我们更要向雷锋同志学习，明确自己只有积极融入一汪水的团体之中，才能真正发挥自己的价值与能力，在社会发展的历程中充分发挥自身的光和热，为社会主义发展贡献力量。

（一）牢固树立大局意识

树立大局意识，首先必须正确认识大局。习近平总书记强调："必须牢固树立高度自觉的大局意识，自觉从大局看问题，把工作放到大局中去思考、定位、摆布，做到正确认识大局、自觉服从大局、坚决维护大局。"❶大局观是每位学生必须具备的基本素养，正确认识大局，就是培养学生在社会发展的过程中对整体概况的思考。

古人讲，不谋全局者不足以谋一域，不谋万世者不足以谋一时。应牢固树立大局观，将自身的发展置身于整个社会的发展进步之中。首先，加强思想政治工作。市场经济的发展容易导致人们自发地追求物质利益，而要促使人们真正认识到自己的利益所在，特别是意识到长远利益和整体利益，并团结起来为之奋斗，这是不容易的。要通过思想政治教育工作，使人民群众认识到包括他们自身利益在内的整个社会的利益，认识他们当前的活动和整个共产主义事业的关系，自觉把握社会发展的客观规律，树立大局意识，了解全局，在大局思想指导下行动，使局部利益服从整体利益，眼前利益服从长远利益，个人利益服从集体利益、国家利益。其次，要树立战略思维。战略思维要求思想敏锐、目光远大，具有"放眼世界，放眼未来，放眼当前，放眼一切方面"的世界眼光和长远视野。要善于从全局和长远思考问题，善于在关键时刻作出战略决策，以小见大、见微知著，在解决突出问题时实现战略突破，在把握全局的过程中推进各项工作。最后，要冲破利益固化的藩篱。在深化改革过程中服从整体利益，服

---

❶ 习近平.办公厅工作要做到"五个坚持"[J].秘书工作，2014，(6)：4-8.

从全局需要,把国家、民族的利益放在第一位,必要时牺牲个人的利益,真正履行"随时准备为党和人民牺牲一切",决不能囿于原有的个人利益或小圈子利益,患得患失。雷锋同志在工作与学习的过程中,着眼于大局,善于将自身的荣辱放于整个国家的大集体之中,在社会发展的历程中不断突破自身,听从党和人民的安排,坚持做好人民的勤务兵。

(二)增强集体主义观念

集体主义精神是中华民族精神的重要组成部分,是中国发展壮大所依靠的关键力量。在不同历史时期,中华儿女都紧密团结在一起,推动经济的发展与建设。随着中国特色社会主义进入新时代,集体主义精神具有了丰富内涵和新的表现形式,展现出助力建设社会主义现代化国家、实现中华民族伟大复兴中国梦的特有价值。充分发挥新时代集体主义精神的功能价值,必须开展好新时代集体主义精神培育工作,在正确的教育引导、实践的体悟养成、完善的体系保障中保障集体主义精神的培育。

其中,集体主义精神的培育必须发挥实践的创造功能。首先,在个人与集体的关系处理中养成集体主义观念。日常工作生活中难免会遇到个人需要与集体要求冲突、个人利益与集体利益矛盾的情况,要帮助人们理顺关系、化解矛盾,在实际问题的解决中体悟个人和集体的密切联系,养成集体主义精神。正如恩格斯强调的:"就单个人来说,他的行动的一切动力,都一定要通过他的头脑,一定要转变为他的意志的动机,才能使他行动起来。"❶ 思想政治教育者要善于把握教育契机,着力开展集体主义精神培育,在社会整体之中发挥出自己的力量。其次,在中国特色社会主义建设实践中养成集体主义精神。在社会主义社会,人民当家作主,国家利

---

❶ 中共中央马克思恩格斯列宁斯大林著作编译局.马克思恩格斯选集:第4卷[M].北京:人民出版社,2012.

益、集体利益和个人利益根本上的一致，使集体主义成为调节三者利益关系的重要原则。❶无论是国家运行还是发展目标实现都依靠和需要广大人民参与中国特色社会主义建设，像雷锋那样做集体主义精神的坚实守护者，始终以集体利益为重，舍小我、为大我，在积极投身于社会主义现代化建设事业中实现自己的人生价值。

（三）做和谐共赢的主力军

"中国哲学一向崇尚共存、共享、共赢，'海纳百川，有容乃大'。"在全球化的今天，和谐是个人实现自由而全面发展的关键，是人类追求的最高理想。和谐社会的科学内涵不仅成就于人与自然的和谐之中，而且成就于人与社会、人与人的和谐之中。总之，社会需要和谐，要求矛盾的双方或多方能够在社会统一体中相互包容，协调运作，进行良性转化和融合，始终使社会处于富有生机和活力的状态之中。

青年一代是开创和谐社会的主力军。一个社会是否和谐，一个国家能否长治久安，很大程度上取决于社会成员的思想道德素质，尤其是青年的思想道德素质。但是，大学生思想觉悟的提高和道德品质的形成，仅靠理性的提高是不够的，还必须在实践中接受教育和锻炼。要在大学生中广泛开展社会公德、职业道德、家庭美德教育，引导他们积极参与青年志愿者、"青年文明号"、手拉手、青年文明社区、青年文化节等精神文明创建活动，在参与过程中学会负责，学会选择，促进良好社会道德风尚的形成。大学生还应积极参与文明社区建设，在当地驻军、厂矿、居委会、敬老院建立社区服务基地，通过这些共建活动，既能使大学生提前了解社会，也能使学生通过劳动提高自己为人民服务的本领和道德修养，从而坚定学好知识、报效祖国的信念。这些道德实践有助于青年学生摆正自己与

---

❶ 公民道德建设实施纲要［M］．北京：人民出版社，2001．

人民群众的关系，亲身感受人民群众的劳动和奉献，坚定社会主义信念，真正参与到构建社会主义和谐社会这一伟大事业中来。雷锋同志作为青年党员，在工作中勤勤恳恳，在生活中乐于助人、与人为善，在不同活动中展现了自己团结协作、认真负责的工作态度。我们应继续发扬雷锋精神，积极面对社会发展现状，明确和谐共赢方能和合共生，为构建和谐的社会而不断努力奋斗。

和平与发展成为时代的主题，现代社会经济全球化全面发展，促使世界各个区域人们紧密地联系在一起。以科学发展观与和谐共赢的思维方式来认识世界和解释世界，这是现行社会发展的必要条件。随着全球化的深入推进，人类既享受着现代文明和高科技成果，也能携手共同应对全球性问题。所以，构建和谐社会，共筑和谐世界，追求人类美好的明天，成为人们的一种诉求，尤其对于青年来讲，要坚定地树立和谐共赢的理念，使多元主体都能更加紧密地联系在一起，以便共同应对现代人类生存与发展问题上面临的危机。

雷锋精神中团结协作的精神与"思想道德与法治"课程第四章"明确价值要求 践行价值准则"教学相结合，引导和帮助大学生充分认识到青年价值取向的重要性，在全社会培育和弘扬社会主义核心价值观使命担当，同时，结合第五章"遵守道德修养 锤炼道德品质"第一节中"坚持以集体主义为原则"，提高青年为人民服务的意识，深化认识到社会主义道德本质，正确处理国家、集体、个人三者之间的关系，在社会主义实践过程中内化为自身的精神追求，外化为自觉的实际行动，凝聚奋进力量，担起时代重任，做和谐共赢的主力军。

第五节　锻造工匠品质　弘扬雷锋爱岗敬业精神

工匠品质是指工匠所具有的职业精神、职业品质。其实质在于对所从事工作以专心执着、精益求精的态度，力争将工作做到尽善尽美。雷锋的干一行爱一行专一行精一行的爱岗精神，是我们应提倡和发扬的职业精神。当前，我国正处于百年未有之大变局，急需一大批高素质人才来建成社会主义现代化强国。通过深入学习雷锋精神中的爱岗敬业精神，培养大学生树立正确的职业道德意识，锻造工匠品质，从而更好地为社会服务。

一、爱岗敬业与工匠品质

人民创造历史，劳动开创未来。在我国五千多年的文明史上，离不开劳动人民的创新发展，这些都源于人们对爱岗敬业品质的代代传承。新时代所倡导的工匠品质，不只是传统意义上的工匠精神，更是一种对产品精雕细琢、精益求精、追求完美的职业道德精神。而对工匠精神的创新发展源自无数个爱岗敬业的能工巧匠对产品品质孜孜不倦的追求。新时代的大学生更要努力拼搏奋斗，以大国工匠为榜样，焕发劳动热情、厚植工匠文化、恪守职业道德，干出无愧于时代的业绩，干出无悔于人生的精彩，争做逐梦前行、不负韶华的新时代工匠。

（一）爱岗敬业的内涵

爱岗敬业可以理解为爱岗的热情与敬业的态度。爱岗，就是指热爱自己的工作岗位，热爱自己的本职工作。敬业，就是严肃认真地对待自己的本职工作，勤勤恳恳、兢兢业业并忠于职守。在中国古代，思想家们就非常提倡敬业精神，孔子称为"执事敬"，朱熹解释敬业为"专心致志，以事其业"。在一个人的工作中，如果他全身心地投入他的工作中，即使在最平凡的岗位，也可以做出不平凡的事业。爱岗与敬业的精神是共通的，是相互联系的。爱岗以敬业为基础，敬业是爱岗的具体表现，爱岗和敬业二者相互作用，不爱岗就很难做到敬业，不敬业也很难说是真正的爱岗。

爱岗敬业精神不仅要求我们履行好本职的责任和义务，做到脚踏实地，干一行就要爱一行，还要求我们将自己的职业发展成兴趣，将爱业变成乐业，以消除对日复一日相同工作内容的倦怠感和疲乏感。思想引导实践，如果可以将工作发展成为兴趣爱好，即使再苦再累，也可以体验到忘我的快乐境界，乐在其中并甘之若饴。

（二）新时代的工匠精神

党的十九大报告明确指出，建设知识型、技能型、创新型劳动者大军，弘扬劳模精神和工匠精神。工匠精神是时代精神的生动体现，包括爱岗敬业以及专注两个方面，其核心不仅仅是把工作当作赚钱的工具，而是树立一种对工作执着、对所做的事情和生产的产品精益求精、精雕细琢的精神。❶"天下大事，必作于细""炮制虽繁必不敢省人工，品味虽贵必不敢减物力""初心在方才，恐尺在匠心"……工匠精神不是因循守旧、拘泥一格的"匠气"，而是在坚守中追求突破、实现创新。不论是政治方针还是经济策略，无论是教育指导还是社会发展，工匠精神始终是中华民族创新前进的重要精神源泉。在新时代，大力弘扬工匠精神，有助于个人、社会的和谐发展，对于实现"两个一百年"奋斗目标、实现中华民族伟大复兴具有重要意义。

---

❶ 付守永. 工匠精神：向价值型员工进化［J］. 摩托车信息，2019（5）：88.

新时代召唤工匠精神，在面对激烈的竞争与外部严峻环境的威胁与考验下，中国匠人们要积极探索，勇于创新，努力开拓新局面，创造出不凡的产品，实现自我价值。因此，中华民族的伟大实践急需具有工匠精神的社会先进楷模把新发展理念贯穿于每一项工作，在业务上做到一丝不苟、精益求精，对于每一项平凡的工作都能做到勤业精业。要实现"两个一百年"的奋斗目标，就需要全社会共同努力，需要每一位公民以主人翁的姿态勤业精业，为中国特色社会主义现代化这一"高楼大厦"的建造添砖加瓦。

（三）爱岗敬业是大学生必须树立的职业道德意识

"爱岗敬业"精神作为人类社会中最为普遍的奉献精神，是指每个人都能认真对待自己的工作岗位，对自己的岗位职责负责到底，热爱自己的工作岗位。职业道德教育是大学生综合素质教育的必然要求，爱岗敬业是职业道德的基础和核心。大学生是未来职业人才的主力军，习近平总书记强调："实现中华民族伟大复兴，必须依靠知识，必须依靠劳动，必须依靠广大青年。"❶ 实现中华民族伟大复兴的中国梦是人民群众的共同追求和美好期盼，是国家的梦、民族的梦，也是新时代大学生的梦，这迫切需要加强广大学生的爱岗敬业意识，以促进当代大学生辛勤劳动、踏实工作，锐意进取、勇于创造、敢于创新。新时代大学生是建设中国特色社会主义现代化、推进中华民族伟大复兴的先锋队和主力军，是担当民族伟大复兴大任的力量源泉。面对复杂的国内外形势以及严峻的时代挑战，新时代大学生必须坚持知行合一，践行爱岗敬业的职业道德。实现民族复兴的中国梦是一项伟大艰巨且复杂的事业，当代大学生只有具有"爱岗敬业"的良

---

❶ 习近平.在知识分子、劳动模范、青年代表座谈会上的讲话[N].人民日报，2016-4-30.

好工作态度,才能实现个人就业、乐业、精业、晋业,才能通过个人辛勤工作实现实实在在的梦想。因此,培育大学生的爱岗敬业精神并将其融入职业信念教育是摆在我们面前亟待解决的一项任务。

正因如此,在新时代下,大学生需要以爱岗敬业的职业道德意识为行动指南,志存高远、坚定理想、奋力前行,自觉把人生理想、家庭幸福融入国家富强、民族复兴的伟业中,做新时代的追梦人,积极承担责任,努力托起"中国梦"。

二、雷锋的爱岗敬业精神

雷锋精神内涵中的爱岗敬业精神,指的是干一行、爱一行、专一行、精一行的敬业精神。干一行爱一行的职业情感,是敬业精神的基础;专一行精一行的职业追求,是敬业精神的特征。雷锋立足本职、恪尽职守、精益求精,是爱岗敬业的鲜明典范。无论在任何时代,雷锋精神的爱岗敬业一直在时代长河中熠熠生辉,永远值得我们学习。

(一)雷锋"干一行爱一行"忠于职守的工作态度

敬业是指一个人对工作的态度,哪怕是最不起眼的小事,也要负责任地把它做好。雷锋曾说:"现在我是为自己干事,就应该多干点。"雷锋向来强调"干一行爱一行"的工作态度,他一直以主人翁的态度来对待自己从事的每一份工作,无论是通讯员还是拖拉机手,无论是普通鞍钢工人还是部队战士,他都尽其所能将每一份平凡而普通的工作做到极致。无论从事什么工作,在什么岗位,他都把炽热的热情投入工作之中,这一切都是雷锋精神中爱岗敬业的生动体现。可以说,雷锋是新中国平凡而伟大的工匠,为我们树立起了爱岗敬业的光辉榜样。

"对待同志要像春天般的温暖,对待工作要像夏天一样火热,对待个人主义要像秋风扫落叶一样，对待敌人要像严冬一样残酷无情。"❶ 这是大家熟知的一句雷锋名言，这句话中"对待工作要像夏天一样火热"生动形象地体现了雷锋对于每一份工作的热爱。敬业是以爱岗为前提的，因为热爱工作岗位，才能激发对工作的热情，为努力工作提供动力，只有这样才能贡献高水平、高质量的业绩，以达到积极投身于社会主义伟大实践，实现自我价值的目的。在任何时期，总有一些人，总觉得自己的工作、学习枯燥、平凡、没意思，站在这山望着那山高，见异思迁，不安心本职工作，因而工作中标准不高，要求不严，缺乏激情，没有创新意识。这种精神状态和工作态度，早晚会落伍掉队。学习雷锋，就要学习雷锋坚守本职岗位，兢兢业业，干一行爱一行的爱岗敬业精神，在岗位上尽心竭力为社会主义现代化建设服务。

（二）雷锋"专一行精一行"的螺丝钉精神

"如果你是一颗最小的螺丝钉，你是否永远坚守你生活的岗位？"❷ 这是雷锋在日记中的一段话，它告诉我们，无论在什么样的岗位，无论做着什么样的工作，都要以"螺丝钉"精神，发挥自己最大的能力，作出最大的贡献。纵观雷锋一生，他始终具有一种积极主动的生活态度，对新中国、新生活充满无限热爱和美好向往。面对工作，雷锋服从组织分配，热爱本职工作，在每一个工作岗位上他都能尽忠职守，甘居平凡岗位。从雷锋所处的历史环境来看，雷锋所具有的爱岗敬业精神与当时社会存在相适应，反映了个人意愿与国家需要的高度统一，成为当时鼓励人们在平凡的岗位上埋头苦干、忘我工作的精神力量。无论在何种岗位，雷锋都义不容辞地肩负起岗位所赋予他的光荣职责，担起中国特色社会主义建设的历史

---

❶ 雷锋.雷锋日记[M].北京：解放军文艺出版社，1963.
❷ 雷锋.雷锋日记[M].北京：解放军文艺出版社，1963.

使命。

雷锋能够服从组织安排、热爱本职工作,"专一行精一行",对待工作以身作则,对待自己高标准、严要求。新时代下,雷锋这种"专一行精一行"的螺丝钉精神体现着从业者服从性与选择性的统一。一个人只有将个体选择与国家和人民的需要结合起来,才能实现自我价值与社会价值的统一。为实现中华民族伟大复兴中国梦,当代共产党人正需要这种恪尽职守、兢兢业业、敢于担当的精神,引领我们积极投身于中国特色社会主义的伟大实践。如果全体中华儿女都能牢记自己的职责,扛起自己的使命担当,那么中华民族伟大复兴便指日可待。

三、做新时代爱岗敬业的"一块砖"

新时代新征程,就需要凝聚新的力量。"空谈误国、实干兴邦",敬业是实干的基础,是社会主义核心价值观之一,是新时代奋斗者的鲜明底色。在社会主义建设时期中,雷锋真正做到了革命的"一块砖",哪里需要哪里搬。新时代弘扬雷锋"一块砖"的爱岗敬业精神,需要大学生立足本职,忠于职守,坚持艰苦奋斗,努力做一颗永不生锈的"螺丝钉",为新时代中国特色社会主义伟大实践贡献自己的力量。

(一)立足平凡 忠于职守

在雷锋短暂的生命中,他从事过多项平凡的工作,乡里的通信员、县委的公务员、农场的拖拉机手、鞍钢的推土机手、弓长岭焦化厂的工人以及解放军战士。无论是何种工作、何等职业,雷锋都能坚持立足本职工作,牢记初心,践行使命,忠于职守。由此可见,坚定理想信念,确立崇高职业理想是人们实现职业愿望的精神支柱和力量源泉。思想觉悟、道德水准以及人生观决定着一个人的职业理想方向;而能力水平则决定着一个人的职业理想追求的层次。在我们实现中华民族第二个百年奋斗目标的进程中，每个人在从业期间都要坚定社会主义理想信念，树立崇高的职业理想，充分发挥自身主观能动性，脚踏实地提升自己，立足于自己的实际工作，尽职尽责，勇于担当职业职责，践行初心，担当使命，推进中华民族伟大复兴。

在新的历史条件下，大学生要不断加强马克思列宁主义、毛泽东思想特别是习近平新时代中国特色社会主义思想的理论学习，坚定共产主义理想信念。在面对诸多诱惑的情况下，更应立足于本职工作，勤勤恳恳，将个人理想同国家理想有机结合，总结经验，开展批评与自我批评，将理想融入日常的具体实践中，矢志不渝为共产主义远大理想奋斗。

（二）任劳任怨　勤恳敬业

任劳任怨、勤恳敬业体现在我们每一个平凡工作的日常中，体现在每一个普通的岗位上，如果我们人人都能成为一个勤恳敬业、履职尽责的人，把工作当成一种享受，把工作当成一种使命，就会无愧于时代，无愧于国家，无愧于人民。这就要求作为社会主义建设者的大学生必须充分发扬勤恳敬业的优秀职业品质，不辞辛苦、任劳任怨，树立以脚踏实地为荣、以好高骛远为耻的职业态度，使其懂得尊重劳动的新时代职业观念，通过高校大学生职业道德规划这一课程对大学生进行职业劳动教育，来影响大学生在职业选择中，不仅关注自身的兴趣爱好，更要找寻能实现自己远大理想、发挥自己专业特长并富有创造力的工作。

在新的历史条件下，各行各业奋起赶超。作为新时代的大学生，创新发展是大学生们义不容辞的使命。大学生只有在平凡的岗位上不畏奉献、勤恳敬业，积极投身于新时代中国特色社会主义建设这一伟大实践，在每一个平凡的岗位中发挥出自身价值，贡献出自己的力量，才能实现中华民族伟大复兴这一伟大梦想。

（三）精益求精　执着创新

爱岗敬业精神的内涵之一就是精益求精、执着创新的职业精神，其本质在于雷锋的"螺丝钉"精神。雷锋是一个时代的楷模，雷锋精神是永恒的。我们学习雷锋精神，就要学习雷锋精神中爱岗敬业的职业理念，将个人理想信念追求同国家崇高的共产主义理想结合起来，结合当前的时势创新发展自己的本职工作，在新时代做一颗永不生锈的"螺丝钉"。

不管时代怎么变迁，我们从未缺失过这种精益求精、执着创新的精神。在社会主义建设的伟大实践中，有许许多多的先进模范人物向我们展现了这种"螺丝钉"精神。从默默奉献的"两弹元勋"们到"生也沙丘，死也沙丘，父老生死系"的焦裕禄，从恪守"振兴中华，乃我辈之责"的黄大年到以田头为办公室而为世界解决粮食短缺问题的科学家袁隆平……他们都在自己的领域专心致志谋事、聚精会神做事、兢兢业业干事，在他们身上均体现了雷锋的"螺丝钉精神"。他们都坚定不移地以中国特色社会主义远大理想为目标，激励自己创新发展，亮出了独特的核心绝活，倾力干出了骄人的工作业绩，展现了无限的人格魅力。

雷锋的"螺丝钉精神"从未过时，现在和将来更是需要。一个人就是一粒种子，而正是因为众多的种子扎根泥土默默奉献，才夯筑起中国特色社会主义的强大根基，才支撑起我国改革开放的巍峨大厦。实现中华民族伟大复兴，需要更多的时代楷模。只有在这种精益求精、执着创新精神的感召下，才能激励广大干部群众融入改革发展的伟大事业之中，也只有当广大大学生群体把党的召唤作为自己的目标志向，发挥这种精益求精、执着创新的职业精神，把人民的需要作为自己的理想追求，把中国特色社会主义建设的任务作为自己的行动指南，真正做到爱岗敬业、奉献乐业、倾心精业，我们才能奋进新征程、建功新时代、创造新业绩，使自己成为一颗永不生锈的"螺丝钉"。

将雷锋精神中爱岗敬业的精神与"思想道德与法治"课程中第五章"遵守道德修养　锤炼道德品质"中"恪守职业道德"教学为主要结合点，融合第一章"领悟人生真谛　把握人生方向"中确定大学生正确的人生观、价值观，引导学生学习雷锋无论面对何种职业，都表现出兢兢业业、恪尽职守、忠实履职的敬业精神，并且自觉认为自己只是整个革命大机器上的一颗"螺丝钉"，为革命事业和经济建设献出应尽之力。在自身职业发展过程中，遵守职业生活中的道德规范，敬重自己所从事职业的道德操守，像雷锋那样干一行、爱一行、专一行、精一行，立足本职，认真负责，刻苦钻研，求真务实，忠于职守，精益求精，像一颗"螺丝钉"拧在哪里就在哪里闪闪发光。

第六章　新时代雷锋精神的实践教学

把雷锋精神纳入高校思政课教育的重要内容，是贯彻落实习近平总书记关于高校"要坚持把立德树人作为中心环节，把思想政治工作贯穿教育教学全过程，实现全程育人、全方位育人，努力开创我国高等教育事业发展新局面"和"学校是开展学雷锋活动的重要依托，青少年是学习雷锋精神的重要群体，要通过开展学雷锋活动，进一步抓好青少年思想政治教育，让学雷锋活动在广大青少年中蔚然成风，让雷锋精神代代相传、发扬光大"❶的重要指示，努力培养担当民族复兴大任的时代新人，培养德智体美劳全面发展的社会主义建设者和接班人的重大举措，是一项希望工程、时代工程。

新时代雷锋精神的理论教学和实践教学，是高校用雷锋精神立德树人的重要环节，是用雷锋精神建校育人的关键所在。这是两个同一层次、密切联系、相互衔接的教学活动，二者不可或缺，只有同向发力、融合发展，才能使雷锋精神融入高校思想政治理论课的育人功能最大化、成果最大化。

---

❶ 翟元斌，宋绍甫.雷锋学校的新时代刻度［J］.雷锋，2021（3）.

第一节　新时代雷锋精神实践教学的原则和意义

为了实现高校立德树人的根本任务，高校必须充分发挥其思想文化建设作用，提高思政课的实效性。新时代雷锋精神教学不仅需要依靠思政课理论教学对雷锋事迹、雷锋精神的灌输，而且需要把实践教学作为实现雷锋精神融入思政课理论与实际统一的重要途径，这对于提升思政课教学的整体实效具有关键作用，也决定了雷锋精神实践教学的根本地位。只有结合有效的实践教学，才能使雷锋精神融入思想政治理论课的教学成效，真正达到内化于心、外化于行的境界。

一、新时代雷锋精神实践教学概述

明确新时代雷锋精神实践教学和理论教学的关系，是深入开展雷锋精神实践教学的首要前提。把握雷锋精神实践教学的基本特征，是深入开展雷锋精神实践教学的题中之义，应在实践教学的不断推进中丰富实践教学的具体形式。

（一）雷锋精神实践教学与理论教学的关系

雷锋精神实践教学作为思政课教学体系的重要一环，能够通过实践活动，使学生加深对在理论课中学习的雷锋事迹、雷锋精神的理解、感悟，提高在新征程学习雷锋榜样、传承弘扬雷锋精神的思想自觉和行动自觉。为了更好地进行雷锋精神实践教学，必须以其内涵为切入点，解决对雷锋精神实践教学在认识上存在偏差的问题，把握其基本特点，理解其重要意义，为不断丰富其具体形式和建立并完善其实践教学体系做好准备。

1.实践教学的内涵。

如何给实践教学下定义，学术界并没有统一的标准。但是因为实践教学具有鲜明的实践性，多数学者认为根据教学方式的差异性为其下定义更具有可信性，由此实践教学也就被定义为狭义实践教学与广义实践教学。

狭义的实践教学，也称为传统的实践教学，它将实践教学与课堂教学完全分离，认为只有脱离课堂，在社会中进行的实践活动才是实践教学，在课堂上进行的辩论、案例分析等不属于实践教学，只承认实践教学的社会性。

广义的实践教学指的是一切脱离理论教学，学生自己亲身上阵的教学方式，无论是课堂上的演讲与辩论，还是课堂外的参观红色景点、进行社会志愿服务等，都属于实践教学。

狭义的实践教学强调了教学的社会性，以教学场所是否在社会来定义实践教学，这种划分是不准确的。而广义的实践教学强调教学的实践性，却忽略了其社会性要求，这种划分方式失之偏颇。

笔者认为，真正的雷锋精神实践教学，应该同时具备社会性和实践性。学生作为实践教学的主体，通过听学雷锋先进模范、雷锋文化学者的雷锋事迹、雷锋精神的报告、讲座等，在教师的指导下，通过学雷锋志愿服务等具体生动的实践活动，在为社会精神文明建设作贡献的同时，不断升华对雷锋精神的认识，从而提高自己的政治素质和文化素质，成为有崇高信仰和坚定信念的社会主义合格建设者。

雷锋精神实践教学的实质是寓教于"行"，也就是通过教师与学生的共同参与，在实践中完成思想政治理论课的任务、达到思想政治理论课的教学目标。教师利用教与学的组织形式，组织开展不同主题、不同形式的学雷锋实践活动，引导和激励学生在实践活动中主动参与、认真思考，获得学雷锋的直接体验，感悟雷锋精神的伟大隽永，不断深化自己的思想素养和道德素养,像雷锋那样崇德向上、关爱他人,像雷锋那样做人做事,自觉走雷锋成长的道路。

2. 新时代雷锋精神实践教学的内涵。

新时代大学生的雷锋精神教育,是高校思政课的有机组成部分,也是广义的雷锋精神教育。但必须明确,新时代大学生的雷锋精神教育和广义的雷锋精神教育,在教育对象、教育实施主体、教育内容和教育方法途径等方面存在着较大差异。无论是广义的雷锋精神教育还是狭义的雷锋精神教育,大学生均是学雷锋活动的主体。因此,对大学生开展雷锋精神教育是学雷锋活动的核心和基础。

新时代大学生雷锋精神教育的时代意义,在于引领和培育、促进新时代的大学生个体政治信仰、道德观念和行动践履的选择、形成、确立和养成过程。这一过程只有在大学生在校期间,才能系统而有序地展开。所以,新时代大学生的雷锋精神教育,有自身的特点、规律和优势,即新时代大学生的雷锋精神教育具有基础性、层次性、实践性和时代性等特点。

第一,新时代大学生雷锋精神实践教育的基础性。新时代大学生雷锋精神实践教育的基础性特点,主要体现在大学生群体是学雷锋活动的主体,大学生持续开展学雷锋活动,可以带动社会其他行业和群体共同参与,对形成助人为乐、无私奉献的社会风尚,起到引领和示范的基础性作用。"学校是开展学雷锋活动的重要依托,青少年是弘扬雷锋精神的重要群体。"新时代大学生雷锋精神教育内容具有基础性的属性。雷锋是时代的楷模,以全心全意为人民服务精神为主要内涵的雷锋精神是一个具有丰富层面的价值体系。对大学生而言,首要的是要学习和践行雷锋精神的基础性内容,即崇高信仰和坚定信念、爱党爱国热爱人民。在此基础上,对大学生中的先进分子,应当要求学习和实践更高层次、更高标准的雷锋精神。

大学生实践雷锋精神的途径也具有基础性,除了课堂教学之外,新时代大学生的雷锋精神教育，应从最基础开始，结合自身的学习、生活、立德、人际交往等最基础、最真实、最直接的生活情景，学习和践行雷锋的做人做事、"钉子"精神、先人后己、无私奉献、助人为乐等精神。

第二，新时代大学生雷锋精神实践教育的差异性和层次性。雷锋精神实践教育的差异性和层次性，是指新时代大学生雷锋精神实践教育要从大学生个体之间存在的思想认识和道德践履、认知能力、个人性格等差异出发，遵循思想政治教育规律和大学生个性发展规律，对思想认识和道德水平不同的同学设定不同的教育起点和教育目标，采取不同的教育方法，有针对性、分层次地进行。

新时代大学生雷锋精神实践教育的层次性，也体现为教育内容的层次性。雷锋精神是一个具有丰富内涵的价值体系，呈现出政治、思想、道德、品质、工作、意志、修养等层次性，如果采用一刀切或整齐划一的方式整体推进，势必因不适合大学生个体实际情况而流于形式或影响效果。由此，要针对不同学生或同一学生的不同阶段，选择适合的层次内容进行学习和实践，只有这样，才能提高新时代大学生雷锋精神教育的实效。

第三，新时代大学生雷锋精神实践教育的实践性。这属于教育方法，也属于教育目标，它特别强调了新时代大学生雷锋精神教育实践的重要性。其含义有二：一是指在教育方式上，除了课堂教学、报告讲座等雷锋精神教育的主渠道之外，实践、体验也是非常重要的教育方式，二者相互衔接，从理性和情感等多个角度进行教育才会取得好的效果；二是在教育目标上，不仅要通过教学、报告讲座等途径传授雷锋精神理论形态的内容，而且更重要的是通过活动实践、体验等环节，培养大学生践行雷锋精神的行为能力和践履能力，真正达到把理论教育和实践教育结合起来，所谓"学雷锋见行动"。雷锋精神本身就是理论和实践的结合，如"雷锋出差一千里，好事做了一火车"，就是对雷锋精神实践性的生动形象写照。可以说，自觉地学雷锋行动、实践等行为养成，才是真正对雷锋精神的弘扬,这也是雷锋精神教育的重要目标。

第四,新时代大学生雷锋精神实践教育的时代性。新时代大学生雷锋精神实践教育时代性的含义有以下两点:首先是指教育内容的时代性。雷锋精神具有时代性和拓展性,它的强大生命力表现在随着时代的发展而被赋予新的内涵。在新的历史条件下弘扬雷锋精神,就要不断赋予雷锋精神以新的时代内涵,使之成为引领和激励广大高校学生认真学习科技知识、提高综合素质、成为德智体美劳全面发展的社会主义事业建设者、奋力开拓中国特色社会主义事业新局面、实现中华民族伟大复兴的强大精神力量。其次是教育方式的时代性。这主要有两方面的因素需要考虑:一是大学生的时代性,不同时代大学生的个性特点、知识结构、思想观念、接受和行为方式等存在差异,对教育方法有着自身的要求;二是社会发展带来的教育者的教育观念、教育途径和载体等的新变化,也会影响教育方式和方法的供给和选择,适应时代要求的教育方式和方法更利于达成好的教育效果。

综上所述,新时代大学生雷锋精神的实践教育,就是对新时代大学生为什么教育雷锋精神的价值、意义和如何教育雷锋精神等问题的系统回答。新时代大学生雷锋精神的实践教育,具体而言就是指高等学校的教育者根据新时代"实现'两个一百年'奋斗目标""实现中华民族伟大复兴的中国梦"的时代号召和客观要求、结合新时代大学生的成长、发展规律,以雷锋精神内涵为基本内容,充分利用和发掘校内外、课堂内外各种有利资源,有计划、有组织地采用报告、讲授、实践等途径,使新时代大学生成长为像雷锋等先进人物一样的中国特色社会主义合格建设者和可靠接班人的教学实践活动。

3.新时代雷锋精神实践教学与理论教学的关系。

实践教学与理论教学既相互统一,又相互对立。在实践教学中,学生占主体地位,教学过程以学生在实践过程中的经验获得为主;理论教学则是教师传授书本上的理论知识，学生作为知识的接受者，在教学过程中更为被动。但是从本质上说，两者具有共同的教学目标和教学任务，统一于思想政治理论课教学过程中。实践教学是实现理论与实际统一的重要途径，与理论教学相辅相成，有助于实现思政课理论性与实践性的统一。

实践教学与理论教学统一于实践中。"知行常相须，如目无足不行，足无目不见。"认识与实践就像人的眼睛和脚，只有眼睛看到路也无用，只有脚看不到路也无法前进。无论是干巴巴的说教，还是理论与实际的脱节，都是当代大学生最讨厌的教学方式。

正确认识高校思政课中雷锋精神教育的理论性与实践性之间的关系，是提升雷锋精神教学质量所必须面对的重要问题之一。实践教学作为实现理论与实际统一的重要途径，必须做到以实践为辅促理论之成，才能真正贯彻落实好习近平总书记提出的思政课创新原则与方法，解决好思政课用雷锋精神"培养什么人、怎样培养人、为谁培养人"这一根本问题。

第一，高校思政课雷锋精神实践教学以雷锋精神理论为指导，建立在理论教学基础之上，理论教学才是思想政治理论课教学的本质。我国高校思政课的主干课程都是以马克思主义理论为指导，提升大学生的独立思维能力，使其树立正确的世界观、人生观和价值观。用雷锋精神教学育人，实质上解决的是"培养什么人"和"为谁培养人"的问题。大学生作为共产主义接班人、社会主义的建设者，必须从根本了解社会主义，相信共产主义，怎样像雷锋那样做人做事，因此雷锋精神理论教学在思想政治理论课雷锋精神教学中的核心地位无可争议。

第二，雷锋精神实践教学是雷锋精神理论教学的辅助手段。只用报告、讲座和理论教学方式，一味地给学生灌输雷锋事迹和雷锋精神，会增强学生的厌烦甚至反叛心理，使得效果收效甚微。此时，"怎样培养人"这一问题就显得尤为重要。让学生将理论教学所学的知识在实际生活中发挥价值，给理论教学"一定的实践性"，不仅可以帮助学生更好地理解、感悟雷锋精神，也让学生在实践过程中进一步感知、深化雷锋精神，并充分发挥自己的主观能动性，"身临其境"地将报告、讲座和课堂中听到的雷锋事迹、雷锋精神转化为自己学习的实践与收获，真正使学生在学雷锋的实践中达到理论与实际相统一的目的，提高学习和践行雷锋精神思政课的实效性。总之，雷锋精神报告、讲座等理论教学，告诉大学生雷锋是一个什么样的人，新时代为什么要学雷锋、怎样学雷锋，而雷锋精神实践教学活动，则让在校大学生在具体活动实践中进一步感知感悟雷锋精神，从而进一步提高学雷锋的现实自觉，真正做到像雷锋那样坚定对马克思主义的信仰，树立科学的世界观和方法论，成为对社会有益、能担当民族复兴大任的时代新人。

（二）雷锋精神实践教学的显著特征

把握雷锋精神实践教学的特征，是高校进行雷锋精神实践教学的首要前提，要深入了解雷锋精神实践教学的基本属性和特征。

1. 雷锋精神实践教学的基本属性。

要想正确构筑思想政治理论课雷锋精神实践教学这一育人平台，就必须用它自身的特殊属性，将思想政治理论课雷锋精神实践教学与其他相似概念区分开来，让我们对它有更加清晰的认识，为发挥其作用而打好基础。思想政治理论课雷锋精神实践教学有以下三个基本属性。

第一，实践性。实践性是区别思想政治理论课雷锋精神实践教学与理论教学的根本之处，是解决制约思想政治理论课苍白无力"瓶颈"的制胜法宝。开展思想政治理论课雷锋精神实践教学，既是对思想政治理论课雷锋精神理论教学的延伸和补充，又可以让学生摆脱枯燥、单纯的说教式教学，让陌生、丰富的雷锋事迹、雷锋精神活起来。学生以主体地位参与雷锋精神实践教学活动，在活动中可以获得独特的体验，并深化对雷锋精神的理解，拓展思想和行动学习雷锋榜样、传承雷锋精神的广度和深度。同时，也有助于提高学生在参与实践活动中，像雷锋那样不断提升自我认知能力和道德素养。

第二，课程性。课程性这一特征可以用来区分思想政治理论课雷锋精神实践教学与大学生的一般社会实践活动。高校里大学生课程众多，校园生活丰富，有各种各样的社会实践活动，这些活动可以起到锻炼学生能力、提高学生素质的作用。但并不是所有实践活动都可以称为思想政治理论课雷锋精神实践活动。思想政治理论课雷锋精神实践教学是隶属于思想政治理论课的一种教学方式，有鲜明的思想政治理论课程特征。它是围绕用雷锋榜样、雷锋精神对大学生进行思想政治教育的内容展开的，目的是实现思想政治理论课立德树人的目标。

第三，社会性。社会性这一特征主要用以区别思想政治理论课雷锋精神实践教学与理工农医类的专业实习。理工农医类的专业实习，主要是通过各类专业性的实习增强学生的实践技能，侧重培养学生的专业技能，也就是从做事的角度进行培养，是为日后进入社会，从事相关工作打好专业基础。而思想政治理论课雷锋精神教学，是以学生为主体实现学雷锋具体实践的重要途径，是依托实践教学实践活动这一载体，从立德树人、培根铸魂的角度进行的。学生通过雷锋精神实践活动，在像雷锋那样服务社会、关爱他人的同时，愉悦自己的身心，走进社会、感受社会，进一步培育社会责任感和使命感。

2.雷锋精神实践教学的特征。

与传统课程相比，雷锋精神实践教学活动具有较强的独立性，通常呈现出如下特征。

（1）具有综合性

主要体现在以下两个层面：首先是内容具有综合性。从教学客体角度而言，雷锋精神实践教学活动面向的客体较为单一，大多仅针对某一特定的领域。但是，如若从雷锋精神的内容为出发点进行分析，则可发现它将政治、经济以及思维等多项内容涵盖在内，综合性较强。其次是以实现全方位的综合发展为目标。与传统教学中侧重于提升某一能力不同，在雷锋精神实践教学活动中，追求政治、思想、品质、修养、能力等多方面的提升。

（2）具有现实针对性

进行雷锋精神实践活动的最终目的，就是以理论与实践相结合的教学方式，引领和培育当代大学生在面临错综复杂的百年未有之大变局的新时期，具有崇高信仰和坚定信念，增强堪当一代重任的时代新人责任感，提高综合能力素质，以自身所学为基础，并将之应用于实现中华民族伟大复兴的伟大实践中去。与传统教学模式相比，其具有诸多优点。

（3）具有双向性

通常情况下，也可将双向性看作学校与社会之间的双向沟通。在雷锋精神实践活动过程中，既要考虑到学生主体的理解、接受程度，还应该充分意识到教学活动中外界事物以及社会环境的重要性。在教学过程中，雷锋精神实践教学基地不仅提供实践教学所需的场所，还邀请学雷锋先进模范、雷锋文化学者，同指导教师一起参与雷锋精神实践教学的教学计划制订，在教学任务结束后进行总结，教学基地还负责信息反馈等。这确保了雷锋精神实践教学场所的安全可靠性，大大提高了教学的针对性和实效性。

（4）实践教学具有开放性

以核心目标及最终任务为出发点，对雷锋精神实践教学活动进行分析可以发现，这并非一个"闭门造车"的过程，而是在各方面都是开放的。其一，在于活动的范围、环境没有固定不变的边界；其二，在实践教学过程中并未施加限制，因此对于学生而言，并不需要按照要求进行实践活动，在最大限度上确保了学生的积极性以及发挥主观能动性。在面临实际问题时，学生群体能够以自身意识为出发点，采用不同形式、不同方法来解决自身对雷锋的思想、精神和认知等问题。综上，无论是在教学形式、内容还是过程及结果等方面，雷锋精神实践教学活动均具有一定的开放性特点。

（三）雷锋精神实践教学的具体形式

雷锋精神实践教学以具体的形式为载体，分为几种不同的常用类型：课程实践教学、校园文化实践教学、社会实践教学和虚拟实践教学。

1. 雷锋精神实践教学的课程实践教学。

通俗意义上而言，可以将雷锋精神实践教学的课程实践教学看作一种以课堂为实践场地所建立的一门课程。在该课程教学过程中，教师主要起到引导作用，以确保学生能够获得雷锋事迹、雷锋精神等学习内容。在教学过程中更加突出实践性，强调学生主动参与到雷锋精神教学实践中，促使教育教学活动更加走进生活、走进实际。对于各个高校而言，为了促进雷锋精神实践教学的顺利进行，必须提高对课程实践教学的重视程度，使其能够为前者的落地、落实奠定坚实基础。目前，我国高校所采用的雷锋精神实践教学课堂教学，往往涵盖了包括情境教学以及案例教学在内的多种模式。其具有诸多优势：首先，它是对雷锋事迹、雷锋精神等理论内容的延伸，能够促进学生对教学内容产生更深层次的认识；其次，它能够更加直观地体现学生的反映，效率更高；最后，更为便捷且并不需要花费大量的资金，无论是在师资、设备还是经济等方面均需较低的成本。

2. 雷锋精神校园文化实践教学。

有学者主张将这一实践教学活动视作思想政治理论课实践教学体系中的关键所在。此类活动通过将课堂中的教学延伸至实践中，有助于提高学生对雷锋榜样、雷锋精神的认知和传承，增加大家的团队合作意识，促进朝着群体效应发展。在实际施行过程中，学生利用课余时间在校园中开展学雷锋相关活动。通常情况下，可按照社会需要、自身条件以及活动的差异自行组建团队,并在活动时严格依规进行。其具有有限化、自主化、随意化、校园化以及趣缘化的特点。一方面,是对雷锋精神教育理论课程的查漏补缺;另一方面,能够充分发挥和调动学生学雷锋的自觉性,促进学生良好行为习惯以及思想作风的养成,增强建立合作互助、沟通协作、一起学雷锋等理念,为其日后进行社会活动奠定基础。综上,对于校园文化建设而言,其核心为学习雷锋坚定理想信念教育,基础为学习雷锋树立基本道德规范,最终目标为在整体素质上,树立远大革命理想、提高专业素养,建立良好的行为规范。

3. 雷锋精神社会实践教学。

这一实践活动主要涵盖了社会调查、参加学雷锋志愿服务、公益活动以及参观访问等多种形式,具有自发性、实践性以及创造性的特点。在教学过程中,高校以自身培养模式为出发点,号召和组织学生在寒暑假、节假日及课余时间,积极参加各种学雷锋志愿服务的社会公益活动,切实做到将雷锋精神教学与学雷锋实践相融合,提高和激发学生的参与积极性。

4. 雷锋精神虚拟实践教学。

在现代科技日益发达并普及的条件下,与传统实践教学活动不同,思想政治理论课雷锋精神虚拟实践教学是时代发展的衍生物。在实际教学过程中,教师以网络为媒介,或邀请学雷锋先进模范通过线上作报告、与学生进行互动交流,并使用多种虚拟技术手段进行场景的模拟,用以使学生群体能够通过自主学习以及交流、互动、合作等方式进行学雷锋社会实践。以功能作用为出发点,把网络作为新兴科技、信息传播的重要媒介,在当前雷锋精神实践教学过程中广泛使用。通过虚拟教学,用多种网络环境替代原有的现实场景,既跟上了时代发展潮流又贴合学生实际需求,极大程度提升了思想政治理论课雷锋精神教育教学的效果,也节省了成本。

雷锋精神虚拟实践教学主要包括主题报告、演讲,主题博客、网上论坛、网络课堂教学平台等。雷锋精神虚拟实践教学是在新媒体高速发展的背景下形成的，对传统实践教学进行补充，形成立体化、多样化、生动化的教育模式。

二、新时代雷锋精神实践教学的原则

新时代雷锋精神实践教学要坚持政治性原则、时代性原则、主体性原则、创新性原则和目标性原则。

（一）政治性原则：坚持党的全面领导

高校思想政治理论课的政治性是由其性质、功能和内容决定的。高校思想政治理论课本来就是国家为提高大学生的思想政治素养、培养社会主义事业建设者和接班人而设置的，高校思想政治理论课的功能虽然是多方面的，但其中最根本的功能仍然是政治导向功能，在新时代雷锋精神实践教学过程中必须坚持政治性原则。

从雷锋精神实践教学融入高校思想政治理论课的内容来看，其根本目的是以帮助学生树立科学的世界观、人生观、价值观为基点，开展雷锋事迹、雷锋精神和马克思主义立场、观点、方法的教育，开展党的基本理论、基本路线、基本纲领和基本经验的教育，开展党的历史、中国革命、建设和改革开放的历史教育，开展基本国情和形势与政策的教育，要用雷锋精神使大学生产生情感认同，坚定政治信仰。因此，作为"落实立德树人根本任务的关键课程"，雷锋精神思想政治理论课不同于其他课程的最根本特征，就在于其鲜明的政治性，在于不仅要让大学生了解雷锋事迹、雷锋精神，而且通过学习雷锋，掌握马克思主义理论，坚定对马克思主义的信仰。在雷锋精神实践教学过程中，要以雷锋忠于党忠于人民为榜样，引导大学生明确党的领导是国家繁荣富强且不断向前发展的根本因素。在具体教学过程中，要坚持政治性与学理性相统一，既要讲清雷锋在党的教育培养下茁壮成长的历程,又要讲清雷锋积极主动学习革命理论、武装自己、提高政治觉悟、坚决听党话、跟党走的历程;既要联系当前国内国际实际,旗帜鲜明讲政治,也要鞭辟入里讲道理,以透彻的学理分析回应学生,以清晰彻底的思想理论说服学生,更要以真理的强大力量引导学生。

以透彻的学理分析回应学生,以彻底的思想理论说服学生,要求将雷锋精神教育建立在严密科学逻辑的学理性基础之上。而要以真理的强大力量引导学生,就要以雷锋成长的历程理直气壮宣讲雷锋具有的信念的能量、大爱的胸怀、忘我的精神、进取的锐气,引导学生用马克思主义的立场、观点、方法看待世界和中国的发展,厚植爱国情怀,成长为具有时代责任与历史使命、立志奉献中国特色社会主义事业的奋斗者。

(二)时代性原则:坚持面向"两个大局"

与时俱进原则,即时代性和先进性原则,作为高校思想政治理论课教学改革的首要原则,是实现高校思想政治理论课雷锋精神教学目的的内在要求。思想政治理论课是对大学生进行思想政治教育的主渠道。从思想政治教育的本质来看,它是社会或社会群体用一定的思想观念、政治观点、道德规范,对其成员施加有目的、有计划、有组织的影响,使他们形成符合一定社会所要求的思想品德的社会实践活动。使大学生"形成符合一定社会所要求的思想品德",是思想政治理论课雷锋精神实践教学的根本目的。

社会因其自身发展的需要,不同时期对其成员会提出不同的思想品德要求。思想政治理论课雷锋精神的教学内容与时俱进,就是要准确全面地把时代楷模即雷锋事迹讲好、把中国共产党精神谱系中的一个闪亮坐标即雷锋精神的时代内涵阐释好,从而使他们从整体上知道雷锋、明确雷锋精神的丰富内容,达到真学、真懂、真信、真用。可以肯定的是,将雷锋精神实践教学融入思想政治理论课教学,对于增强和提振大学生对未来的信心必将起到非常积极的作用。

面对国内国际两个大局，面对新冠病毒肺炎疫情对全世界范围内人类社会的政治经济文化等的影响，在把雷锋精神融入高校思想政治理论课的实践教学中，要坚决贯彻时代性原则。

（三）主体性原则：坚持教师主导和学生主体

第一，教师是雷锋精神实践教学的组织者、引领者和实施者，必须充分发挥教师在雷锋精神实践教学中的主导作用。在高校思想政治理论课雷锋精神实践教学中，一是教师要有雷锋情怀，要了解雷锋，提高雷锋文化素养，这是提高雷锋精神实践教学成效的前提和关键；二是教师要在教学的过程中，及时和经常分析学生实际学情和课程内容的基础上，精心设计报告、讲座的内容和课后拓展作业，不断提高学生对雷锋精神实践教学的接受度和满意度；三是教师要树立促使学生接受雷锋精神实践教学的理念，不断推出新方法，促进学生学习的规范化、高效化和系统化；四是教师还要根据雷锋精神实践教学的内容，确定学习主题和方向，选择合适的教学方法，有序推进跨学科教学的开展和实施。

第二，学生是雷锋精神实践教学的参与者、实践者和获益者，是决定也是检验雷锋精神实践教学成果好坏的重要因素。高校思想政治理论课雷锋精神实践教学必须充分发挥学生在学习过程中的主观能动性。一方面，学生是雷锋精神实践教学的最终受益目标，必须坚持以学生为中心。高校思想政治理论教师进行雷锋精神实践教学设计时，必须充分考虑学生的实际学情，从他们的认知水平、知识的接受程度、学习能力等因素，考虑雷锋精神实践教学的资源选取、角度对标、目标要求，切忌脱离学生思想和认知实际，选取一些当代大学生难以理解、不易接受的内容作为实践教学资源，虽然看上去"高大上"，实质上难以收到预期成效。另一方面，教师要采用多元化的教学方式和手段，不断让学生参与到雷锋精神实践教学的课堂中。要多采用教师与学生、学雷锋先进模范和雷锋文化学者与学生交流互动法、学生小组自由合作探究法、议题式教学法、情景融入法等，真正让学生投入实践教学的课堂之中，让学生从心底里爱上、爱听、爱参加雷锋精神实践教学。

（四）创新性原则：坚持雷锋精神实践教学要推陈出新

创新性原则要求雷锋精神实践教学融入思想政治理论课实践教学，采用多种形式，不必拘泥于某一种形式，根据条件的变化和发展不断地创新实践教学的形式。一方面，雷锋精神实践教学组织形式要多样化，可分为学校组织的社会实践小分队、学生自愿结合的社会实践小分队、学生单独进行的社会实践小分队三种。另一方面，雷锋精神实践教学社会实践的活动形式要多样化，可以采用调查、参观、服务、挂职、谈话、问卷、展览、讨论等多种活动形式。学生可以根据自己的人、力、物状况和所处社会环境选择某种形式。学校也可以根据自身情况和客观情况选择其中任何一种形式为主。通过多形式、多层次的雷锋精神实践教学活动，提高学生参与雷锋精神实践教学的积极性，扩大学生参与雷锋精神实践教学的范围，使广大学生达到在实践中学雷锋、做雷锋，释放正能量，播洒情与爱。

（五）目标性原则：坚持德育为先的人才培养目标

高校最基本的职能是育人，更重要的层面是培养真正对社会有用的人才和担当时代重任的一代新人。大学生接受高等教育，就是要使自己成为具有较高的认知能力、高度的灵敏度的专业人才。但大学生的知识储备，并不能完全代表个人整体素质的提高，还应注重理想信念、道德修养、人格完善等培育和养成。由此，在学习知识、提高就业本领、培养人才的同时，对大学生立德树人、道德认知的培养也是大学义不容辞的责任。具体来讲，高校就是要坚持"育人为本、德育为先"的办学理念，为社会培养思想素质过硬、道德高尚、有强烈社会责任感的合格人才。

思想政治理论课教学发挥德育功能是由自身的特点决定的，道德教育是对学生进行最基本、最起码的思想品质教育。它的基本任务是使学生树立基本的道德观念、培养良好的道德情操和文明行为习惯。思想政治理论课教学所开设的各门课程，都是向大学生系统宣传、传授马克思主义理论，也就是把马克思主义指导思想、中国特色社会主义共同理想、以爱国主义为核心的民族精神和以改革创新为核心的时代精神以及社会主义荣辱观融入教育的全过程。高校思想政治理论课的雷锋精神教学实践，就是充分体现德育优先的培养目标，发挥德育在育人中的重要作用，引导学生向雷锋学习树立正确的价值观和人生观，以雷锋爱党爱国爱人民的忠诚本色，做一个坚定的社会主义事业合格接班人；以雷锋刻苦学习的"钉子"精神，学习创新理论，不断提高自己的政治觉悟；以雷锋爱岗敬业的"螺丝钉"精神，刻苦学习科技知识，提高综合素质，掌握过硬本领，为将来就业、建设社会主义现代化国家奠定基础。同时要明确的是，我们所强调的德育是发展人、完善人、教育人的新型德育方式。高校思想政治理论课教师要树立"教师是课堂授课的主导、学生是课堂学习的主体"的理念，结合形势和学校实际进行教学，把雷锋事迹、雷锋精神融入德育素质教育的轨道上来，使思想政治理论课雷锋精神实践教学与学生德育素质教育形成有机地结合起来，也就是要把雷锋精神教育贯穿和渗透到德育教学的全过程，引领大学生以雷锋精神自觉培育个性化人格品质，产生内在的德育认知、外化为自觉的道德行为，立大志、明大德。

三、新时代雷锋精神实践教学的意义

在实现第二个宏伟目标的新征程，雷锋精神实践教学具有深刻的理论意义和巨大的现实与深远意义，是巩固雷锋精神理论教学成果的主要途

径，是开拓新时代德育教学形式的有效方式，也是培养德智体美劳全面发展的社会主义事业建设者的重要手段。

（一）巩固雷锋精神理论教学的成果

高校思想政治理论课是一门政治性、科学性、时代性都很强的学科，作为高校对大学生进行思想政治教育的主渠道和主阵地，仅仅依靠课堂的政治理论教学是难以发挥其重要作用和独特价值的。而雷锋精神实践教学的开展，既与常规性的政治理论教学相互补充、相互促进，又能使二者如鸟之两翼、车之两轮共同提升了思想政治理论课教育教学的实效性。这应当从思想政治理论课雷锋精神教学实践的性质、特点以及教学目的来理解。

首先，高校思想政治理论课雷锋精神实践教育作为传播马克思主义理论的课程内容之一，不仅具有传播性，更为重要的是其具备实践性。新时代传承雷锋精神离不开实践，如果离开了实践，用雷锋精神立德树人、培根铸魂就成为一句空话。随着时代的发展与进步，对雷锋精神的诠释和传承弘扬必须依托新时代下的新实践来完成。就思想政治理论课雷锋精神实践教育教学而言，就是要在充分发挥学生主体性、教师主导性的基础上，通过一系列具体实践教学活动，来引导和加深大学生对雷锋精神时代内涵的理解，加深对雷锋榜样、雷锋精神的认知感、认同感，提高学习践行的自觉性。其次，与时俱进作为思想政治理论课教学的突出特点，要求在雷锋精神课程教学的过程中，必须根据新时代的形势变化，包括世情、国情、民情以及学情等方面的变化不断进行调整改革。"95后"甚至"00后"已成为新时期大学生群体的主力军，他们成长的环境、条件决定了自身的时代特点。他们虽追求真理，但不满足于被动接受单向的理论灌输；虽关心政治，但却不满足于缺乏实践的枯燥的政治说教；虽崇拜英雄，但不满足于单纯的模仿，亦极度反感过度的人为强迫学习。为此，在思想政治理论课雷锋精神教学活动中，需要通过积极开展实践教学活动，在理论与实践的结合中，准确、完整地宣讲雷锋故事、解读雷锋精神，抓好切入点，寻求共同点，最大限度地增强大学生的认同感，使他们能够自觉以雷锋为榜样树立正确的世界观、人生观和价值观，为实现中华民族伟大复兴的中国梦打下坚实的基础。最后，思想政治理论课雷锋精神教学实践活动作为各大高校公共基础课的重要组成部分，它不像专业课程是以传授学生知识和技能为主，而是旨在引导和帮助大学生树立正确的"三观"，提升大学生的思想道德素养，培养德智体美全面发展的时代新人。而要实现这一伟大而光荣的目标仅仅依靠雷锋故事、雷锋精神宣讲等理论教学是难以达成的，必须加快推进实践教学的改革和创新，采取多样化的实践教学形式，特别是充分利用好社会实践这一大课堂，将理论教学和社会实践充分结合起来，让学雷锋志愿服务等活动成为学生学习雷锋榜样、践行雷锋精神的社会课堂。

（二）拓宽雷锋精神理论教学的基本途径

目前，一些高校思想政治理论课雷锋精神教学实践中存在着片面注重传授教材理论和灌输课堂知识的倾向，教学内容脱离学生和社会实际，教学方法呆板，教学环节单一，课堂缺乏活力，很难调动和激发学生学习雷锋和参加社会实践活动的主动性和积极性，教学效果不够理想。部分教师照本宣科、"满堂灌"，有的学雷锋先进模范报告和雷锋文化讲座缺乏生动形象，忽视了思想政治理论课理论教育的开放性发展，忽视了当代大学生成长的时代特征和自我教育的重要意义，在很大程度上抑制了学生的思想活跃性，使他们对学雷锋和雷锋精神的学习和实践没有兴趣，甚至产生厌倦心理，在很大程度上制约和影响了雷锋精神教学的效果。

能否提高学生对思想政治理论课雷锋精神教学和实践的认同和兴趣，能否将雷锋的楷模事迹、雷锋精神的新时代内涵，内化为学生的心、外化为自觉的实践行为，做到学、懂、信、用合一，关键要通过雷锋精神实践教学这个桥梁和中介来完成。实践教学改变了过去思政理论课教学单纯注重理论本身传授的不足，彻底改变了教学内容和形式上僵硬死板的概念、判断、推理等逻辑形式，采取直观、生动的事实、图像和影像，或是学生自己参加学雷锋志愿服务的亲身体验和感悟，这不仅有效提高了学生对雷锋事迹、雷锋精神的认同，而且提高了对学习雷锋的兴趣。在实践教学中，学生通过将理论学习与国内外现实相联系、通过参加学雷锋实践活动和自身思想实际相结合，并对现实问题进行独立思考、认真剖析、做出判断、形成观点这一系列主动行为，充分调动和激发了学生新时期学习雷锋的主动性和积极性，由原来的被动接受雷锋事迹、雷锋精神，变为主动学习雷锋榜样、自觉传承践行雷锋精神。实践教学通过与社会现实的紧密联系，不仅增强了雷锋精神教学实践课程的时代感和接地气，也增强了大学生对雷锋榜样、雷锋精神理解的广度和深度，增强了他们用雷锋精神对现实的诠释能力和践行能力，增强自身做雷锋式一代新人的自觉性。通过参加青年志愿者服务活动等具体的各种社会公益实践活动，学生从课堂走进实际，从校园走进社会，用生动直观的现实体验感受雷锋精神的当代价值，感受为他人服务奉献的愉悦与价值。一方面使对雷锋事迹、雷锋精神的理论感性化，破除了时间的隔离感、理论的神秘感；另一方面使感性上升到理性，认识到学习雷锋的现实重要性。因此，思想政治理论课雷锋精神实践教学是对学生进行理论联系实际教育的最好方法，可以有效深化和巩固理论教学的成果。

（三）培养学生知行合一的品德

雷锋精神实践教学是学校思想政治工作的关键环节，也是实现大学生思想政治理论课教学"知行合一"的重要抓手。步入新时代，为了从根本上解决思想政治理论课理论课堂"抬头率低"、实践课堂"走出去难""两张皮"等长期存在的"老大难"问题,彻底改变部分管理者、教师、学生视为"枯燥乏味的无聊无用的思想政治理论课程",以习近平同志为核心的党中央多次专门就学校思想政治工作,尤其是思想政治理论课改革创新提出指导性意见,强调"要强化社会实践育人,提高实践教学比重,组织师生积极参加社会实践活动,完善科教融合、校企联合等协同育人的模式,加强实践教学基地的建设";提出统筹推进思想政治理论课程内容建设,"将思想政治理论课学习实践情况等作为重要内容纳入综合素质评价体系,探索记入本人档案,作为学生评奖评优重要标准"。与此同时,习近平总书记要求思想政治理论课教师"要坚持理论性和实践性相统一,用科学理论培养人,重视思想政治理论课的实践性,把思政小课堂同社会大课堂结合起来,教育引导学生立鸿鹄志,做奋斗者"❶。叮嘱青年大学生"道不可坐论,德不能空谈。于实处用力,从知行合一上下功夫"。要"立足本职、埋头苦干,从自身做起,从点滴做起,用勤劳的双手、一流的业绩成就属于自己的人生精彩"。

坚持实践第一、倡导知行合一,是新时代高校思想政治理论课雷锋精神实践育人的根本遵循。坚持实践第一,就是要始终坚持实践是认识来源、认识目的和检验真理的唯一标准,做到以知促行、以行促知。倡导知行合一,就是要宣讲好雷锋的事迹、雷锋精神的新时代内涵,继承好博学、慎思、明辨、笃行的中华优秀文化传统,坚持知为基础、行为关键,实现思想自觉与行动自觉的相融相促。

实践是培养人才、塑造人才的重要路径。青年兴则国家兴,青年强则国家强。习近平总书记强调指出,"教育要注重以人为本、因材施教,注重学用相长、知行合一",并寄语青年大学生要学思渐悟、勤学尚行,用行动体悟"学习是成长进步的阶梯,实践是提高本领的途径"。

---

❶ 习近平. 思想政治理论课是落实立德树人根本任务的关键课程[J]. 求是, 2020(17).

从知到行是思想政治理论课雷锋精神实践教育中最基本也是最困难的一环。习近平总书记"知行合一"的实践思想对引领和促进学校思想政治工作和思想政治理论课雷锋精神实践教学改革具有重要的指导性意义。学术界、理论界对此展开深入研讨，各地各学校展开立足实际的积极探索，不仅推动着新一轮思想政治理论课教学改革创新热潮，也在雷锋精神教学实践中深化问题认知，并不断提出新的思考，提升思政育人、立德树人实效。

第二节　新时代雷锋精神实践教学体系建构

把雷锋精神实践教学融入高校思想政治理论课，其首要前提是要建立完善的雷锋精神实践教学体系，从教学目标体系等方面，构建雷锋精神实践教学完善的教学体系，以提高其育人成效。

一、新时代雷锋精神实践教学目标体系的建构

根据教育学的理论，教学活动的开展需要以教学目标为导向。高校雷锋精神实践教学融入思想政治理论课实践教学的目标体系，主要包括知识目标体系、能力目标体系和情感、态度、价值观目标体系。

（一）雷锋精神实践教学知识目标体系的建构

没有知识就没有发展，知识是人进步和提高的重要载体。传授知识是作为所有类别的课程教学安排中的基本内容。任课教师通过现代的教学形式和教学手段，将雷锋事迹、雷锋精神进行细化和分类，以帮助学生了

解、理解。不同类别的课程即使在教学手段上有所区别，但是具体的教学目标是有共性的。建立雷锋精神实践教学知识目标体系，是实践教学有效开展的运行起点。

第一，通过雷锋精神实践教学，能够引导和帮助学生更好地理解和掌握雷锋是怎样成为时代楷模的、雷锋精神如何是永恒的和在当代的价值所在。教师要向学生讲解雷锋事迹、雷锋精神的新时代内涵，帮助学生了解雷锋的成长过程、雷锋精神形成的过程，从心理上接受、认同、理解内涵并真正内化。准确、完整的雷锋事迹、雷锋精神的知识目标体系，能够有效帮助教师和学生知道雷锋的事迹、雷锋精神的基本内涵，明确学习雷锋的时代要求和标准，并制订有针对性的计划。

第二，通过雷锋精神实践教学，深化学生对雷锋精神的认知，拓展学生的社会认知，知晓参加雷锋精神社会实践的基本流程、方法和要求。高校雷锋精神实践教学具有一定的特殊性，在要求学生对雷锋事迹、雷锋精神基本了解的基础上，通过参加学雷锋的具体社会实践进一步感受深化对雷锋精神的理解，亲身体验雷锋精神在当代的魅力。因此，在进行雷锋精神实践教学时，要特别重视学生的价值获得感，引导帮助学生正确认识在实践过程中应当获得哪些方面的感受和收获，并对雷锋精神进行深度理解与掌握，上升到理性认识以帮助学生在学雷锋实践中将雷锋精神和社会主义核心价值观内化于心、外化于行。

（二）雷锋精神实践教学能力目标体系的建构

宣讲雷锋事迹、雷锋精神，是高校本科生思想政治课雷锋精神实践教学的重要内容和任务，但重要的也是落脚点更应该注重培养学生学雷锋实践的自觉性和能力。雷锋精神实践教学更应强调"授人以渔"。因此，建构雷锋精神实践教学能力的目标，是从理论学习过渡到实践操作，引导和帮助学生从知道和了解雷锋事迹、雷锋精神，转化为用雷锋精神滋养自己的思想和心智，促进全面发展。

在雷锋精神实践活动中，当学生通过数次的体验和经历积累到一定程度时，不仅能够提升自身对雷锋精神的感知、提高践行雷锋精神的主动性，以及提高自己的服务社会能力、关爱他人的能力及表达能力、组织能力，还能提高自身的生活技能。与此同时，雷锋精神实践教学作为一种具有社会性和实践性的活动，在满足学生好奇性、表现欲的同时，还能够培养学生的创造能力。这就实现了在学以致用的基础上，转化为从理论到实践再到理论的升华。高校思想政治理论课雷锋精神实践教学，一定要让学生认识到，课堂上讲的雷锋事迹、雷锋精神和要学雷锋，只有与当代实践相结合，才能真正地理解雷锋精神，才能真正地在践行雷锋精神的过程中提升自我，实现自我发展。

第一，锻炼学生的创新能力和组织能力。雷锋精神实践教学与理论教学最明显的区别之一，就是要以学生的自主性和主体性为重点。教师要让学生亲力亲为地参与到雷锋精神实践教学活动中，以适当的引导和辅助的形式调动和激发学生的积极性和主动性。学生只有在实践活动中充分发挥自主性和主体性，才能真正从实践教学中焕发空前的积极性、创造性并得到收获。雷锋精神实践教学活动的整体运行，涉及面广，十分复杂。让学生参与到雷锋精神实践教学活动的前期策划中，培养和增强学生在实践教学中的"主人翁意识"，同时提升自主学习能力，进而渗透到其他科目的学习之中。在实践活动的组织安排和进行中，发挥学生的主观能动性，引导学生提高发现问题、解决问题的自主能力，这有助于学生逻辑能力的培养和训练，提高学生对活动的策划组织能力，又能够提升学生的创新能力，使学生不拘泥于刻板的形式，锻炼学生的思维发散能力。

第二，培养学生解决问题的能力和学术能力。校园环境是学生们最为熟悉的环境，而实践教学是一个走出校园、体验生活的良好机遇。教师组织带领学生参加学雷锋志愿等各种公益活动，让学生接触社会实际，给那些需要帮助的人以关爱，为社会美好做出应有贡献，可以深化大学生对雷锋精神的认识，拓展社会视野。在雷锋精神实践教学活动结束后，安排学生进行总结和撰写相关的学术论文，一方面，使学生总结收获与心得体会，提高学雷锋的认识和自觉性；另一方面，能够提升学生的学术能力和科研能力。同时，通过雷锋精神实践教学活动，能够全方位提升学生的能力发展和素质，有利于促进学生的全面发展、健康成长。

第三，提高学生增强道德、法律认知能力。现在的大学生主体是独生子女，成长过程中独立意识强，但缺少关爱他人和奉献的实践教育。通过雷锋精神实践教学参与学雷锋志愿服务活动和各种社区公益活动，能够有效引导他们改变这一状况。随着社会主义核心价值观教育的深入和新时代文明实践的广泛进行，学雷锋志愿服务活动的机制化常态化，大学生参与雷锋精神实践教学活动的途径更加拓展和便捷，包括看望孤寡独居老人、拜访老党员同志、清洁社区卫生、捐衣捐物等，社会服务包括拜访孤儿院、敬老院、应急救助、环境保护等。这既有益于社会安宁祥和、充满温馨，也有益于大学生崇德向上、关爱他人品质的养成，提升实践活动能力。

教师在组织学生开展雷锋精神实践活动时，一方面要谋划好活动的组织领导、要开展的项目、达到的目标和活动安全等各个环节；另一方面，要注意引导学生在活动中以雷锋为榜样，积极热情为他人服务，为社会美好贡献自己的力量，从而加深对雷锋精神的认识，进一步提升学雷锋的自觉性，增强社会责任感。

（三）雷锋精神实践教学情感、态度、价值观目标体系的建构

思想政治工作本质上是做人的工作，思想政治理论课的雷锋精神实践教学，更应在培养学生对学雷锋的情感、态度、价值观上下功夫。

第一，促进学生对雷锋精神的认知认同感。要通过报告、讲座、座谈

和参加学雷锋志愿服务等公益实践活动，宣讲雷锋事迹和雷锋精神，有效促进学生对雷锋榜样、雷锋精神的思想认同、政治认同、情感认同、行为认同，达到真学、真懂、真信、真用。

第二，注重雷锋人生价值观的教育。高校思想政治理论课雷锋精神教育实践作为培养大学生的主要阵地，对学生人生价值观的形成有着非常重要的影响和作用。思想政治理论课雷锋精神实践教学的过程，不仅能深化大学生对雷锋精神的认识，深化社会主义核心价值观的引导教育，同时还能促进大学生将雷锋的价值追求和社会主义核心价值观内化为思想觉悟、外化为行为举止，并形成良好的行为习惯。为此，要发挥好思想政治理论课雷锋精神实践教学的价值引领作用，以生动化、多样化的实践教学的形式，在学生内心深处引起强烈震撼和反应，进而产生认同，激发学生学习雷锋、传承雷锋精神的积极性，逐渐树立正确的价值观。

第三，注重雷锋崇高信仰的精神教育。大学生正处于思想激进、热血奔放的人生可塑期，也处于塑灵魂、立大德的关键时期，亟须用正确的信仰信念引导和积极影响。大学生通过雷锋事迹报告、雷锋文化讲座，了解雷锋的崇高信仰和坚定信念，再通过学雷锋志愿服务等实践活动教学，从雷锋榜样和红色文化、英雄模范身上感受英雄的力量，就会从思想上像雷锋等英模那样树立崇高信仰和坚定信念，树立远大理想，坚定革命信念，时刻不忘初心使命，在前进道路上不畏艰难险阻，不怕挫折，走好新时代的"赶考路"。

第四，注重雷锋幸福感的精神教育。要学习雷锋同志的幸福感，能为人民服务，就是他最大的幸福。思想政治理论课雷锋精神实践教学的过程，实际上是心与心的互动、情与理的交流、感情与心灵的交融，也是具有内在呼唤力量和凝聚力量的过程。为此，思想政治理论课雷锋精神实践教学要十分注重引导大学生明确，在筑梦圆梦的新时代，只有像雷锋那样，重道义、明责任，将自己的人生价值追求与党的事业和国家、人民的命运相向而行，积极投身中国特色社会主义伟大实践，在接力事业中，以强烈的青春自豪感，燃激情，勇拼搏，为将中国梦变为现实，彰显青春力量，展现青春风采，才能有作为，才能有目标，才能有价值。

二、新时代雷锋精神实践教学内容体系的建构

雷锋精神实践教学的内容体系建构，是一项复杂的系统性工程，也是提升实践教学有效性的核心所在。

第一，关于学习雷锋坚定理想信念的实践教学。在雷锋事迹、雷锋精神教育和理想信念理论教学的基础上，通过主题辩论、小组讨论、影视剧赏析、红色基地参观等实践教学活动，引导大学生像雷锋那样坚定共产主义远大理想、中国特色社会主义共同理想，坚定马克思主义信仰，坚定"四个自信"，将个人梦融入中国梦，并为之不懈努力。例如，高校在实践教学中可以组织学生对雷锋事迹、雷锋日记进行线上阅读，对印象深刻的段落进行摘抄，联系当代实际撰写心得体会。学生在选读了雷锋日记中充满学习革命理论、实践后的深刻思考、哲学思想观点后，深受震撼，纷纷反映一个仅有高小文化的普通战士，在党的培养教育下，经过自己的积极主动学习、思考，居然能写出金子一般的语言，深表敬佩。作为当代大学生，我们要认真地从中汲取精神力量，滋养自己，学习雷锋树立远大理想，珍惜时光，刻苦努力学习，努力在时代大潮中不断充实提高完善自己，将来在创业实践中发挥聪明才智和创造性，以真才实学服务人民，以创新创造贡献国家，彰显青春力量。

第二，关于学习雷锋爱党爱国的实践教学。"爱国，不能停留在口号上，而是要把自己的理想同祖国的前途、把自己的人生同民族的命运紧密联系在一起，扎根人民，奉献国家。"党的十八大以来，以习近平同志为核心的党中央大力弘扬爱国主义精神，强调要让爱国主义成为每一个中国人的坚定信念和精神依靠。

在新的历史条件之下，做一个坚定的爱国主义者，这既是大学生的基本义务，也是作为时代新人的时代责任。在雷锋精神实践教学的过程中，要高度重视加强关于雷锋爱党爱国的实践教学内容，同时播放红色影视作品或纪录片，了解雷锋爱党爱国和革命先辈为了人民解放不怕流血牺牲的光辉事迹，激发起心底的感恩和敬佩之情。例如，2019年某高校在雷锋精神社会实践教学中，邀请雷锋文化学者作了雷锋爱党爱国专题讲座，组织学生集中观看了电影《雷锋》、红色影视作品《建国大业》等，深化了教育成果。

第三，关于学习雷锋培育和践行社会主义核心价值观的实践教学。习近平总书记强调，雷锋是时代的楷模，雷锋精神是永恒的。大学生作为时代发展的重要力量，一定要形成正确的价值观。雷锋是践行社会主义核心价值观的旗帜，雷锋精神实践教学要突出雷锋培育和践行社会主义核心价值观的内容，用雷锋精神的永恒之光照亮当代青年前行之路，以雷锋的旗帜引导学生自觉像雷锋那样，将社会主义核心价值观融入自己的行为举止，融入实际生活，规范自己的人生道路，在新征程让人生出彩。

三、新时代雷锋精神实践教学运行体系的建构

思想政治理论课雷锋精神实践教学运行体系的建构，是保证实践教学有效进行的题中应有之义。运行体系的建构必须以大学生的实际情况为着眼点，从大学生雷锋精神实践教学的新需要与其成长进步的规律和价值追求入手，积极有效地引导大学生走雷锋成长的道路。

（一）雷锋精神课堂实践教学运行体系的建构

第一，组织开展学生雷锋事迹、雷锋精神讲坛。主要形式是通过撰写演讲稿与学生演讲相结合，深化学生对雷锋精神的感知与认同，激发学生

交流互动的积极性，提升学生主动思考、深入思考的能力，鼓励学生从学习和人生的角度出发，将雷锋的日记与思想政治理论课的政治理论学习相融合。同时，通过撰写学雷锋演讲稿，提升学生学雷锋的自觉性，提高学术功底和写作能力。通过组织开展学生讲坛，影响带动更多的同学增强学雷锋的自觉性，帮助学生确立人生目标，明确努力方向。

第二，组织开展雷锋精神情景模拟。情景模拟活动即教师根据实践教学内容和目标要求创设一定的情境，进行社会问题再现，组织引导学生参与模拟的一种实践教学活动。情景模拟不同于学生讲坛，这种实践活动的形式更加贴合实际生活，并且在进行实践教学的过程中，需要借助一定的工具和手段，使教学情境更加逼真，更能增加学生的参与感与获得感。情景模拟的形式具有创新性、仿真性、实践性和开阔性的特点，是帮助学生提升实践能力、创新能力、应变能力的重要途径，同时也能够强化学生的观察能力、操作能力，有效地将理论知识灵活地运用于实践。

第三，组织开展雷锋精神专题研讨会。教师依据教材内容和学生的实际水平设定专门的问题情境，以此来丰富实践教学的内容和形式，促进学生的多元化发展。在进行专题研讨的过程中，教师首先要对实际生活中出现的问题进行全面的、系统的了解，继而针对问题采取引导的方式引发学生的思考和讨论。专题研讨会重点在于突出学生的主体性，学生通过对已有知识的理解和运用，积极思考和讨论教师提出的问题并得出自己的答案，教师对学生给出的答案进行点评和补充，帮助学生更好地吸收相关理论知识。

（二）校园第二课堂雷锋精神实践教学运行体系的建构

第一，组织开展校内调研。校内调研主要是指学生以校园环境为实践背景，通过问卷调查、专家学者访谈、咨询采访等方式，围绕雷锋精神实践教学主题，收集与主题相关的各项情况并加以整理，经过小组讨论之后得出结论，进而针对结果进行分析，提出有针对性的解决方案。

第二，配合相关单位雷锋精神实践教学开展第二课堂活动。第二课堂活动是对第一课堂的补充深化、拓展延伸。大学生充分利用课余时间在学校内外进行雷锋精神实践教学活动，一是积极参加学雷锋志愿服务和公益活动，为建设社会主义精神文明作出当代青年应有贡献；二是展现当代青年学雷锋、做时代新人的新形象，彰显当代青年新作为；三是丰富大学生的课余生活，有利于培育和提高政治素质和道德素质，提升社会实践能力。

雷锋精神实践教学第二课堂涵盖的内容十分丰富，包括校园宣讲、专题报告讲座、社会调查和参加学雷锋志愿服务等公益活动等，这是雷锋精神实践教学的重要渠道，即重点突出雷锋精神实践活动的引领性、导向性和全面性，让每一个参加雷锋精神实践教学的同学都能通过学雷锋深刻理解社会主义核心价值观，并付诸于实际行动，这也是雷锋精神校园第二课堂实践教学的真正意义。通过参加一系列雷锋精神实践教学活动，促进广大学生进一步深化理解雷锋精神的时代内涵，增强学习的思想自觉和行动，增强了对中国特色社会主义道路、理论、制度、文化的思想认同、情感认同和理论认同，使"四个自信"更加坚定。

第三，安排布置雷锋精神实践教学课外作业。安排布置课外作业，既能够巩固第一课堂和第二课堂的成果，在思想上进一步认知、认同雷锋榜样、雷锋精神，又能够发现学生所存在的一些倾向性问题，为教师下一阶段的雷锋精神实践教学，提供采取针对性教育引导举措的有益提示。

（三）雷锋精神社会实践教学运行体系的建构

第一，把雷锋精神教学实践融入当地教育基地见学中。雷锋精神实践教学基地是帮助大学生真正走出校园、参与社会学雷锋实践活动的重要平台，也是强化大学生在新时代学雷锋、做雷锋式新人的意识，坚定走雷锋成长道路、提升思想政治素质的重要场所。高校应当合理开发利用当地资源优势，丰富和充实雷锋精神实践教学的内容，组织学生点对点、面对面地接受雷锋精神的接续教育、学雷锋实践的锤炼。例如，某高校将爱国主义教育基地作为学校雷锋精神教学实践基地，组织学生参观、座谈、撰写心得体会，举办主题演讲、演出情景剧等，对于教育引导广大学生提高新时代学雷锋的自觉性，弘扬红色文化、传承革命精神、坚定理想信念、矢志拼搏奋斗，起到了深化、促进作用。

第二，把雷锋精神教学实践融入"三下乡"社会实践活动中。对于当代大学生而言，通过"三下乡"的社会实践活动，一是将自己在校所学的先进科学的生活观念在广大农村传播；紧密结合所学专业技术知识，在农村开展多种形式的先进科技文化知识和生活观念的宣讲活动。二是大学生参与新农村建设的进程，开启了了解中国国情的一扇窗口，密切了高等教育与新农村建设的关系，这有益于高教体系建立有针对性和切合实际的促进新农村建设的途径。三是大学生通过支教、调查为主要形式的实践活动，在丰富自己人生经历的同时，亲身体验和感受雷锋"活着是为了让别人更美好"的崇高品质，提高自身道德素质。实践证明，"三下乡"社会实践活动是雷锋精神教学实践走向社会的广泛、有效的形式，有利于拓展实践教学的广度、深度，提高成效度。

第三，把雷锋精神教学实践融入各种学雷锋志愿服务等公益活动中。开展学雷锋志愿服务等社会公益活动是当代中国精神文明建设的一道亮丽风景线。组织引导学生为灾区、困难地区群众捐赠物资善款、开展学雷锋志愿服务、深入社区进行环境保护宣传、走访慰问孤寡老人、帮扶留守儿童、疫情防控、社会援助等，不仅是按照习近平总书记"有理想、有担当"对当代大学生的要求，展现当代青年大学生的使命担当和青春力量，而且对他们学习雷锋榜样，强化回馈社会、奉献社会的意识和能力大有裨益。

依托学雷锋志愿服务活动开展思想政治理论课雷锋精神实践教学，一方面能够保证学生参与实践教学的覆盖性和全面性，有助于学生在活动中灵活地运用专业知识，提升学生理论联系实际的能力，培养学生为社会服务、为人民服务的意识；另一方面，大学生在参加活动的同时，也获得了学雷锋关爱他人的获得感和价值感。但应注意：一是参加活动前，要进行雷锋精神教育，明确内容、任务、分工、组织领导和要求，以保证活动有序、顺利、安全进行，达到预期目的；二是要选择好学雷锋志愿服务活动项目，最佳是结合所学专业特点，在实践教学中充分发挥专业作用，以体现雷锋精神实践教学的最大社会效益化；三是开展活动时要精心组织、按照方案有计划地开展，发生突发情况时要及时有效地应对处置。

四、新时代雷锋精神实践教学考评体系的建构

随着高校思想政治理论课实践教学在各高校普遍展开，实践教学成绩考评体系也逐渐引起了学界的专家学者的重视。建构完善的雷锋精神实践教学成绩考评体系，不仅能够促进实践教学的实施，还能够保证按照计划有序实施，提升整体教学的实效性，可谓实践教学的重中之重。

（一）雷锋精神实践教学考评体系建构原则

第一，民主性原则。雷锋精神实践教学的参与人员较多，对学生的考评要在根据日常情况记录汇总的基础上，认真听取多方意见，最终形成综合考评意见，包括指导教师的考评意见、学生的自评和互评等。涉及实践教学接收单位的，还应听取实践教学接收单位的考评意见。

第二，激励性原则。雷锋精神实践教学应具有丰富性和多元性，同时要保证实践教学的成效性，调动和激发学生的积极性，客观要求雷锋精神实践教学考评要实施激励。通过制订激励性考评方案，对参加学雷锋志愿

服务等方面作出积极或特殊贡献的大学生，明确嘉奖、评选先进和给予一定物质奖励等。在学雷锋实践活动实施中，对表现突出的集体和个人，适时提出表扬，以使受到表扬的学生获得成就感，参加活动的热情更加高涨，并使其他参加活动的学生受到鞭策，形成你追我赶争上游、当先进的生动局面。

第三，导向性原则。雷锋精神实践教学的过程，本身就蕴含着导向性。在考评方案中，要突出用心、用情、用力践行雷锋精神的鲜明导向，并贯穿于各个环节中。同时，明确奖优罚劣的原则，表现优秀的表扬奖励，表现差的或出现问题的进行惩戒，以形成奖惩分明的鲜明导向。在具体的考评环节中，要引导学生在参与实践教学的过程中始终坚持正确的认知，以雷锋为榜样，积极热情参与实践教学活动，按照要求做好相应事情。

（二）"三个结合"的考评体系

第一，坚持结果考评与过程考评相结合的方法。雷锋精神实践教学重在过程，所以实践教学的考评不能只进行结果考评，还要重视过程考评，两者必须有机结合。

结果考评是在大学生完成雷锋精神实践教学任务之后，以教学的成果进行评定。进一步讲，教师要以学生的调研报告或者实践总结等相关材料为依据，对学生进行考评。结果考评的特点在于操作性强、可行性强，依据一定的评价标准能够形成相对公平、客观的评定结果。但这种评定方式存在一定的弊端，例如，忽视了学生在实践活动过程中取得的阶段性成果，或是在实践活动中相对进步的表现。

过程考评是指教师在雷锋精神实践教学过程中，通过观察的方式和日常记载的情况，评定学生的各种表现，包括实际操作能力、情感精力融入、价值态度以及实际收获等。在各个环节中都设定过程考评，有利于促使学生在实践教学中自觉提高自律性、严谨性和端正认真的学习态度。但受各种因素的制约和影响,在过程考评进行的过程中,难度系数较大,既需要设置细致的考评要求,亦需要教师及时准确地对学生的学习态度、日常表现等进行记载,以做到全面与个体相结合,了解掌握学生的整体情况。

第二,坚持定量考评与定性考评相结合的方法。由雷锋精神实践教学的实践属性所决定,雷锋精神实践教学的考评方法不仅要重视定量考评,更要重视定性考评。

所谓定量考评,是指以考评内容和考评标准为形成依据,以计分的形式对实践教学的结果进行形成性评价。

所谓定性考评,则是指在学生完成教学任务时获得的一定等级评价,主要包含教学过程和教学结果两个方面,教师对学生做出定性的评价。这种评价方式,一般分为"优秀""良好""中等""及格"和"不及格"五个等级。

这两种考评方式是内在统一、相互联系的,二者可以相互转化。这两种考评方式相结合,能够让学生对自己的学习成果,包括对雷锋事迹、雷锋精神的了解掌握,参加学雷锋志愿服务活动实践等情况、收获、横向与纵向存在哪些不足等,有更进一步的认识,反思和总结后,明确在后续的实践教学中努力的方向、需要加强的方面等。

第三,坚持教师考评与学生互评相结合的方法。随着现代教育的不断改革发展,学生的主体地位日益凸显。教师对学生既要教授知识,又要关爱和严格要求,这既是保证教学的顺利进行,也保证学生受到的影响是积极正面的。教师对学生的考评是站在教育者与被教育者的角度,进行学生之间的相互考评,能够拓宽教师考评学生的思路,教师借助学生考评的角度,能够更深层次地了解学生的现状以及学生的需求。因此,采取教师考评和学生考评相结合的考评方式,是保证雷锋精神实践教学正常进行和确保取得成效性的重要根基。

让大学生参与到雷锋精神实践教学考评的具体实施过程中，是体现学生主体性的重要表现方式，是尊重学生的体现，也是调动和激发学生积极参加学雷锋教学实践的有效途径。但需要注意的是，让大学生自行制定雷锋精神实践教学的考评标准后，应由教师把关确定学生考评的标准，这样才能保证考评标准的客观性、完整性和准确性。在参与制定和实施的过程中，能够充分把握学生的思维方式与实际需求，同时学生考评的结果也作为教师对学生进行最终考评的重要参考。

五、新时代雷锋精神实践教学管理体系的建构

思想政治理论课雷锋精神实践教学的有效运行，离不开管理体系的支撑和保证。建立完善的雷锋精神实践教学管理体系，是雷锋精神实践教学顺利推进的基础性、必要性项目，对于高起点、高质量地推进雷锋精神实践教学具有至关重要的意义。

（一）建立组织机构

要建立科学合理、运行有序的思想政治理论课组织机构。雷锋精神实践教学的组织和管理，要直接由学校党委领导、分管领导负责具体实施，并建立领导架构。应设立"思想政治理论课综合实践教学管理中心"，也可成立校级"雷锋精神社会实践育人管理中心"或"新时代雷锋精神研究中心"等，以"中心"作为开展思想政治理论课雷锋精神实践教学或实践育人活动的统一组织领导机构。

健全的雷锋精神实践教学组织机构，能够有效地组织实践教学的正常进行和学雷锋志愿服务等社会实践活动的有效开展，保证教学和实践取得成效。实践教学的组织机构，涵盖校级、二级学院和教研室等。学生的雷

锋精神实践教学任务，需要层层细化，分工明确，责任划分清晰。雷锋精神实践教学，应当按照第一课堂、第二课堂以及社会实践教学三个维度，广泛进行校企合作、校校合作，以及院系、院校与社会合作，建构完善的实践教学组织领导机构和雷锋精神实践教学协作网络。

（二）明确工作职责

第一，明确组织机构职责。思想政治理论课雷锋精神实践教学培训指导中心，具体负责思想政治理论课雷锋精神实践教学的组织实施，主要职责包括：研究设计、动态调整"思想政治理论课综合实践"课程的教学内容、形式等；拟订、落实课程《教学大纲》；制定和执行课程《实施方案》及工作规划；遴选、确定指导教师人选，分配雷锋精神实践课程教学指导任务，核算教学工作量；抓好培训中心组织、制度、师资及硬件建设工作，完成重点建设项目任务；组织指导教师学习雷锋精神实践教学的相关理论，开展指导教师关于雷锋事迹、雷锋精神和组织教学实践的业务能力培训；筹措经费编写、更新《课程讲义》《实践教学管理办法》《实践手册》；维护课程网站及管理信息系统的正常、安全运行，制定突发事件预案；负责培训中心办公室设施设备的管理和文件资料的收集、整理、归档；筹划、落实中心动员会、评价会、培训会、研讨会以及教学检查事宜；负责课程重修与返考、岗位职责拟定与考核、先进个人表彰奖励、教辅资料与获奖报告有偿编印、指导教师社会考察、联络校团委和学工部等事宜。

第二，明确指导教师职责。指导教师全面负责班级雷锋精神实践教学的组织管理、动员培训和考核评价，主要职责为：负责组织安排、监督检查本人所负责班级雷锋精神各项实践教学活动；加强与学生的联系、交流，及时提供咨询、指导和帮助；积极配合、协调解决学生在雷锋精神实践教学过程中发生的突发事件；查收、评阅学生的申请表、活动报告、汇报材料等，并存档；根据学生提交的实践材料及在雷锋精神实践活动中的实际表现评定成绩；期末对本届雷锋精神实践活动情况进行总结、评价，写出书面总结报告。

第三，明确雷锋精神教学实践中的学生责任。每一位学生，都应以高度的时代感、强烈的责任感，提高认识、端正态度、高度重视、充分准备，积极参加各项雷锋精神教学实践活动，力戒消极情绪、应付了事、形式主义，杜绝弄虚作假、抄袭剽窃、包办代替等行为。要按照规定的雷锋精神实践教学流程，踊跃参加班级动员、培训、活动及总结，认真填写活动申请、务实撰写活动报告、及时提交相关材料；主动与指导教师联系、交流，有效解决实践教学活动所遇到的各种问题。在所有雷锋精神教学实践活动中，学生须参加安全教育，签订安全承诺，加强安全意识，注意风险防范，避免发生安全事故。

（三）强化管理流程

要保证雷锋精神教学实践活动的顺利进行、取得预期实效，必须高度重视强化教学实践活动的管理流程。

一是要制订严密周全的雷锋精神教学实践活动实施方案。明确指导思想、实践活动内容、活动流程、任务分工、人员编组、物资保障、工作要求、组织领导等，做到详尽、严密。

二是要召开专门会议进行实践活动动员部署。每项雷锋精神教学实践活动开始前，要召开各有关单位领导和有关人员专题会议，宣布方案，作出部署，提出要求。如有必要，应进行相关专业的培训。之后，各参与单位召开本级全体参加人员会议，学习、了解实践教学总体部署安排、自身任务及相关要求等。

三是在教学实践活动期间要精心严密组织。开展活动时，要按照方案进行，由各分管领导按照分工，分兵把口，具体组织。发生突发情况时，应及时采取有效措施应对处置，确保人员安全，并适时对活动作出调整。

四是认真进行总结。活动结束后，应组织参与教学实践的全体人员和各单位，分别进行个人总结和单位总结，包括活动情况、收获和存在的问题等，以为今后实践活动提供可资借鉴的经验教育。同时，将个人和单位参加实践活动的情况，作为考评材料纳入考评之中。

（四）完善管理制度

第一，建构完善的雷锋精神教学实践活动制度管理体系，是保证实践教学顺利开展的重中之重。高校从领导层面、管理层面、实施层面，应当上下一心，紧密配合，环环相扣。一是高校领导要对雷锋精神教学实践活动高度重视、强化领导、纳入校级工作议事日程之中，把关定向、总体掌控，并明确分管领导。二是学校教务处在制定管理制度时，既要牢牢把握立德树人的总体教育目标，又要符合雷锋精神教学实践育人的总任务要求，根据学校自身的具体情况，结合学生的整体质素和能力，会同思想政治理论课雷锋精神实践教学培训指导中心，制订符合院校实际、适应社会要求的具体、可实施的雷锋精神教学实践课程活动计划，建立与时代相适应的雷锋精神实践教学管理制度。三是建立雷锋精神教学实践保障制度。围绕雷锋精神实践教学的教学大纲和教学任务，建立专项经费保障、搞好专项教学结果评定专项制度，保证落到实处。四是建立相关完善的联络交流机制。为使雷锋精神教学实践开展得有声有色，应当建立毗邻高校之间的联动机制，与省市有关部门和企事业单位、社区、爱国主义教育基地等的交流合作机制。

第二，细化学校各相关职能部门的具体工作任务。思想政治理论课雷锋精神实践教学，绝不仅仅是马克思主义学院的任务，而是全校在立德树人、培养一代新人的过程中，需要密切配合、齐心协力的共同任务。学校宣传部、校团委以及学生处等，应充分发挥自身的职能作用，对雷锋精神教学实践，给予强力支持与联动配合。学校各相关部门应与雷锋精神教学实践培训指导中心保持密切联系，就雷锋精神实践教学基地的建设问题、指导教师培养与选配问题、课程内容的安排问题、不同学院学科的学分设置问题等，经常进行会商，给予指导和支持。

第三，建立雷锋精神教学实践实践教学经费管理制度。学校财务处应该根据教学大纲和实际需要，建立雷锋精神教学实践专项经费的管理保障制度，包括具体的报销规定、开支明细、特殊支出等。

六、新时代雷锋精神实践教学保障体系的建构

高校本科生思想政治理论课雷锋精神实践教学，是在新征程培养能堪当时代重任、德智体美劳全面发展的社会主义事业建设者的重要阵地和有效举措。为确保雷锋精神实践教学任务和目标的完成，提高雷锋精神实践教学的质量和效果，高校应当建立健全规范、配套的师资、经费、时间、安全等保障体系，以形成有力支撑。

（一）师资保障

教育大计，教师为本。习近平总书记在学校思想政治理论课教师座谈会上发表重要讲话，强调办好思想政治理论课关键在教师。同理，抓好思想政治理论课雷锋精神实践教学，关键在指导教师。

第一，配齐配强雷锋精神实践教学指导教师。要保证思想政治理论课雷锋精神实践教学的任务顺利进行和完成，首先应按照相关规定达到教师配比。高校应当根据实际情况，结合发展需要，尽量将指导教师人数稳定在一个合理的范围内。还可以与其他教研室、任课教师交流互动，形成长、中、短期合作机制，既可以加强雷锋精神实践教学指导教师的相对稳定，又可以丰富雷锋精神实践教学活动的内容和形式，进而激发和调动教

师队伍的积极性和热情。

第二，加强雷锋精神实践教学指导教师的教育培训力度。习近平总书记指出："好老师要做到学为人师、行为世范。""立德修身，潜心治学，开拓创新，真正把为学、为事、为人统一起来，当好学生成长的引路人，为培养德智体美劳全面发展的社会主义建设者和接班人、全面建设社会主义现代化国家不断作出新贡献。"

教师队伍是雷锋精神实践教学的中坚力量，承担着引导学生学习雷锋榜样、传承雷锋精神、塑造正确人生观和学习掌握科技知识、提高综合素质、成为时代新人的重要职责。由此，教师队伍直接关系到雷锋精神实践教学的质量，关系到雷锋精神实践教学的成效。因此，要采取培训、讨论、参观等形式，强化雷锋精神实践教学教师队伍的教育提高。要用雷锋精神培养造就教师队伍的雷锋情怀，培养他们学为人师形象、行为世范形象、立德修身形象，当好学生成长的引路人，以确保雷锋精神实践教学取得成效，不断发展。

第三，不断提高雷锋精神实践教学指导教师的指导能力。根据教育部对思想政治理论课实践教学的要求，雷锋精神实践教学的指导教师，需要具备过硬的思想政治素质和理论素质，较强的组织管理能力、协调能力、沟通能力以及社会实践能力。要通过专题和综合培训、观摩教学等方式，不断提高雷锋精神实践教学指导教师队伍的综合素质，其中十分重要的是要进行雷锋榜样、雷锋精神的教育培训，以保证雷锋精神实践教学活动的顺利开展和有效进行。

（二）经费保障

经费保障是雷锋精神实践教学正常开展的基本构成条件。

第一，加大对雷锋精神实践教学经费的投入力度。根据问卷调查，很多高校对实践教学专项经费给予了大力支持，但实际情况是雷锋精神实践教学的经费仍然存在很大缺口。因此高校应当合理利用社会各界资源，加大雷锋精神实践教学经费的投入力度，按人数拨款，确保专款专用、专人专用。

第二，多渠道筹措雷锋精神社会实践教学经费。为使雷锋精神社会实践教学顺利进行、总体任务如期完成，应当采取多渠道多途径的方式，包括院校、社会、个人等筹措经费，不致因经费短缺而或受影响或停滞。要拓宽思维，众志成城。

第三，要加强雷锋精神实践教学经费的科学管理。因客观上存在实践教学经费本身的短缺和不足的现象，更应该做到开源节流，每一笔支出都要做到精打细算，保证科学合理。要设置专人管理雷锋精神实践教学经费，账目明确、使用合理、专款专用。严格按照经费管理制度，强化监督检查，杜绝一切铺张浪费和非法侵占挪用现象。

（三）时间保障

雷锋精神实践教学的质和量，一定程度上取决于学生是否有充足的时间参与实践教学。因此，必须在时间上给予保障。

第一，明确规定雷锋精神实践教学的基本学时。为保证雷锋精神实践教学的有效落实，要按照教育部关于实践教学基本学时的具体时间规定，根据思想政治理论课雷锋精神实践教学计划总体安排，原则上可与"毛泽东思想和中国特色社会主义理论体系概论"课程同步实施，但应采取"单独设立、独立运行、独立考核"的模式。"思想政治理论课综合实践"课程总学分为3个学分，总学时为48学时。学生按照此方案相关要求，通过实践教学考核，即可获得相应学分。保证基本的实践教学学时，可以有效推进实践教学的稳步进行和有效开展。

第二，有效控制雷锋精神实践教学的具体时长。经调查研究，虽然雷锋精神实践教学已经融入各高校的思想政治理论课，但是具体的实践教学时间难以得到保障,存在"走形式、走过场"现象。也就是说,确实开展了雷锋精神实践教学活动,但是并没有通过足够的时间,使同学们参加相关的活动和学习体验实践教学的过程。因此,高校教师和学生必须确实将雷锋精神实践教学的时间落到实处,从教学安排、教学计划、教学反思等不同的维度,保证雷锋精神实践教学的有效进行。要让同学们从一开始就参与到讨论制定实践教学的安排和计划中,以使他们在实践过程中有相应的收获。

第三,合理利用部分节假日开展雷锋精神实践教学。可以利用"十一"假期,组织安排部分学生进行雷锋精神实践教学,如参观访问、社会调查等活动;可以利用理论课程教学结束后,或是重大节日、纪念日,集中安排学生参加雷锋精神实践教学活动,如进行知识竞赛、瞻仰伟人故居等;可以利用开学前的两周时间,进行思想政治理论课雷锋精神实践教学,如开展社区调查、帮贫扶困等公益活动;还可以利用寒暑假时间开展实践教学,加强学生参与的广泛性,如"三下乡"活动、青年志愿者服务活动等。

(四)安全保障

由于雷锋精神实践教学的特殊性,大学生需要根据教学安排走出校园,走进厂矿企业、街道社区、乡镇农村、敬老院和幼儿园等,接触平时生活所不能接触的环境和事物,期间存在很多不可掌控的不确定因素。因此,保障学生的安全问题非常重要。为既保证雷锋精神实践教学的顺利进行,又保证师生人身安全,建构和完善安全保障体系是雷锋精神实践教学体系建构中的应有之义。

第一,加强学生安全教育。一是加强交通安全教育。要通过专题实践教学动员会、专题安全讲座和宣传的形式,或在校园文化建设中融入和加强交通安全教育,也可集体观看纪录片,通过视频和画面直观地让学生意识到交通安全的重要性。二是加强饮食安全教育。饮食安全是进行雷锋精神实践教学活动中需要高度关注的。校外的餐馆、摊点存在很多食品、卫生安全隐患。高校要为学生的安全负责，集体在外就餐时要保证食品的新鲜和健康，严格按照食品安全质量的要求采购、就餐。三是加强活动与生产安全教育。活动与生产安全的问题，在雷锋精神实践教学的过程中非常重要。因为有很多的活动在开放性的空间进行，对学生人身安全威胁的因素很多，包括车辆、人员等。因此，在活动或生产中，要在组织实施的同时，注重安全保卫工作，重点部位、重点地点要安排安全哨、警戒员，随时发现和排除可能发生的各种危险因素，确保学生人身安全。四是加强消防安全教育。建构安全保障体系和安全教育，必须涵盖消防安全教育。在校外进行雷锋精神实践教学活动时，要提醒和要求学生增强提升消防安全意识，特别是对于明火的使用更要严格控制、格外谨慎。教师在现场要严密组织，加强监督检查，一旦发生不测事件时，要紧急组织学生疏散，最大限度地避免造成人员伤亡事件发生。

第二，为参加社会实践教学的教师和大学生购买安全保险。雷锋精神实践教学活动具有丰富性和多元性，与其他课堂教学的最大区别是开放性，课堂外活动多。在走出校园参加社会实践教学的过程中，学生的安全问题至关重要。近几年大学生群体中出现的交通安全问题和饮食安全问题相继发生，警示我们在课堂外实践教学活动中，极容易发生各种各样的意外，必须引起足够重视。保障教师和学生的安全是高校管理者的基本义务，也是实践教学的硬性要求。由此，外出参加雷锋精神实践教学活动时，无论出行的距离远近、时间长短，无论是教师带队出行还是学生自行组织出行，都必须为教师和大学生购买安全保险。

第三，建立健全雷锋精神实践教学活动的安全突发事件应急机制。事实表明，不少安全事故，如交通事故、食物中毒、火灾、塌方、桥梁倒塌等具有不确定性、突发性，是事先难以预料的。这些突发事件来势迅猛，破坏性很大。因此，需要在事前建立健全安全突发事件的应急机制，包括制定应对处置预案、平时利用一定时间组织进行演练、进行相关知识讲座培训等。发生突发事件时，应迅速采取有效措施进行处置，把损失和灾难降低到最低程度，最大限度地保障师生安全。

第四，建立健全雷锋精神实践教学安全责任制和责任追究制。为有效避免实践教学活动中发生校外安全事件，高校必须建立起一套行之有效的雷锋精神实践教学安全责任制和责任追究制，明确从高校领导到有关部门、从教师到学生在活动安全中的任务、分工、责任。这将有利于确保雷锋精神实践教学任务的顺利进行，有利于完善雷锋精神实践教学体系的建构，有利于促进教师和学生增强安全意识和安全责任意识，有利于确保教师学生的出行安全和人身安全，有利于为雷锋精神实践教学做好坚实的后勤保障。

第三节　新时代雷锋精神实践教学的实现路径

新时代雷锋精神实践教学既要立足于理论教学的开展，又要高于理论教学。要通过提高对雷锋精神实践教学的思想认识，创新雷锋精神实践教学模式，以搭建雷锋精神实践教学平台和提高雷锋精神实践教学师资队伍水平为主要途径，不断提升雷锋精神实践教学水平。

一、提高雷锋精神实践教学认识

随着教育改革的实施，党和国家越来越重视实践教学活动，重视学生的实践动手能力，这就要求学校、领导层、教师、学生个人，从党和国家发展的政治高度、从实现第二个宏伟目标的时代高度，正确认识和深刻认识思想政治理论课雷锋精神实践教学对培育一代新人的重大现实意义和深远意义，了解其对于学生全面发展及提升综合素质的重要作用，这是做好思想政治理论课雷锋精神实践教学的前提和基础。

（一）提高学校领导对思想政治理论课雷锋精神实践教学的认识

学校领导对于学校教学整体方向的把控起着关键作用，要不断推动高校思想政治理论课实践教学的发展，要求高校的领导充分认识雷锋精神实践教学对于学生发展及能力提升方面的重要意义和重要作用，进而将思想政治理论课及思想政治理论课雷锋精神实践教学提升到学校的重要位置。首先，身为学校的领导者，要认真学习和深刻理解习近平总书记关于新时代学雷锋的重要指示，提高用雷锋精神建校育人的思想自觉和行动自觉。其次，要在思想上高度重视雷锋精神实践教学，列入党委和校务会议议事日程，加强组织领导，成立专门的思想政治理论课雷锋精神实践教学领导小组，或责成其他职能部门分管，并设立办公室，由专门的人员负责思想政治理论课及雷锋精神实践教学活动的综合统筹协调活动，并时常过问研究相关事宜。最后，要加大对雷锋精神实践教学的教师队伍配备与专业培训、经费投入、保障基地等，从学校的角度给予政策倾斜保障等，以提高雷锋精神实践教学顺利进行和不断发展。

（二）提高思想政治理论课教师对雷锋精神实践教学的认识

教师是教学活动的承担者，要使雷锋精神实践教学高质量进行，真正达到建校育人的目的，必须提升教师对雷锋精神实践教学重要性的思想认识，这样才能使教师增强政治责任感，以高昂的积极性和创造性倾心倾力于教学过程。

提高教师对雷锋精神实践教学的认识，可以从以下两个方面入手：一方面，组织教师进行培训，学习习近平总书记关于新时代学雷锋的一系列重要指示，深刻领会其精神实质，提高从事雷锋精神实践教学的责任感、时代感和自豪感，明确肩负的历史重任；通过报告、讲座、观看录相等形式，学习雷锋事迹、雷锋精神，确立雷锋情怀，丰富雷锋知识，为实践教学奠定坚实基础。另一方面，通过主题演讲、课堂观摩等形式，使教师明确雷锋精神实践教学的主要内容、活动流程、现场组织、总结交流等，培养和提高理论联系实际能力、沟通协作能力、创新能力，以在丰富生动、多样复杂的雷锋精神实践教学中，发挥好讲授知识、组织协调等作用。

（三）提高大学生对思想政治理论课雷锋精神实践教学的认识

无论开展何种教学工作，通常情况下，被教育者对知识的渴求程度、学习各种规则及文化成就的自觉性，还有兴趣性、积极性，都将会对教育的实际成效造成直接影响。大学生参加各类活动的积极性、自觉学习更多实践内容的意识、对实践教学的理解等，均会对教学成果造成直接影响。

由此，必须着眼于大学生的特点、成长规律，采取各种形式手段调动和激发其参与活动的积极性，使其对思想政治理论教育有正确的认识，从而提升对雷锋精神实践教学的重视度、参与度。

一方面，在开展与思想政治理论相关的雷锋精神实践教学时，对大学生的兴趣及学习动机有清楚的认识，并且将其作为主要切入点，使其端正对思政教育的认识，激发积极参与的积极性。对于教师而言，也应对不同年级大学生的个人需求有一定的把握，对雷锋精神实践教学中的相关内容进行深刻把握。将教学内容与学生需求、兴趣联系在一起，并且对两者之间的关系进行深入的剖析，从而找出合理的切入点，使学生对雷锋精神实践教学的内容和活动参与兴趣、趋向能够得到有效地引领和激发。

另一方面，借助于合理有效的诱因，使大学生学雷锋、参加学雷锋志愿服务等公益活动的动机、趋向得到有效激活，从而促使更多的学生能够积极主动地参与各类雷锋精神实践教学活动。首先，在开展相关的实践活动时，教师可以针对相关问题，为其创造出一个良好的情境，引发学生的好奇心。问题情境的设置可以采取多种方法。其次，教师应当针对学生在雷锋精神实践教学中的个人表现对其进行评价。当学生在受到教师的批评或表扬时，通过积极的引导，能更有效地激发学习和参与动机，并且也能得到良好成效。最后，教师还可以借助于学生具有一定的好强心这一心理特点，在开展相关的教学活动时，应以合理的方式组织更多的学生参与其中。

（四）提高社会各界对思想政治理论课雷锋精神实践教学的认识

"思想是行动的先导和动力，只有认识到位，才能行动自觉。"因此，只有社会各方都能正确认识各个高校所开展的实践教学系列活动，全面了解思想政治理论课雷锋精神实践教学的意义和价值，才能在行动上支持思想政治理论课雷锋精神实践教学的系列教学活动。

社会是最大的一所学校，可以使学生学到很多学校学不到的东西，尽快长大成才。社会应当与学校一道，并尽其所能为学生的雷锋精神实践教学提供良好环境和条件。不管是城市街道还是乡镇村社，不管是企业还是单位，对于尚未踏入社会的大学生来说，参加雷锋精神实践教学活动都是难得的机会。实际上，这也是一个互利共赢的过程，是高校资源与社会资源的交流和互鉴。对于社会来说，是高校资源向社会民间的流动。对当地或者是企事业单位的发展来说是新的发展机遇。对于大学生来说，社会的真实现状不同于课堂和书本，在参与雷锋精神实践教学活动中，既体现服务社会、为他人送去温暖的成就感、价值观，又可以走进社会，亲身感受社会的真实环境，为将来走上社会积累感性经验。从这个角度来说，社会各界支持思想政治理论课的社会实践教学，对人才培养、国家建设和企业发展都是有利的。

二、创新雷锋精神实践教学模式

雷锋精神实践教学要通过创新教学模式来提高实践教学的实效性，以此来提高学生在雷锋精神实践教学过程中的参与度和认可度。

（一）情境创设体验模式

情境体验式教学是指在雷锋精神实践教学过程中，为达到既定教学目标，基于课程内容，以教师创设的合理有效的教学情境为前提，以学生参与情境体验为核心，以教师为主导，以学生为主体，让学生置身于设计的教学情境中从而引起其情感体验，在认知过程和情感体验过程有机结合的一种教学模式。

1. 情境创设模式的特征。

（1）情境性。

情境体验式教学的关键在于情境的创设，因此情境体验式雷锋精神实践教学的基本特征之一是情境性，通过创设适合学生感知的教学情境，架起让学生对雷锋榜样、雷锋精神的认知桥梁，以形象生动的形式展现出来，引导学生在情境体验过程中，感知感悟雷锋榜样、雷锋精神。

（2）参与性。

雷锋精神实践情境体验式教学，所关注的并不是学生被动地通过报告、讲座、演讲、参观等形式，了解雷锋事迹、雷锋精神，而是通过精心的动态与静态教学设计、进行情境创设，营造参与体验的氛围，引领学生认识雷锋、理解雷锋精神，激发学生学雷锋的热情，参加学雷锋志愿服务等社会公益活动的热情，并彰显出青年大学生践行社会主义核心价值观的力量、风采和新作为。

（3）互动性。

陶行知说："教育是心心相印的活动。"教学是教师的教育与学生的学的统一，这种统一的实质就是互动。没有互动的教学是没有灵魂的。雷锋精神情境体验式实践教学不是教师的单向输出、教师个人的表演，而是师生、学生与学生之间的互动，交流沟通、启发互补，在情境体验过程中分享彼此的思考、收获，从而达到共识、共享、共进，实现教学相长和共同发展。

2.情境创设的具体方式。

雷锋精神情境体验式实践教学是建立在情境创设的基础之上，运用情境体验式教学的关键在于教师进行精心的情境创设。常言道：教学有法，教无定法，贵在得法。雷锋精神情境体验式实践教学的情境创设，方法因人因时而异，同时也要依靠教师的教学经验、教学能力和教学规律来选择。

（1）运用语言描述情境。

雷锋精神语言描述情境实践教学，是教师运用生动形象、富于情趣的语言叙述生活中的事情，描述生活中的场景，勾画生活中的人物等引导学生。实际上，它是通过语言的渲染、描述和感化作用，创造出一种具有强烈感染力和鼓动性的教学情境，以拨动或震撼学生的心弦，给学生创造性思维的发展提供广阔的天地，诱发学生在头脑中形成正确的表象，从而感知感悟雷锋榜样、雷锋精神，增强学雷锋的意识。通过语言来描述情境，需要教师有丰富系统的雷锋文化知识，有较强的语言表达能力。在语言描绘中，要善于运用雷锋日记、雷锋事迹、雷锋精神，寓理于事，也可以讲述当代学雷锋先进模范、学校学雷锋先进人物和发生在身边学雷锋的典型事例，再通过恰当、耐人寻味的情境，以增强现实感和说服力。

（2）通过演示展现情境。

在思想政治理论课教学过程中，教师通过传统教学媒体（挂图、照片、模型、黑板画、标本等），或者通过现代化教学媒体（视觉媒体、听觉媒体、视听媒体及交互媒体等）的演示，将雷锋事迹、雷锋日记、雷锋精神和当代学雷锋先进模范以实物、图像、音频、视频等形式展现在学生面前，使学生通过对直观形象的实物、语言、事迹等，形成对雷锋、对当代学雷锋的认知和理解。通过演示来展现雷锋精神等情境，需要教师平时就要做一个有心人，对教学相关的音频、视频、图片等素材加以搜集与整理。在教学情境创设过程中，要将这些素材与教学内容巧妙结合，以达到烘托主题、加强讲课的趣味性和感染力，深化讲课和教育的效果。

（3）开展活动表现情怀。

思想政治理论课雷锋精神实践教学，因教学、活动内容而异，应通过演出戏剧、诗歌朗诵、小品、辩论、竞赛、模拟、角色扮演、对话、合作探讨、主题演讲及游戏等各种活动形式，创设雷锋精神实践教学情境，激发学生学雷锋兴趣，激励学生参加学雷锋志愿服务等活动的积极性，形成师生互动、学生与学生互动的生动格局，让学生在参与活动中体验雷锋精神，在体验中理解雷锋精神，在理解中提高学雷锋的自觉性，在日常中践行雷锋精神。通过开展活动来表现情境，需要教师有丰富的雷锋文化知识、较强的课堂组织能力，还要充分发挥教师组织者、引导者的作用，把握课堂节奏，带动课堂氛围，积极引导学生，让学生在创设的情境活动中进一步感悟雷锋精神，自觉用雷锋精神提升自我、发展自我。

（二）虚拟雷锋精神实践教学运用模式

为使思想政治教育不留空白地带，新时期大学生雷锋精神实践教学就要发挥虚拟现实教学模式的作用。"现实"指传统思想政治教育，也称网下思想政治教育，是建立在物理空间条件下、现实生活中的传统思想政治教育。"虚拟"指网站、微博、微信等网络思想政治教育。简单讲，网络思想政治教育就是建立在虚拟空间、虚拟生活中的思想政治教育，它的直接教育对象是能够上网、具有虚拟生活的人。新时期大学生乐于接受新事物、敢尝试和冒险的特点使他们成为网络的主力军。

新时代雷锋精神实践教学要发挥虚拟现实教学模式的作用，就是既要重视现实的传统思想政治教育，又要重视虚拟的网络思想政治教育。一方面，要注意发挥传统思想政治教育的基础性作用，通过传统的报告、讲座、主题演讲、参观、活动等形式，传承弘扬雷锋精神，也要善于吸收和运用信息网络的新技术、新方法，制作雷锋事迹、雷锋精神PPT、视频等，增加雷锋精神实践教学的时代感。另一方面，要把雷锋事迹、雷锋精神、学雷锋先进模范、雷锋文化等做到网络上去，通过雷锋主题网站和设置雷锋事迹、雷锋精神、雷锋文化等专栏，使网上雷锋精神实践教学与网下雷锋精神实践教学有机结合起来，实现雷锋精神物理空间和虚拟空间的全方位覆盖。

此外，为使雷锋精神实践教学始终保持蓬勃发展的势头，要及时采用新的网络技术，通过各种方式培养专业人才，建立一支专、兼结合的网络雷锋精神教育队伍。网络雷锋精神教育队伍，不仅需要具备丰富的雷锋文化知识、雷锋精神教育的经验和能力，还要树立用雷锋精神网络育人的理念，熟练掌握基本的网络知识和技能，有敏感的信息意识、较强的信息能力和良好的信息道德。

高等学校也可以采取"专业化"和"专家化"相结合的方式，在雷锋精神教育教师和雷锋文化专家学者的指导下，在组织大学生骨干在网络雷锋精神教育的实际建设中，指导大学生用雷锋精神滋养自己、提高完善自己，并向其他同学和社会辐射。

（三）"学生骨干宣讲法"雷锋精神实践教学模式

"学生骨干宣讲法"雷锋精神现场实践教学，是教师根据一定的雷锋精神理论教学内容，在各个班级选择一部分积极参加雷锋精神实践教学活动的学生骨干，在对他们进行雷锋文化、理论知识、实践活动和安全培训后，组织学生到实践教学基地或社会单位等，进行雷锋精神实践现场教学。要求学生做好现场记录，学生骨干回校后经过教师的指导，撰写心得体会，并选择自己喜欢的主题，对班级全体学生进行雷锋精神现场实践教学的感悟宣讲，以这种间接、同龄教学、交流的方式，实现雷锋精神现场实践教学的全员化。

"学生骨干宣讲法"雷锋精神现场实践教学模式，是根据其特定的理论基础和思想政治理论课的教学目标，在雷锋精神实践教学中，按照其固定的教学程序和科学的评价方法对学生进行的实践教学，是不断引导和加深学生对雷锋精神日益深化理解和实践过程的感悟，做到理论联系实际，从而实现知行统一的一种相对稳定的实践教学模式。

"学生骨干宣讲法"雷锋精神实践教学模式有特定的实施程序。"学生骨干宣讲法"雷锋精神实践教学模式是一个较为完备的实践教学体系，它包括前期准备阶段、实践教学阶段、学生骨干宣讲阶段、实践成绩评定阶段等。整个实践教学体系的各个阶段联系紧凑、逻辑清晰、设计合理，能够很好地发挥雷锋精神实践育人的作用。

首先，前期准备。一是理论铺垫，即对雷锋精神实践活动的内容及调查研究对象相关知识，提前讲解、安排学生自主搜集相关资料与学习。理论来源于实践，没有凭空而来的理论，任何理论都不可能脱离实践而独立存在。在将学生带到雷锋精神实践基地前，先对学生进行必要的相关讲解和铺垫，有助于学生更好地理解外出实践的内容、流程和目的。然后，再安排学生从图书馆或网络上搜集一些与雷锋精神实践教学内容相关的资料，提前了解，以备后续加深理解。二是进行培训，即对各班的"骨干"学生进行培训。因为每个班级的学生人数较多，有很多硬性条件的限制，我们不可能将所有学生都带到实践基地进行教学，这就需要在实践学习前期，选拔一些对实践教学有着极大兴趣，或是本身在班级具有较大号召力、口头表达和文字能力较强且愿意、主动参加实践教学的学生作为骨干，一般为每个班级选择3～5名学生骨干；在前期理论铺垫的基础上，再次对这些学生骨干进行培训，包括实践活动内容、实践目的、安全注意事项等，让学生带着目的和任务，有的放矢地参观实践基地，这样学生骨干能回到班级将自己的所闻展示给同学，将自己的所感、所悟宣讲给同学，在这个过程中才能给学生以心灵的冲击、情感的共鸣，最终达到实践育人的目的。三是保障环节，即联系雷锋精神教学实践场地和联系学校后勤中心，安排校车接送学生往返。实践教学基地的选取要与理论教学内容相匹配，另外，雷锋精神实践教学基地应该具有典型的教育意义，具有民族特色等。再者，教师在联系雷锋精神实践场地时，应与实践基地的讲解员、聘请的专家等进行沟通交流，以便后期学生实践时，能够对学生进行实践基地概况的讲解和对学生现场讨论的点评等。

其次，实践教学。当学生到达雷锋精神实践教学基地后，在现场进行现场体验并开展实践教学。由实践基地的讲解员，对基地概况进行介绍和对学生提出的问题进行解答。参观结束完成后，在基地现场组织学生骨干进行讨论交流，分享自己的所见所闻所感，并由教师或者专家进行现场点评，加深学生对雷锋精神实践教学的感悟。学生骨干在基地现场参观学习的时候，不仅记下听到的东西，也要用相机或手机等电子设备记录自己看到的东西，以便回到学校宣讲时让同学们有身临其境的感受，实现全员参与，从而达到雷锋精神实践教学全覆盖的效果。

在雷锋精神实践现场教学过程中，要注意引导学生用描述记录、叙事记录、工艺学记录等方法，对实践教学过程中的场景、人物、现象、事件进行记录。学生骨干回到学校后，根据自己在实践教学基地学习的内容，选择一个适当的角度或主题，制作成PPT。试讲试听后，教师给出指导意见，经过多次修改，最终将实践教学的内容，在课堂上给同班同学宣讲，以达到实践教学的全覆盖，提升实践教学的实效性。指导教师则需要在学生骨干宣讲的选题、文字稿的组织、PPT的制作、试讲等方面，认真反复指导好学生骨干。同时，在学生骨干宣讲后，教师要及时对学生宣讲的全过程给予点评,还要注意引导学生之间的交流互动,提高学生的参与感、认同感和获得感。

最后,实践成绩评定。当学生骨干对雷锋精神实践教学的内容宣讲完后,学生骨干提交宣讲文稿。全班同学根据宣讲的内容撰写学习报告,教师对学生的宣讲文稿或学习报告进行评定。评定成绩要求:学生"骨干"围绕宣讲主题,感悟宣讲,并提交宣讲文稿;各小组完成一篇主题学习报告,并作交流汇报。各小组在汇报时,应该紧密围绕主题,结合当前国家、社会和自身问题,思考并阐述感悟。一般评定标准:各班成绩可分为优(85~100分)、良(80~84分)、中(70~79分)、差(60~69分)、不及格(小于60分)五个档次。在对学生进行成绩评定时,应分别评定学生的理论课成绩和实践成绩,让学生充分认识雷锋精神实践现场教学的感染力量和实地收获感。

三、优化雷锋精神实践教学平台

雷锋精神实践教学平台是进行雷锋精神实践教学的主要载体,要合理优化雷锋精神实践教学资源,整合线上、线下雷锋精神实践教学平台。

(一)雷锋精神基地实践教学平台

雷锋精神实践教学基地,是由学校有关部门与企事业单位、科研机构、政府部门等,本着相互配合、相互支持、互惠互利的原则,在校内或校外建立的相对稳定、能够实施雷锋精神和相关专业实习、社会实践等实践性教学活动的场所。

雷锋精神实践教学基地的建立,为进一步丰富学生学雷锋实践教学内容,促进"产、学、研"三者的结合和共同发展提供了条件。由此,在联系基地、确立基地和基地建设方面,一定要有明晰的思路,进一步丰富基地建设的内容、类型，同时要坚持从严基地建设的原则，认真进行调研论证后确定，并必须坚持育人的目的，给以充足的经费保障等。

建设思想政治理论课雷锋精神实践基地，需要做好大量的工作，如建立密切的、长久的、友好的双方关系，组织相当数量的大学生到实践基地内参观、调研、体验、服务，需要一定的人力、物力、财力，而且要有领导重视。如何引起领导重视？笔者认为：一要有主动性，不能坐等领导重视，不能只埋怨领导不重视，要找要跑，积极努力向领导反映、与领导探讨思想政治理论课雷锋精神实践教学的重要性、时代价值、建立实践基地的必要性，引起和争取领导的重视。二要力争有为、再争有位。要积极努力、开拓创新，先抓好一至两个雷锋精神实践基地，作出一定的成绩，有利于争取领导的重视；领导重视，又会进一步推动用雷锋精神建校育人工作的开展。这样互相关联、互为作用、相辅相成，良性循环，就会使雷锋精神实践教学基地建设日趋完善。

另外，可依据不同标准和内容，根据实际需要和客观情况，建设不同类型的实践教学基地。马克思主义基本原理、中国近现代史纲要、毛泽东思想和中国特色社会主义理论体系概论、思想道德修养与法律基础、形势与政策等，均为思想政治理论课，但是五门课程各有自己的特点，承担着不同的教学任务。因此，思想政治理论课雷锋精神实践基地的建设，要与课程相对应，建立多种类型的实践教学基地。

一是建立体验性雷锋精神实践教学基地，主要建立以深化和巩固学生认知性的实践基地。如大连党史馆，可以提供学生参观访问、现场研讨等活动。

二是参与性雷锋精神实践教学基地，主要是为了培养学生身体力行、直接参加学雷锋志愿服务活动，以强化学生的思想道德情感、道德信念、道德行为。如大连理工大学电信学部创建"阳光助学"社团，在大连市敦煌社区建立的"社区讲坛"——为农民工子女义务教学的思想政治理论课教学实践基地。

三是综合性雷锋精神实践教学基地。如大连新源动力股份有限公司，组织学生到此参观学习，就能使学生既能了解到我们国家支持新能源的政策，又能感受到企业勇于创新的精神，而且能够使学生看到本专业的价值，从而激励学生培养良好的学风，以雷锋忠诚报国的情怀努力学习、提高综合素质，长大后成为时代新人。

（二）雷锋精神网络实践教学平台

雷锋精神网络实践教学平台，分为互联网模式，网络教室和网络课堂模式。

1. 互联网模式。

依托公共网络平台开展思想政治理论课虚拟雷锋精神实践教学，是最简单易行且便捷廉价、传播范围广、速度快的方式。在互联网模式下，学生的实践范围是整个庞大而无限的网络空间，他们能够自由穿梭于各个没有围墙的虚拟世界，独立自主地进行思想政治教育相关理论、雷锋事迹、雷锋日记和雷锋精神、红色革命文化等的学习。学生只需在闲暇时间付出时间、精力与兴趣，便可以获得丰富多样的雷锋精神等多种红色革命文化，能够在广阔的空间中进行学雷锋实践以完成教师布置的课余任务，或者是根据自身条件与兴趣爱好，自主选取资源学习。

通常情况下，利用互联网模式进行的虚拟雷锋精神等多种红色革命文化实践学习，大体可分为以下三类。

第一，采用网络调研的方式，针对当前社会热点话题，教师可以组织学生通过自主搜集浏览雷锋精神等多种红色革命文化相关内容，并展开思考与讨论，甚至是模拟事件的发生，通过场景再现让学生产生共鸣，对事件背后所产生的社会现实问题进行评估与分析，达到现实与虚拟世界认知的一致性，并以多媒体形式展现汇报。

第二，在传统社会实践无法满足每一个学生的情况下，网上虚拟体验雷锋精神等红色革命文化是一个两全的办法。考虑到安全与经费的问题，学生足不出户便可以参观浏览相关地点随后完成雷锋精神实践教学任务，这有时比实地走马观花式的走访参观更为有效。雷锋纪念馆和红色资源网站开设的虚拟式的情境空间，都能让学生全面、准确地感受雷锋精神与红色革命文化，并可随时展开分析研究与实践报告，省时省力。

第三，当前有关思想政治理论专题的网站越来越丰富，学生在各种有关网站，既可以搜索了解国内外的最新时事资讯，又能及时了解学校、地方开展的各种思想政治教育活动和雷锋精神等红色革命文化的信息，紧跟时代发展潮流。另外，学生也可以在网上参与互动讨论发表自己的见解，通过自己的所思所感形成电子论文方式投稿提交，以达到学术交流和提高自身理论修养的目的。

2. 网络教室模式。

近年来，越来越多的课程已从传统"面对面"的课堂讲授模式，转为依托网络平台与数据库，在计算机硬件设施和软件良好的虚拟环境下的实践教学活动。简言之，就是学生与计算机设备满足"1∶1"并且彼此有网络相连的教室——网络教室。网络教室具备传统课堂讲授中所具备的课件展示、师生互动等功能，能充分提高学生兴趣，弥补现实实践教学的不足，增强教学效果。

与教学网站相比，网络教室更能够达到虚拟实践带给学生接近真实的体验感，通过网络在线与教师共享交互以综合刺激感官，学生足不出户就能接近最自然的现实情境。其中，网络教室将书本与客观存在的现实场景，也包括雷锋事迹、雷锋精神、雷锋文化等，浓缩于数字集成化的网络世界，让冰冷生硬的书本文字，以图画形式活灵活现地展现在学生面前，具有以往实践教学无可比拟的优势，更易于学生接受、理解。

如今，在高校思想政治理论课的网络教室中，最常见的便是思政实验中心。思政实验中心建立在数字化体验式教学平台的基础上，集影视、动画、音频、图片、文字等展现教学资源的途径实时引入教学过程，以此完成一系列经过互动化设计的思想政治理论主题课程，动态地进行思想政治理论课培养教学。在实验室中，学生可以通过 VR 现实技术进行基于情景模拟的体验式教学，抑或是让学生在模拟情境中创建虚拟角色进行扮演，通过设计好的符合思想政治教育理论的各种教学案例，让学生在高度仿真的情景中应用理论知识解决实际问题，变知识为方法。

3. 网络课堂模式。

网络教室需要借助特定的教学场所来进行虚拟实践教学，从某种程度上来说它需要师生双方同步同地处在现实的空间中完成教学活动。而网络课堂则是在网络上构建出的实时在线交互系统，它不要求师生同处在现实的教学场所中，他们可以在异地，以良好的网络环境为支撑，利用同一种网络教学软件工具实施教学活动。在两个或多个地点的教师，可以通过网络课堂实时传送包括雷锋的图片、声音、文字等用于展示教学内容。同时在进行课堂交流的过程中，教师可以通过语音视频、发表文字的方式来监管教学活动，学生也可以通过同样的方式进行提问或回答。当前较为流行的是"慕课"模式，慕课是一种大规模、开放、在线式的课程，主要是高校通过发放丰富的课程资源，让学生随时随地可以在课余时间自主学习，完成自身特定知识的增长。

2020 年年初，受新冠肺炎疫情的影响，在无法按时开学展开教学活动的形势下，再一次催生了网络课堂的革新。全国所有高校包括思想政治理论课雷锋精神实践教学在内的所有课程，均采用了线上教学的模式，利用钉钉、腾讯会议、超星尔雅、学习通等软件，在电脑端、手机端进行线上教学活动。这种教师直播式的讲授形式，借用虚拟世界拉近了师生的距离。通过网课模式，学生可以在线进行线上问答、线上讨论、线上作业、线上考试，以"云学习"方式保证正常教学工作的进行，并结合此次防疫

"大考"在网络授课中,向学生进行雷锋精神、红色革命文化、爱国主义、社会公德以及法治精神教育,确保高校雷锋精神实践教学在内的思想政治教育工作依托网络课堂稳步进行,让思想政治理论课教学在云端"开花",取得了可喜成效。

（三）雷锋精神志愿服务实践教学平台

推动形成管理科学、主体多元的志愿服务工作体系,实现多元共建,需要打造多样化的学雷锋志愿服务平台。

第一,搭建大学生学雷锋志愿服务网络共享平台。首先,高校应该打造专属学雷锋志愿服务 App,设立学雷锋志愿服务公众号,及时有效地发布学雷锋志愿服务信息,随时监控大学生的报名和信息登记情况,以便后期组织安排学雷锋志愿服务工作。其次,高校应该构建新型教育模式,扩大线上学雷锋志愿服务教育资源供给,提供优质案例,加强线上培训,实现培训过程中学生与学生、学生与老师之间的互动,提升大学生的自主学习能力和沟通交往能力;也可以在网上模拟一些在学雷锋志愿服务过程中可能会遇到的现实问题,增强大学生面对复杂问题时的应变能力和解决问题的能力。再次,高校应该在志愿服务活动开展之后,在 App 或公众号上开启沟通学雷锋志愿服务交流模式,大家通过该渠道交流各自的感悟和心得,这可以营造和谐的团队氛围,增强团队合作意识,促进学雷锋志愿者之间关系的融洽,学雷锋志愿者们有了更多的获得感和参与感,从而进一步提高了学雷锋志愿服务工作的效率。最后,高校可以通过共享平台发布大学生学雷锋志愿服务优秀成果和典型,通过榜样的示范和引领发挥学雷锋志愿服务的德育功能。

第二,搭建各类大学生学雷锋志愿服务专业平台。大学生学雷锋志愿服务的领域不能仅仅局限在校园内,而要与社会接轨。大学生学雷锋志愿服务应该深入社区,为社区提供专业性的服务,这有助于解决目前大学生学雷锋志愿服务专业技术含量低、领域狭窄、服务形式内容单一等问题，同时也为大学生打造学雷锋志愿服务品牌，扩大社会效应创造了条件。此外，学校与大学生学雷锋志愿服务组织应该积极主动探索，立足社会需求与校外加强联系，搭建校外大学生学雷锋志愿服务平台。例如，可以与学校周边师资力量匮乏的学校开展合作，组织师范专业的学生深入开展支教实习，可以组织医学类专业的学生开展助医学雷锋志愿服务，也可以与当地企业协调，组织相关专业的学生深入一线开展工作等。

四、加强雷锋精神实践教学队伍建设

新时代高校思想政治理论课教师队伍的质量，关系到高校立德树人这一根本任务和终极目标的实现。思想政治理论课雷锋精神实践教学以宣讲雷锋事迹、雷锋精神为基础，以开展学雷锋主题活动为中心，活动设计与组织得好坏，直接影响实践是否成功。

教师作为活动的策划者和指导者，在雷锋精神实践教学活动中极其重要，因为他们肩负着雷锋精神实践教学活动的设计和监控活动动向的职责。因此，教师素质是思想政治理论课实践教学的直接影响因素，这些素质包括思想文化修养、教师素质修养及执行能力等综合素质。但是，雷锋精神实践教学毕竟是一个全方位的活动，牵涉很广，教师有着直接影响。总之，思想政治理论课雷锋精神实践教学要想取得成效，就需要高度注重教师队伍的建设，包括人员的选配、素质的培养、事业心和执行力的提高。

（一）创造雷锋精神理论课教师必备的物质条件

要提升教师各方面的素质，以能组织策划出一个高水平的思想政治理论课程实践活动，闭门造车是行不通的，必须为他们提供必要的条件。摆在第一位的是提供充分的物质基础，这不仅仅是活动相关的物质条件，也包括教师在成长进步和从业中所必需的物质基础。有了物质基础，教师才会更有时间和精力专注自我提升与教学研究，才会对教育事业更有热情，才会在组织雷锋精神实践教学时更有保障，更有底气。这些物质基础的条件，宏观上来看可分为几方面：物质的保障、奖励与相关政策的保驾护航。

从物质保障来讲，主要是经费保障。组织开展雷锋精神实践教学，需要一定的经费和物质保障。如果物质保障跟不上，甚至长期缺乏，不免会让教师失去教学的信心与热情，长久以往会对从事教育的信心有所动摇。由此，必须按照有关规定，给予雷锋精神实践教学以一定的经费保障，可能情况下予以倾斜，以调动和激发实践教学的积极性。

从奖励方面来讲，学校基本上都有自成体系的教师奖惩措施，如职称评级、评优争先等，但是教师也更关注精神层面。教师对学生的付出，靠对教育事业的热爱与信仰，他们能够感受到职业赋予他们的职责神圣感，但是如果没有奖励，或者是不公平，会让教师难以有教学的积极性、创新性。所以，要高度重视担任雷锋精神实践教学教师的精神鼓励，在政治上关心他们，对于作出突出贡献的个人应在职称评级、评优、晋职等方面优先考虑，以激励他们更好地投身于雷锋精神实践教学。

从政策条件来讲，也是学校层面应当重视的问题，而且非常重要。因为政策的缺失，不仅会导致雷锋精神实践教学教师的积极性减退，甚至有可能造成教师队伍人才的流失，在学校教师队伍的扩充时也处于不利地位。具体应当怎么做呢？第一，面向现在从事雷锋精神实践教学的教师队伍，政策应当稳定且充分表达出重视，让教师队伍感到可靠温馨，不会因朝令夕改而不安造成辞职。第二，人才引进方面，应当有一个对外友好的优惠政策。对于高校来说，不仅仅是教师队伍的扩大、优秀人才的增加，更多的是新鲜血液带来的活力与新的经验、新的见解，能够使雷锋精神实践教学更加活跃、有力。

（二）加强雷锋精神实践教学师资队伍的业务能力培养

在世界百年未有之大变局的形势下，在迈向第二个宏伟目标的新征程，雷锋精神实践教学面临着诸多新情况新问题，学校应当高度重视雷锋精神实践教学师资队伍的培养，以更大的关注力度、前所未有的抓实力度，提高师资队伍的整体综合素质，这样才能使雷锋精神实践教学展现新作为、实现新突破、取得新成就，建成一个真正能够组织实践活动的高素质教师队伍。

首先，要为有脱产学习、全日制进修意愿的从事雷锋精神实践教学的教师提供支持，这主要表现在政策方面。思想政治理论课本身就是一个与时俱进的学科，教师不仅应该有与时俱进跟上时代的思维和能力，也应当在此方面付诸行动，不断接续学习，充实提高自己的能力和水平。脱产学习，暂时放下自己的事业，全身心投入新阶段的学习中，是最直接也是最有效的路径。

其次，学校应当积极主动地组织从事雷锋精神实践教学的教师经常参加教研互动。要根据情况和实际需要，适时组织集体备课、集中学习以及教师之间相互听课、校际内外的教学观摩等活动。要充分发挥集体的作用，集思广益，相互学习，相互借鉴，达到共同进步的效果。这个过程是其他单方面的个人学习所不可替代的。

最后，丰富相关资料和完善资源引进体系。对于高校教师来说，专业资源是很重要的，主要指图书馆、教研资料、内部刊物等。这些是进行教研活动的基础，也是必不或缺的支撑。因此，学校应当时刻关注教师的资源需求，对其合理需求应最大限度地满足，以让教师时刻处于专业一线，时刻掌握时局和教育领域的发展变化，时刻了解到最新专业理论成果，从而做到与时俱进，提升素养。

（三）打造立体式的雷锋精神实践教学队伍

雷锋精神实践教学教师队伍如果仅仅依靠思想政治理论课教师，则过于局限，应解放思想，实行改革，拓宽视野，站在"大思政"的角度，可以邀请高校内部、党政领导干部、社会上雷锋文化专家学者、学雷锋先进模范及企业、科研机构等人员，作为其师资支撑，构建多层次、高素质的雷锋精神实践教学师资队伍，适应和满足雷锋精神实践教学的实际需要，满足大学生学雷锋的期望要求。

在相关的雷锋精神实践教学队伍中，起关键性作用的人员，除了思想政治教育教师，还有高校辅导员。对于辅导员而言，由于其对学生的具体情况有更加清楚的了解，并且其通常也有着较强的组织能力，如果辅导员可以协助开展相关的实践教学工作，不但能够使思想政治理论课雷锋精神实践教学得到有效落实，还能够使相关的实践教学工作更具有针对性，从而促进取得良好的教学成果。如果在开展思政教学的过程中，鼓励更多的辅导员参与其中，不但能够使相关的教学工作更具实效性，还可以有效提升辅导员队伍的综合素质水平。

辅导员与思想政治理论课教师是高等院校开展各类活动的主要力量，思想政治理论教育中雷锋精神实践教学的开展也需要由这两支队伍共同完成。对于辅导员与思想政治理论课教师而言，其在开展具体的思政教育工作时，与思想政治理论相关的系统仍然有待整合，且还有很多可以改进和完善的方面。科学整合高校思想政治理论课雷锋精神实践教学教师和辅导员两支队伍，整体推进思想政治理论工作队伍建设，能够形成有效合力，并且对于推动思想政治理论教学任务的完成具有重要意义。

对于辅导员而言，为了能够更好地参加包括雷锋精神实践教学的相关工作，其必须注重提升自身的科研能力水平以及教学能力。为了具备更强的科研能力，其可以借助思想政治理论课兼职教师的身份进行提高。高校可以鼓励和选择符合相应条件的辅导员，担任思想政治理论课雷锋精神实践教学兼职教师。这样既为辅导员提高自身的教学科研能力提供了发展平台，也充实了思想政治理论课雷锋精神实践教学师资队伍，提供了后备力量。一些高校辅导员科研的方向是大学生思想政治理论教育，而担任思想政治理论课雷锋精神实践教学兼职教师正好可以给辅导员的科研助力。高校可以鼓励辅导员并给予制度支持，除此之外，高校辅导员也应当高度提升自身的科研水平以及教学水平，并且能够胜任相关的思想政治理论教学工作。根据过去对辅导员及思想政治理论教师培训工作可以看出，融合培养、共同提高相对少一些。高校可以通过一定的学校制度安排，给予高校年轻的辅导员一定的教学科研平台，在日常的培养培训过程中，让更多的辅导员能够接受马克思主义理论和雷锋文化等红色革命文化的专业培训，让两支队伍融合、交流、共同培养。高等院校辅导员以及思想政治理论教师这两股力量，可以在雷锋精神实践教学中相互配合，实现共同育人。在实践教学过程中以及科研工作中的高校思想政治理论课教师，可以多与辅导员合作，一起进行实践教学，一起开展科研项目的申报和研究。辅导员可以将班级学生对任课的思想政治理论课教师的评价和希望，及时反馈给思想政治理论课教师，和思想政治理论课教师一起探讨大学生日常思想政治理论教育中包括雷锋精神实践教学出现的新情况和新问题。要建立相应的高校思想政治理论课教师和辅导员两支队伍的联系和沟通机制，在一个学期期中、期末通过相应的反馈机制，在雷锋精神实践教学完成后，通过相应的反馈机制，及时实现相互的信息交流和及时反馈，共同形成高校雷锋精神实践教学的合力，实现这两支队伍共同育人的目的。

第七章　构建新时代雷锋精神一体化"三全育人"格局

前面我们从理论教学和实践教学两个方面对弘扬雷锋精神进行深入探讨和研究。在新的历史时期，高校所承担的人才培养任务已不再局限于理论知识学习和实践应用能力的培养。2017年，中共中央、国务院出台《关于加强和改进新形势下高校思想政治工作的意见》指出："坚持全员全过程全方位育人。把思想价值引领贯穿教育教学全过程和各环节，形成教书育人、科研育人、实践育人、管理育人、服务育人、文化育人、组织育人长效机制。"❶ 构建雷锋精神一体化"三全育人"格局，是全员全过程全方位培育时代新人的必然选择和应然之举。

---

❶ 中共中央国务院印发《关于加强和改进新形势下高校思想政治工作的意见》[N].人民日报，2017-2-28.

第一节 雷锋精神一体化"三全育人"的必要性和理论依据

"三全育人"是新时代高校落实立德树人根本任务的必然要求。"三全育人"的核心是"人",培育德智体美劳全面发展的时代新人。"三全育人"的根本是"育",而育人的根本在于"德"。"三全育人"的关键是"全",形成一体化思想政治教育合力。雷锋精神体现"三全育人"的以理想信念教育为核心,以社会主义核心价值观为引领,以全面提高人才培养能力为关键的育人目标,将雷锋精神一体化融入学校各领域、教育教学各环节,坚持育人导向,突出价值引领,符合以新思政观引领改革的要求,有其重要的理论支撑。

一、雷锋精神一体化"三全育人"的必要性

构建雷锋精神一体化"三全育人"格局,是打赢中华民族高质量发展,建成社会主义现代化强国之战的必然举措,是应对国内外形势与挑战的必然选择,是办好中国特色社会主义教育的必由之路,是实现立德树人根本任务的本质要求,是利用红色资源育人的当代选择。

(一)应对国内外形势与挑战的必然选择

当前国内外形势虽然都在向着好的方向发展,国际整体环境仍然处于繁荣稳定阶段,但是随着国际形势的不断变化,出现了很多挑战。

我国目前仍然处在改革开放的深水区,任务重,难度大,要求我们

要胆子大步子稳。首先，解决好人才培养问题，是保证中国特色社会主义走出全面深化改革深水区，进而实现全面建成社会主义现代化强国的必然选择。要解决培养人的问题，先要解决为谁培养人的问题，中国共产党领导的社会主义中国培养的人是为人民服务的人，是为了建设中国特色社会主义的人。其次，要解决培养什么人的问题，社会主义教育要培养德才兼备的人，要以德为先，树立良好的思想道德素质。最后，要解决如何培养人的问题。要想培养好为社会主义添砖加瓦的人才，就必须加强思想政治教育，把全体中国人民紧紧团结在中国共产党周围。加强雷锋精神一体化"三全育人"，是对如何培养人的问题的正确回答。推进雷锋精神一体化"三全育人"，能够发挥雷锋精神培育新时代青年学生的最大优势，形成多方面合力，用科学的理论武装青年、用高尚的情怀感染青年、用感人的事迹感化青年，使当代青年能够树立正确的世界观、人生观和价值观，使中国特色社会主义这艘巨轮在航行中始终保持繁荣稳定。

（二）办好中国特色社会主义教育的必由之路

中国特色社会主义教育是由中国共产党领导，为了符合中国具体国情提出的中国人才培养的一条不同于其他国家的教育之路。扎根中国大地办教育，就是要坚持中国特色社会主义办学道路，建设社会主义办学方向。

坚持雷锋精神一体化"三全育人"，是走中国特色社会主义办学方向的必由之路。发挥雷锋精神的"三全育人"作用，有助于将雷锋精神融入学生培养的全过程、全领域，发挥全员育人的作用。雷锋精神以其深刻的时代内涵彰显了极强的时代生命力，具有重要的时代育人价值，持续推进雷锋精神一体化"三全育人"，不仅是丰富新时代育人内容的具体体现，还是新时代丰富育人途径的重要手段。雷锋精神融入"三全育人"顺应高校人才培养的历史变革，为我国高等教育指明了发展方向。以立德树人为中心环节的"三全育人"，将德性培养和人格锻炼确立为人才培养的核心任务和根本标准,有效契合了时代发展对健全人格和全面素质的要求,为培养人才建立起立体化育人体系,开拓人才培养新范式。

(三) 实现"立德树人"根本任务的本质要求

立德树人是高校教育的根本目的,是中国特色社会主义教育的本质要求。要树人首先要立德,将雷锋精神融入"三全育人"进而形成一体化雷锋精神育人模式,是实现雷锋精神"立德树人"根本任务的本质要求。

党的十八大报告中提出"立德树人作为教育的根本任务",这是对"培养什么人、怎样培养人"的诠释,也是为高等教育指明了方向。"立德树人"就是在实际教育过程中加强对学生的引导教育、培养高质量人才,实现高等教育内涵式发展。"立德树人是高校思想政治工作的中心环节,立德树人要抓住思想政治工作这个关键。"要实现"立德树人"总目标,就需要在教育过程中加强德育教育。高校要实现党和国家的人才培养目标,必须把"三全育人"放在第一位,切实加强"三全育人"工作。坚持把立德树人作为根本任务,关键要做到"三全育人",也是集中体现了党的教育方针有关"育人为本、德育为先"的基本要求。

(四) 利用红色资源育人的当代选择

红色资源是在中国共产党团结带领全国各族人民进行革命、改革和建设中形成的,其中最具代表性的是富含中华民族伟大精神的红色场馆、红色实践等,具有深刻的育人作用。雷锋精神作为中国共产党人精神谱系上的一颗闪亮坐标,是中华民族珍贵的红色资源之一。

雷锋精神是中华民族的一笔宝贵的精神财富,是中国共产党历史上珍贵的红色资源。雷锋同志的主要事迹家喻户晓,雷锋同志的精神长留在人们的心中。雷锋精神育人是落实"立德树人"的根本抓手,发挥雷锋精神在高校的价值引领作用,以雷锋故事为养分,以雷锋精神为根脉,以雷锋文化为载体，以当代雷锋为标杆，构建理论研究、课堂教学、文化浸润、社会实践、典型引领的育人模式，弘扬和践行社会主义核心价值观，形成全员学雷锋、全年学雷锋、全面学雷锋的良好局面，使教育教学更有温度、思想引领更有力度、立德树人更有高度。

二、雷锋精神一体化"三全育人"的理论依据

雷锋精神一体化"三全育人"具有深厚的理论基础，它扎根于马克思关于人的全面发展理论，恩格斯的社会发展合力论和思想政治教育的协调控制理论。

（一）马克思关于人的全面发展相关论述

马克思关于人的全面发展理论是马克思主义人学思想的落脚点和归宿。马克思、恩格斯在《共产党宣言》里面提到，"代替那存在阶级和阶级对立的资产阶级旧社会，将是这样一个联合体，在那里，每个人的自由发展是一切人的自由发展的条件"❶。人的发展应该"以一种全面的方式，也就是说，作为一个完整的人，占有自己的全面的本质"，即人的自由而全面的发展。❷ 马克思主义关于人的全面发展有着丰富的思想内涵，涉及多个层面，主要体现在人的活动的全面性、人的社会关系的全面发展、人的素质的全面提高、人的个性的全面发展以及人类的全面发展。❸ 人的发展是一切发展的核心和终极目标，教育是一种有目的地培养人的社会活

---

❶ 中共中央马克思恩格斯列宁斯大林著作编译局. 马克思恩格斯全集：第2卷[M]. 北京：人民出版社，1960.

❷ 中共中央马克思恩格斯列宁斯大林著作编译局. 马克思恩格斯全集：第1卷[M]. 北京：人民出版社，2012：123.

❸ 中共中央马克思恩格斯列宁斯大林著作编译局. 列宁选集：第1卷[M]. 北京：人民出版社，2012.

动,是培养全面发展的人的手段,内化了以人为本的思想。"三全育人"的核心在于育人,其出发点与落脚点是通过德智体美劳"五育"并举培育全面发展的时代新人。马克思关于人的全面发展的理论是答好"培养什么人"时代之问的理论基石。"三全育人"正好迎合了实现大学生的全面发展这一终极目标。高校要回归育人本质,坚持全员、全过程、全方位育人这一"三全育人"核心要求,落实"德育为先、能力为重、全面发展"的核心理念,使学生在政治思想觉悟和道德品质等综合素质方面得到有效提升,最终实现学生成长成才。人的需要问题是马克思主义十分重视的理论问题。在唯物史观形成和发展过程中,马克思正是出于对人的需要问题的高度重视,将人这种感性存在物对各方面的需要放在了生存的首要方面予以考察,才从唯物主义的角度对黑格尔的精神劳动的唯心主义谬误进行了批判,进而对物质生产活动的重要意义予以确证。西方马克思主义者肖恩·塞耶斯也认为:"各种普遍需求确实在马克思的社会理论中起到了至关重要的作用。马克思援用他们是为了解释这样一种事实:所有人类,无论他们属于什么特殊的社会,必须从事满足他们物质需求的某种活动,因此,他们必定融入社会生产关系之中。这些观察构成了马克思历史理论的起点,也是其唯物主义的基础。"正因如此,马克思将人的需要看作"人的本性"。这里需要格外注意三个方面:一是需要在人性中具有基础作用,对于人的存在具有内在规定性。人一方面是来自自然界的生命实体,故而人的存在和发展必须依赖于与周围的物质世界进行物质、能量、信息等各种形式的交换,这是人为了维持其存在与发展而必须进行的自然行为,是每个人一出生就存在的客观范畴,所以,对于维持人的生存与发展的各种条件的需要是人之为人的内在规定性。同时人在自身的进化过程中演化成为迄今为止地球上最高类型的生命物质,产生了高度发达的思维意识,具有极为丰富的内心世界,所以人在精神领域也产生了对情感、意志、信仰等多方面的需要。精神领域的需要归根结底也是在一定生产方式的基础上随着生产力的发展而发展的。二是必须看到需要在人的活动中的重大作用。虽然对人的本质的规定是社会性的劳动实践活动，但是人们之所以进行不断的生产劳动，不断在社会实践活动过程中进行创新，不断在实践中发生各种各样的社会联系，其内在动因就在于人们的需要的满足。如果没有需要——不管这种需要是积极主动的需要还是被迫状况下的消极需要——人们都不会进行劳动实践并发生各种社会联系以满足这种需要。因此，可以说，需要是人们进行实践活动的内在驱动因素，实践活动的直接指向就是人们的需要的满足，这种对需要的满足强调的是它对于人的存在和发展在物质与精神领域的推动作用。三是需要在一定意义上可以作为一种标志以将人与动物或者人与人相区别开来。需要作为一种有机体对某种外部条件的渴望状态，在有机体长期的生存发展过程中形成的对外部环境的依赖关系，也是有机体在面对外部环境时的一种选择反应能力，不同的有机体对于外部环境具有不同的需要对象和具体内容。人作为生命演化的最高形式，其需要的具体内容以及满足需要的方式都具有特殊性的社会性内容，即便是其生物性需要也不是通过纯粹的动物式方式来进行，所以可以根据需要及其实现方式来将人与动物相区分，进而扩展到对人与人之间不同的区分。作为一个类，人是由社会关系的总和来规定的，但是作为个体或者某个群体而言，不同的个人或者群体，由于其在经济、政治、文化等方面的诉求不同，因而在现实的社会关系方面也不同，这样就使得人们之间或者不同群体之间的需要也是不同的。一般而言，一个人有什么样的需要，就在某种程度上显示着这是一个什么样的人，一个具体历史状况下的群体或者阶层有什么样的诉求和对目标的希冀，就在某种程度上表现着这是一个什么样的社会群体或者阶层。

  人的发展在根本上是与人的本质联系在一起的，从某种意义来说人的本质在一定程度上就是人自己把自己塑造成的那个样子，当然这种塑造也不是随心所欲的，而是受制于既有的社会关系的总和。在这里，最为根本的在于人的社会实践活动，人们是在实践基础上进行的包括自身发展在内的社会发展，人们一边进行实践，一边进行着交往并生成着社会关系和人自身，也就是说实践的过程和内容生成着人自身，人们在实践活动过程中不断生成着人并且获得人的发展。唯物史观深切关注现实的人的发展，同时也从整体上对整个人类的解放与发展予以深刻研究，而不是仅仅对某一阶级某一集团进行研究，唯物史观着眼的是全人类发展的价值目标。马克思主义将人的自由而全面发展作为全人类解放的宏伟目标和崇高价值追求，既体现了人的发展是社会发展的核心这一基本价值，又体现了未来社会发展的本质规定就在于人的自由全面发展。马克思主义不单单是政治革命的纲领和旗帜，更是关于人类社会发展历史的社会科学理论。尽管马克思主义将无产阶级通过革命进而建立无产阶级政权实现社会主义制度作为划时代的政治斗争目标，但是又不仅仅局限于此。马克思主义不仅仅是为了改变资本家压迫和剥削工人的历史现状而使工人翻身把资本家踩在脚下，这样一种改变弱势群体命运而使之翻身去压迫他人的做法仍然没有逃脱出历史上存在的"一部分人压迫另一部分人"的窠臼，马克思主义创始人的理论视野和历史眼光远没有这么狭隘。马克思终身为之奋斗和研究的是整个人类的解放和发展的宏伟课题，着眼的是人类解放和人的自由而全面的发展。对于一定历史阶段的革命、政权的更迭等问题的探讨，不过是为了更高级形态社会的诞生而进行的研究。马克思视野中的无产阶级的历史使命乃是"解放全人类"，与这一历史使命的完成同步进行的还有无产阶级对自身的解放。西方马克思主义者肖恩·塞耶斯对此认为："我们必须反对这种确定的人类发展最终目的之说，因为所谓的'人的全面发展''自我实现'等都没有绝对的标准。"❶虽然从对马克思主义的整体倾向上来看，塞耶斯的一些观点值得商榷，但是就这一问题的看法来说，塞耶

---

❶ 肖恩·塞耶斯.马克思主义与人性［M］.冯颜利,译.北京：东方出版社，2008，211.

斯的认识并没有什么不妥。因此，按照马克思主义，人的自由而全面的发展是人的发展的崇高价值追求，而不能仅仅把它看作一个已然设定好的未来目标。

（二）恩格斯关于"社会发展合力论"的相关论述

恩格斯的社会发展合力论分为狭义与广义两类，他认为："人们总是通过每一个人追求他自己的、自觉预期的目的来创造他们的历史，而这许多按不同方向活动的愿望及其对外部世界的各种各样作用的合力，就是历史。"❶但社会的发展是人民群众相互合力的结果，满足的是人民群众的愿望，而非某一个人。由此可知，个别的精神和意志会对个人的发展产生一定影响，但是无数个个人的合力就会对社会的发展产生影响。个别人的愿望或行动虽然得不到满足，但是每个人却都对社会的发展起着非零的作用，这便是恩格斯的合力论思想，它蕴含着唯物辩证法中关于系统与整体的哲理，对社会的发展给予了一定诠释。❷就合力而言，钱学森从系统的角度进行阐述，认为系统是多个要素的集合，一般而言，系统要求人们从整体的视角看待问题，并强调各个因素之间的联系。❸因而，在建设系统工程的过程中，必须从整体出发，在统一的基础上发挥各个部分的作用。所以，要完善系统，首先需要建立整体性分析视角，这是系统分析的基础。"三全育人"体现恩格斯的合力思想，它从整体上要求在开展教育活动的过程中思想政治教育要"全"，"全员育人"就是要求全体教职工都是育人的实施者，从整体上规定了育人的全面性；"全过程育人"要求各

---

❶ 中共中央马克思恩格斯列宁斯大林著作编译局. 马克思恩格斯全集：第1卷[M]. 北京：人民出版社，2012：254.

❷ 杨娇娇. 高校专业课教师在课程思政实践中存在的问题及对策研究[D]. 长沙：湖南大学，2019.

❸ 邹绍清. 思想政治教育方法论体系建构研究——以复杂系统论为视角[J]. 思想理论教育，2016（1）：49-53.

个时间段都要抓住，各个部分相互联系，共同促进，从而达到无时不有；"全方位育人"则是全面育人，更加注重从各个方面，利用不同形式来提升大学生的总体道德素质水平。"三全育人"主要是从三个维度分析问题，并强调思想政治教育开展的过程中高度重视全局意识，也就是实现全员、全过程、全方位的有效融合，从而完善教育体系，并达到完善德育系统的效果。

恩格斯在《路德维希·费尔巴哈和德国古典哲学的终结》中指出，必须把唯物主义的原则贯彻到社会历史领域中去，建立科学的社会历史观点。他批判了历史领域的唯心主义观点，初步提出了社会发展合力论。恩格斯在分析社会发展史与自然发展史的不同时写道："在社会历史领域内进行活动的是具有意识的、经过思虑或凭激情行动的、追求某种目的的人；任何事情的发生都不是没有自觉的意图没有预期的目的的。"历史是由人的活动构成的，人是历史活动的主体，社会历史的发展必须通过人的活动才能实现。同时人的活动又是有意识、有目的的。"行动的目的是预期的，但是行动实际产生的结果并不是预期的或者这种结果起初似乎还和预期的目的相符合，而到了最后却完全不是预期的结果。"历史就是在人们愿望的这种相互冲突、相互碰撞中发展的。"人们总是通过每一个人追求他自己的、自觉预期的目的来创造他们的历史，而这许多按不同方向活动的愿望及其对外部世界的各种各样作用的合力，就是历史。"恩格斯首次使用了"合力"这一概念，并用"合力"来表征各人的主观愿望、思想动机对历史进程的影响。恩格斯这里所谓的"合力"是意志合力，找到了意志合力是不是意味着找到了决定社会历史发展的最终决定力量呢？不是。我们是不可能得出结论说，意志力量是社会历史发展的最终决定力量的。因为任何问题都需要追根究底，打破砂锅问到底，而不是仅仅停留于事物的表面。这就产生了一个新的问题：在意志动力背后隐藏着的又是什么样的动力和什么样的力量最终决定着社会历史的发展？旧唯物主义在历史领域内自己背叛了自己,因为它认为在历史领域中起作用的精神的动力是最终原因,而不去研究隐藏在这些动力后面的是什么,这些动力的动力是什么。不彻底的地方并不在于承认精神的动力,而在于不从这些动力进一步追溯到它的动因。承认精神动力并不是旧唯物主义历史观的致命伤。它的错误在于片面夸大了精神动力的作用,把精神动力看作社会历史发展的决定力量。历史唯物主义也承认精神动力,但它认为要从精神动力中进一步追溯到它的动因,探究出隐藏在历史人物的动机背后并且构成历史的真正的最后的动力。恩格斯还指出,"动力的动力"不应该像黑格尔所代表的历史哲学那样从外面、从哲学的意识形态输入历史,而应从历史本身中去寻找。否则对历史的研究也只能是对历史的一些空谈的说明。历史唯物主义在对历史发展进行唯物主义分析的基础上揭示出,历史过程中的决定性因素归根到底是现实生活的生产。恩格斯灵活运用唯物主义的方法来研究社会历史的发展,并借用力学中的平行四边形法则的原理和合力概念图解了无数个人意志交互作用的情况,深层次地揭示了社会历史运动过程中各种因素的相互关系及其作用,从而阐明了人类社会发展的内在动力机制。恩格斯的社会发展合力论包含以下几个层次。

(1)第一层次:用力的平行四边形描绘了意志合力。"历史是这样创造的:最终的结果总是从许多单个的意志的相互冲突中产生出来的……这样就有无数互相交错的力量,有无数个力的平行四边形,由此就产生出一个合力,即历史结果。"在历史的大舞台上,每个人都扮演着不同的角色,拥有各自不同的目的、愿望和意图,并力图在社会发展中实现自己的目的、愿望和意图。而在各人实现自己的目的、愿望和意图的过程中,必然也在历史上留下了个人意志和主体活动的鲜明印记。历史的发展就是人们追求某种预期目的的个人意志和主体自觉活动的结果。离开了人的意志和活动,历史的发展就无从谈起。人的意志和活动在历史发展中具有强烈的利己性,参与创造历史的人们都想让历史事件趋向于自己的意志。不过,由于产生个人意志的生活条件是不同的，而且作用于历史的单个意志具有各自不同的实现方式，即人们并不是按照共同的意志，根据一个共同的计划，甚至不是在一个有明确界限的既定社会内来创造自己的历史的。所以，在历史运动的具体过程中，每个人的意志是根本不同的，甚至是相互冲突的。"这样就有无数互相交错的力量，有无数个力的平行四边形，由此就产生出一个合力，即历史结果。"历史"最终的结果总是从许多单个的意志的相互冲突中产生出来的"。也就是说，历史是人们各种意志和力量交互作用的结果。在各人意志和力量反复较量的过程中，各意志分力处于不断的分化和组合中。大小相同、方向相同的分力的力量得到加强，大小不同、方向相反的分力的力量得到消减，大小相同、方向相反的分力的力量则相互抵消，而一些力量薄弱、与历史发展方向和潮流相逆的分力则逐渐消逝。由此，代表着历史发展潮流的分力汇聚成了历史结果。恩格斯认为从单个人来说，每个人参与每一项社会活动都怀有各自不同的、明确的、经过深思熟虑的意志和预期目的，但从历史事变的结果来看，人们并没有达到自己的意志和预期目的，而是都消融在了合力之中。历史结果最终是"一个作为整体的、不自觉地和不自主地起着作用的力量的产物"，是由作为分力的、相互交错的各个人的意志和力量"融合为一个总的平均数，一个总的合力"所形成的。在形成总的合力的过程中，作为分力的历史活动参与者的意志力量并没有简单、机械地相加，而是各种意志力量相互融汇、相互冲突、相互牵制、相互抵消、相互补充等多种情况综合形成了合力，正是这种平行四边形的法则，使得"最后出现的结果就是谁都没有希望过的事物"。

（2）第二层次：社会发展合力论对个人意志的重视。"每个意志都对合力有所贡献因而是包括在这个合力里面的。"社会发展合力论强调了历史主体在社会历史发展中的作用，说明了个人意志在合力中的重要地位。恩格斯指出，虽然各个人最终都无法实现自己的意志和愿望，"而是融合为一个总的平均数,一个总的合力,然而从这一事实中决不应作出结论说,这些意志等于零"。因为表面上个人意志和力量的消失并不意味着个人意志和力量在历史发展中不起任何作用。实质上,在个人意志交互作用产生历史结果的过程中,作为分力的个人意志其冲突的方面相互抵消,其协调的方面则相互包融在了合力之中,并在历史结果中得以充分体现。也就是说,每个人的意志都对历史的发展作出了贡献,只是贡献性质、大小程度不同而已。每个人的意志最终都构成了合力的有机组成部分。从这个意义上说,没有个人意志的存在就不可能形成合力,个人意志在历史发展的合力中都或多或少留下了自己的痕迹,个人意志的作用不容忽视。历史上没有完全相同的个人意志,每一个个人意志在质上和量上都是不一样的。作为历史结果的合力,正是由质、量不同的个人意志融合而成的。从质上讲,个人意志对历史的作用有动力和阻力之分。动力与阻力是两种根本不同性质的力量。所谓动力是顺应时代潮流和历史发展方向的、推动历史发展的力量。所谓阻力是逆时代潮流和历史发展方向而动的、阻碍历史发展的力量。从量上讲,每个人的意志的作用大小是不等量的。比如,相对于杰出人物来说,人民群众是自己历史的创造者,并且在整个历史的创造过程中起着决定作用,而杰出人物只能对历史事件起着削弱或加强的作用。所以,在合力形成过程中,要增强历史动力,削减历史阻力,甚至变阻力为动力,尽量减少分散和干扰,并抓住作用大的个人意志,但也不能抹杀作用较小的个人意志,任何人的意志都应得到重视。

(3)第三层次:揭示了一切因素间的相互作用。"经济状况是基础,但是对历史斗争的进程发生影响并且在许多情况下主要是决定着这一斗争的形式的,还有上层建筑的各种因素:阶级斗争的政治形式及其成果——由胜利了的阶级在获胜以后确立的宪法等等,各种法的形式以及所有这些实际斗争在参加者头脑中的反映,政治的、法律的和哲学的理论,宗教的观点以及它们向教义体系的进一步发展。"历史过程中的决定性因素归根到底是现实生活的生产和再生产。这是历史唯物主义始终坚持的基本原则和根本立场。强调这一点，既把历史唯物主义与主张思想动机决定历史发展的历史唯心主义区别开来，同时也反对了把历史唯物主义歪曲为"经济决定论"的庸俗化的错误做法。恩格斯在《致约·布洛赫的信》中，十分明确地告诉我们人们是在十分确定的前提和条件下创造自己的历史的。其中经济的前提和条件归根到底是决定性的。经济条件的决定作用并非一种宿命式的机械决定，而是对人们活动的范围和可能性空间的界限作用。也就是说，人们在自己创造历史的时候并没有完全地选择自由，而是在既定的物质生活条件下的创造。所以，支配人们创造历史的意志和思想动机也不是凭空产生的，而是由于许多特殊的生活条件，才成为它所成为的那样。恩格斯指出无论马克思或他都从来没有肯定过比这更多的东西。如果有人在这里加以歪曲，说经济因素是唯一决定性的因素，那么他就把这个命题变成毫无内容的、抽象的、荒诞无稽的空话。"物质生存方式既然是始因，但是这并不排斥思想领域也反过来对这些物质生存方式起作用，然而是第二性的作用。"历史唯物主义是从"归根到底"意义上来界定历史过程中的决定性因素的，这意味着"并非只有经济状况才是原因才是积极的，其余一切都不过是消极的结果"。上层建筑诸因素也起着积极作用、如果没有上层建筑诸因素的作用，经济基础的决定作用就无法实现。

  以上三个层次构成了恩格斯社会发展合力论的重要内容。第一层次用力的平行四边形描绘了意志合力，表明历史最终的结果是从许多单个的意志的相互冲突中产生出来的；第二层次说明了社会发展合力论对个人意志的重视，阐明了个人意志在社会历史发展中的重要地位；第三层次表明历史唯物主义既坚持了其"唯物"方面，又坚持了其"辩证"的方面，阐明了经济的决定作用以及上层建筑的反作用，揭示了一切因素间的相互作用。这三个层次互为犄角，以第三层次为基础，以第一、二层次为内容，共同促进了社会历史的发展。

（三）思想政治教育的协调控制理论

思想政治教育协调控制理论指的是"在思想政治教育过程中，教育者既要坚持和协调各方面、各种类、各阶段的自觉影响，又要努力控制各方面、各种类、各阶段的自发影响，实现协调自觉影响与控制自发影响到辩证统一"❶。思想政治教育过程是一个各种因素不断矛盾运动的过程，这些矛盾包括教育所要求的思想政治素质和社会思想政治素质现状之间的矛盾、教育者与受教育之间的矛盾、教育要求的思想政治素质和受教育目前的思想素质现状之间的矛盾等。这些矛盾的对立与冲突直接影响思想政治教育的实效性。这就要求思想政治教育主体应在正确预见社会发展形势的基础上，制订思想政治教育方案，使思想政治教育适应社会发展需要，避免其与现实社会相悖。一旦出现问题就需要对思想政治教育矛盾和对立加以协调和控制，只有这样才能最大程度形成思想政治教育的合力。协调控制理论为"三全育人"在实际教育教学过程中遇到的问题提供了理论指导，能够满足新时代发展需要。"三全育人"要求注重育人的主体要素、空间要素和时间要素，通过协调各组成要素，形成德育正合力。思想政治教育是各个教育主体相互影响的过程，同时又是开放的过程，这就要求在对大学生政治教育过程中各个教育主体要学会协调发展，学校的党委要加强全面统一领导和顶层设计，其他各部门要做好引导、管理和服务工作。❷为了保证效果，需要在学生成长的不同阶段选择适合其自身发展规律的教育方法，且每个学生的侧重点不同，除了把握成长的关键点，还要关注学生的成长规律和思想动态。对大学生进行思想政治教育时考虑教学和学生的实际情况，根据实际情况进行调整才能实现最优效果。

---

❶ 骆郁廷.当代大学生思想政治教育[M].北京：中国人民大学出版社，2010.
❷ 刘峻峰.大学生思想政治教育质量评价中的协同育人研究[J].学校党建与思想教育，2018（1）.

实际上，这体现出了思想政治教育的特点，同时也有利于发挥协调控制机制的作用。

第二节　建立雷锋精神"全员协同"育人机制

"全员"，宏观上包括学生家长、学校教师、社会志愿者群体等，新时代雷锋精神"全员育人"目的在于实现"学校、家庭、社会、学生四位一体的雷锋精神育人机制和效果"[1]。微观上的"全员"指高校的全体教职工。"协同"强调整合、协作的一致性或和谐性。雷锋精神全员协同育人机制，既包括内部协同也包括外部协同。内部协同包括高校内部人机协同、部门协同和制度协同等，外部协同主要是指高校与中小学、家庭和社会等的有效衔接。雷锋精神"全员协同"育人指遵循学生成长规律，调动一切可以调动的力量，明确每一位高校教职员工都具有以雷锋精神育人的职责。高校建立雷锋精神"全员协同"育人机制具体来说主要包括四类：一是领导主体，主要指高校党委领导的党政协同；二是教师主体，高校教师主体既包括专业的思政理论课教师、哲学社会科学教师、辅导员班主任和心理咨询教师等人，也包括其他专业课教师、科研人员和各级各类的行政人员及教辅人员、后勤管理部门的人员；三是学生主体，学生在雷锋精神教育过程中既是受动者，又可以发挥自我主观能动性成为自我教育的主体；四是社会主体，社会主体主要包括学生个人成长的家庭、社区、工作以及社会大环境。

---

[1] 郑秀英，李涵. 全员育人的内涵、意义与策略[J]. 北京教育（高教版），2013（2）：63.

一、党委领导党政齐抓协同育人

2015年12月27日，经第十二届全国人民代表大会常务委员会第十八次会议修订通过的《中华人民共和国高等教育法》中明确规定："国家举办的高等学校实行中国共产党高等学校基层委员会领导下的校长负责制。"党委领导下的校长负责制，党委领导是核心、是前提，而校长负责是关键、是保证。习近平总书记在全国高校思想政治工作会议上指出："办好我国高等教育，必须坚持党的领导，牢牢掌握党对高校工作的领导权，使高校成为坚持党的领导的坚强阵地。"高校党委和行政工作要紧紧围绕立德树人的根本任务，把"三全育人"工作摆在全局工作突出位置，实施雷锋精神育人工作一把手工程，成立雷锋精神一体化"三全育人"领导小组和工作小组，党委书记、校长任组长，其他校领导任副组长，各职能部门协同推进，形成党委统一领导、党政齐抓共管、职能部门组织协调、全校各方积极参与的雷锋精神一体化协同育人工作模式。

坚持党委全面领导育人。高校推进雷锋精神一体化"三全育人"过程中，要始终把政治建设放在首位，严格执行和维护政治纪律和政治规矩，确保高校党委切实发挥领导核心作用。在雷锋精神"三全育人"管理格局中，党委肩负着总揽全局、协调各方的领导核心作用。要加强顶层设计，充分整合、挖掘、借鉴校内外学雷锋资源，将全体教职工有效地组织起来，借助岗位职能和岗位职责的划分来细化、拓展雷锋精神育人责任，形成合力，同频共育。在具体实施中，高校应强调党委和组织的领导和协调作用，强化组织的领导权、话语权，保障雷锋精神育人工作在组织的领导下得以顺利开展，避免因为"各自为政"的状况而失去雷锋精神一体化"全员育人"的核心组织力。学校党委要将"全员育人"工作和行政管理工作结合起来，借助管理规章制度等为教职工指明"雷锋精神育人"的方向和职责，并将其辐射到各个岗位。

党政齐抓共管育人。高校行政工作的主要任务就是扎实系统落实党委的决策。在落实雷锋精神"立德树人"根本任务的过程中，学校行政工作要聚焦深化教育教学改革、提高人才培养质量、提升整体办学水平过程中的重要内容和关键环节，充分调动各个职能部门与院系育人的积极性和主动性，按照充分发挥课程、科研、实践、文化、网络、心理、管理、服务、资助、组织等方面工作的"三全育人"功能，挖掘雷锋精神"三全育人"要素，完善雷锋精神"三全育人"机制，优化雷锋精神"三全育人"评价激励，强化实施雷锋精神"三全育人"保障，加强雷锋精神"三全育人"体系之间的协调与配合，切实保障高校培养德才兼备、全面发展的社会主义事业接班人。此外，还要以构建全方位的立德树人网格化格局为着力点，注重发挥党政干部和共青团干部、思想政治理论课和哲学社会科学课教师、辅导员班主任和心理咨询教师在高校雷锋精神一体化"三全育人"中的教育核心作用，引导专业教师、行政管理人员将雷锋精神与自身主业主责相挂钩，强化责任意识，激发担当责任。以评价机制建设为重要抓手，强化对教育主体任务落实效果的科学考核与绩效评价，提升高校雷锋精神育人的活力。以激发学生主体性为导向，动员全校各育人主体把握学生的思想状况与实际需求，做到精准发力，形成雷锋精神育人合力。

二、发挥辅导员骨干育人作用

2017年9月29日，教育部颁布的《普通高等学校辅导员队伍建设规定》中指出："辅导员是开展大学生思想政治教育的骨干力量，是高等学校学生日常思想政治教育和管理工作的组织者、实施者、指导者。辅导员应当努力成为学生成长成才的人生导师和健康生活的知心朋友。"该规定中明确了辅导员队伍的角色定位、职责要求、选拔聘用、培养发展和管理考核等要求。按照该规定要求，"高等学校应当按总体上师生比不低于

1∶200 的比例设置专职辅导员岗位,按照专兼结合、以专为主的原则,足额配备到位"。但是,2018 年全国高等教育在校学生的总规模在 3830 万人左右,而辅导员数量却远远低于 1∶200 的比例,整体上严重缺编。这就导致辅导员工作量过大,分身乏术而无法把全部精力投入雷锋精神教育。因此,一方面,高校要把辅导员从繁杂的事务中"解放"出来,严格按照国家文件要求设置辅导员岗位以分担现有辅导员的工作量。同时,高校辅导员要处理的事务多种多样,涉及学生的思想行为、党团关系、网络思想政治教育、危机管理和职业规划等多种内容。但是,辅导员本身的能力和精力有限,从而导致不能完全满足工作事务的各项要求。这就要求明确辅导员的职责范围,做好辅导员的责任清单,避免事务性的堆压,使每个辅导员都能够静下心来做好思想政治工作。另一方面,要加强辅导员的能力提升。现有辅导员的整体专业化水平较低和专业背景过于单一,这对高校发挥辅导员的功能,做好雷锋精神协同育人工作有着一定的负面影响。辅导员的专业背景单一也影响着专业课与雷锋精神协同育人的效果。现有辅导员大多是管理学、教育学、心理学背景,理工科和艺术类背景的辅导员相对较少。这样就容易造成辅导员不了解一些专业的学生情况和课程设置情况,导致辅导员工作质量的欠缺。因此,高校需要定期为辅导员做好培训工作,加强对辅导员的岗前培训、日常培训和骨干培训,对辅导员进行包括思想政治教育在内的各方面专业化辅导和培训,提高其雷锋精神育人能力。在选聘辅导员的时候,要在综合考核其思想道德素质和业务水平能力的基础上,凸显专业的多样化,使辅导员在促进专业课与雷锋精神协同育人中发挥积极作用。

三、强化思想政治理论课教师主导育人地位

对于高校雷锋精神教育教学工作的落实来说,建立一支专业化的教育

团队至关重要。雷锋精神教育教学工作所包含的教育主体是绝对的，即指专门从事雷锋精神教学的学校教育者，同时，育人主体也是相对的，其他在雷锋精神教学工作中起主导作用的人也可以称为育人主体，只是该类主体所承担的任务和工作的范围相对小一些，所以雷锋精神教学工作的育人主体是绝对和相对的有机统一。由于各类主体在雷锋精神教学工作中所处的地位不同，所承担的职责不同，所以主体的教育理念、教育方法和手段各有不同，相较于专业化的教育团队而言，非专职的教育主体在很大程度上存在弱化育人责任感、缺乏育人积极性和主动性、忽视育人方法科学性等问题。中国社会的新发展和新时代大学生的精神需要使得雷锋精神教学工作需要应对更为严峻的挑战和更多复杂的问题，这也使得育人主体的重要性凸显，教师团队的专业化建设亟待提升。

雷锋精神教学团队的专业化建设，一是要区别对待各类育人主体。针对各个行业的性质与任务分别发挥不同育人主体的优势，落实到位，明确职责，使育人工作更见成效。二是针对当前高校雷锋精神教学工作存在的问题建立专门的教育队伍。高校有专门的教师队伍负责雷锋精神教学工作，专职辅导员教师对学生进行日常生活管理和情感沟通，服务、后勤部门为学生提供生活保障。从传统意义上来说，高校是绝对的育人主体，此类主体有着特殊的工作性质和任务，承担着立德树人的义务和责任，这也是育人主体的专业性所具有的本质特征。需要注意的是，对育人主体的划分并不是绝对的，也就是说，高校作为专门育人机构，确实是发挥重要作用的育人主体，但并不否认其他主体也可以进行和实施立德树人工作，实际上仅仅是在工作范围与内容上存在差异。三是教师作为学生在课程学习的直接教育教学主体，要在思想、道德、行为等方面做好示范引领。尤其是专业课教师和思想政治教师要发挥"领头羊"的作用。在实践中积极沟通合作，强化自身的主体责任意识、使命意识，自觉肩负起传播雷锋精神的重任，主动遵循教书育人规律、学生成长成才规律和思想政治工作规律。通过思想政治理论课教师与其他专业课教师的交流协同，不断加强和改进高校雷锋精神教育工作，切实提高雷锋精神教学工作针对性和实效性，从而促进高校大学生全面发展。各科教师也要主动在专业课中挖掘雷锋精神教育信息，使两者相互融合、相互促进，才能为党和国家培养出具有正确道德观念、价值理念和理想信念的高质量专业人才，使青年学生能够成为助推中华民族伟大复兴实现的鲜活青春之力。

四、发挥管理人员的管理育人作用

管理活动自人类诞生之日起便伴随存在，是人类历史悠久的古老活动之一，它是人类开展有组织的努力行为必不可少的前提因素。管理学的经典定义将管理视为人类文化活动的一种，因为文化内在本质天生就有教育意义，广义上的管理就和日常生活同样具有天然的教育本色。管理具备计划、组织、协调、决策、控制及创新等基本职能，每个职能模块都与教育功能密不可分，管理的整个过程从本质上说就是一次育人的过程，虽然从管理者自身的主观意识上并不是从最初就了解这种功能。日常生活管理更注重的是管理与日常生活密切相关的陪伴过程，因而在界定其内涵时需要充分结合和考量大学生日常生活的目标要求、节奏要求等将日常作为管理对象的特殊需求。尤其要注意大学生日常生活管理作为管理过程的细分和研究，实现过程育人。日常生活管理的过程，按照管理学的基本观点应当划分为如下几个阶段。

一是计划阶段。虽然日常生活本身具备默会性、循环性，但管理是可以让其从计划出发的。日常生活管理的计划过程就是将雷锋精神育人目标具体分解和安排的过程，是对具体的各项内容的分项规划。二是管理执行实施阶段。将计划付诸实施，在日常生活的现实中推进管理目标的过程。三是控制反馈阶段。保证管理计划的实施沿着既定的目标方向，并及时调整不适和偏差，并收集阶段性的成果反馈作为评价和调试的指标。现有的日常生活管理育人的功能都被条块分割到具体的、独立的各层次的管理职能部门当中，它们各自为政、分头行动，无法对照呼应，更别提互相配合了。大学生日常生活管理中雷锋精神育人选择日常生活这样一个最普遍存在的平台，来为这些育人功能的整合提供可能，并以此为基础，逐渐吸收先进的教育理念的精华，融合更多校园载体的育人效应，开发多元的育人资源为其所用，尝试推动构建多元立体的高校管理育人模式。

第一，需要借鉴全人教育理念，在日常生活的细节中，创新优化德育方法，形成多元化改进的育人方式，将大学生培养成为有道德、有知识、有能力、和谐、全面发展的与日常生活相匹配的"全人"。"全人"教育以人的和谐发展为理念，从多方面——身体、智能、审美、情感和精神——提供人类个体知识，它以构建和谐世界为基础，编织人生持续的梦想，成为21世纪的全新教育理念。具体要求：在日常生活管理中的学生事务应该接受和欣赏不同的个性；鼓励和支持学生终身学习；进行有效的身份教育；培养学生的责任感；提高学生自身对学习与行为的认识与评估能力；尊重学生的多样性和多元化；反思和完善提高学生事务实践的价值；支持和满足学生的需要；促进民主表达自由；学生事务应促进专业化价值和奉献价值的发展等多个方面。全人教育所应突出的"全"字体现在日常生活育人中，刚好是完善"全"字的角落和细节。只有日常生活才能提供如此全面的育人机会，实际上是全人教育在日常生活中的写照，为实现和谐教育的综合目标助力，充分考虑合理定位细节管理育人的成效，于细节处端正大学生的价值取向。全人教育的理念值得我们在高等教育的实践中，尤其是在与全人细节息息相关的日常生活管理当中落实和践行。

第二，在日常生活管理中培育"全人"。首先，要明确以实现全体学生的整体全人目标为己任。承认学生的差别、重视学生的多层次分化，并以此为基础想方法促进每个学生个体的全面发展。尤其需要正视学生中的特殊群体，同样要供给可能发挥他们完整潜能的更广泛的平台和差异化的发展空间。全人教育可以梳理和汇总分散于各职能部门当中有关大学生日常生活事物的管理权限和管理职能，分门别类加以归档整理。对于那些明显与时代脱节，与现实的大学生日常生活相去甚远的过时管理职能，应果断摒弃；对于那些育人方向一致，但各自为政，交叉重复的职能需要无条件整合；而对于那些可以从细节上完善全人育人理念的新兴职能，则需要大力扶持和推广。按照各自的属性分别划入环境育人、制度育人、文化育人几个日常生活管理育人的子系统当中。再通过选择和培养优秀的管理育人团队，开发和使用创新实用的雷锋精神管理育人方法作为两个辅助保障系统，从而共同打造立体多元化的育人模型。其次，全人教育要为大学生的终身发展奠定基础，制定和实施相应制度和政策来激发他们终身学习的原始动力，使他们自觉形成"活到老、学到老"的终身学习观念。这不仅包括帮助学生在日常生活中习得提高自身通用学习能力的本领，更要通过对日常生活的观察与思考，在日常管理和咨询服务的过程中，有意识地督促大学生们更多地掌握生活本领和通用的各项职业技能，在不断地学习和实践当中获得可持续发展的条件，自然就会衔接到通识教育的深层次要求，为他们成为今后社会中的全人做准备。最后，在日常生活管理的视域下将全人教育理念和通识教育理念充分整合，找出两者融合生长的依据。其中，日常生活是两者产生交集并共同服务的生活世界对象。在日常生活的管理中促成两者在育人情境下达成一致。可以考虑用通识教育的思维方法，达到和谐培养全人的目标。让中国传统的全人教育理念实现与国际接轨，进而可以开展国际对接交流。日常生活也应当被看成承载两者交互作用的土壤，不单纯是一种教育的手段和渠道。正如凯伦所指出的："由于任何有益于思维形成的思想、事物、任何职业或技巧性的东西，都可以成为思想解放的基础，所以，任何艺术和工艺，任何文章、资格和观念体系，都可成为通识教育的工具，对于学习它们的人来说，它们充当的是一条道路，而不是一堵围墙。"日常生活的管理遵循特定的制度工艺流程，自然当之无愧成为通识教育的工具。通识教育要求其教育对象应当是地球公民，具备全球发展的视野高度，为人类幸福而学习进步等。因而，在日常生活管理中应突出培养大学生的领袖品质和责任意识，从细节处强调其奉献社会的现实必然性，将奉献精神作为大学生身份的重要识别要素加以对待。坚持通识教育和全人教育理念的意识形态导向，来开展具备中国特色的通识教育实施，并此作为日常生活管理育人的理念和路径。这提示我们在日常生活的管理育人中也不能因为生活的共同性而忘却意识形态的作用，不加甄别地引入资本主义国家宣扬的带有价值渗透倾向的管理方法和育人理念，否则会影响我们的社会主义核心价值观的传播和教育。因而，我们需要打造具有中国特色的社会主义通识教育体系，并依靠全人理念对其进行完善，运用生活管理育人的方式对其进行立体组装。在全人理念的指导下，我们不仅要实现日常生活管理育人内容的多元化，也要为这些内容提供合理的传授推广机制，完成雷锋精神教育的育人诉求，还要能够保障物质行为文化和深层精神文化在以制度文化为中介的条件下得以充分配合，360°地关注育人的多面细节。可以吸收高校育人系统各层次中的隐性育人因素，将其互动整合为多维立体的育人体系，并在客观上促进育人队伍的自觉提高，将管理育人的对象拓展到育人主体自身，充分践行立德树人的精髓，并促进科学管理水平的提升，多元回应各方的整合需求，突出在大学生日常生活管理中落实全人教育的细致性和可行性，拓展日常生活中雷锋精神育人的作用范畴，提升管理育人的内涵和品质。

五、加强服务人员的服务育人作用

高校服务育人的内涵是随着时代而不断发展变化的。在高校的"三育人"即"教书育人、管理育人、服务育人"提出之初，服务育人较多地限定在后勤管理领域，诸如食堂、宿舍、图书馆等。现今，"服务育人"被赋予更丰富全面的内涵，高校应清晰"十育人"之间的逻辑联系，树立合理科学的服务育人理念，在服务中传递雷锋精神、播撒雷锋种子。高校服务育人涵盖高校教学、科研、管理、后勤保障，涉及高校运行的多部门和环节，蕴含于其他各项育人中，同向同行，互联互通。服务育人成为高校育人的重要组成部分，同时渗透于其他育人方式中，这也体现出了如今所提倡的"大思政教育"体系和"三全育人"模式。高校思想政治工作服务育人有广义和狭义之分。广义上的"服务育人"强调"大服务"的理念，即高校的各个部门、各方面工作都具有服务学生的意义，高校的教职员工都具有服务育人的义务，通过为学生提供优质的服务，帮助学生解决各种问题和困难，引导学生树立正确的世界观、人生观、价值观，从而培养学生良好的道德品质和行为习惯；"服务育人"狭义上的概念强调教辅部门和后勤机关的服务职责，致力于为学生创造良好的学习和生活环境，在服务工作中发挥育人功能，促进学生全面发展。高校服务育人内涵的拓展，也深入推动了如今"全员全过程全方位育人"的落地实施。高校思想政治工作是一个系统的工程，涉及教学、管理、服务等各个领域，把"十育人"和"三全育人"都落实到位，有效实施，才能建立好高校思想政治工作的体系。因此，高校要充分重视和发挥服务工作的育人功能，把服务育人的理念贯穿到各项育人中，营造良好的育人环境，提高思想政治工作实效性和长效性，促进学生的全面发展。

高校要落实立德树人根本任务，提高服务育人的工作成效，首先要深刻理解党对"培养什么人"的指导思想，这是做好育人工作的前提和基础。习近平总书记在全国教育大会的重要讲话中谈到"培养什么人"是教育的首要问题，指出教育学生要做好"六个下功夫"，即要在坚定理想信念上下功夫，要在厚植爱国主义情怀上下功夫，要在加强品德修养上下功夫，要在增长知识见识上下功夫，要在培养奋斗精神上下功夫，要在增强综合素质上下功夫，努力构建德智体美劳全面发展的人才培养体系。这为我们明确了社会主义建设者和接班人应具备的基本素质，即他们应当具备强烈的爱国意识，坚持党的领导和社会主义制度，应当为中国特色社会主义建设而不断奋斗。

"六个下功夫"明确了各级各类学校育人的总体方向。因此，高校要围绕"六个下功夫"的育人要求，提升服务育人成效，优化雷锋精神服务育人机制。服务工作是育人过程中的有效载体之一，通过科学的学生事务工作、后勤服务保障等，有助于大学生实现"三个统一"，即理论知识与实践践行的统一，真理尺度与价值尺度的统一，个体奉献与社会进步的统一。在"三个统一"中实现大学生综合素质的全面提升。服务育人工作围绕立德树人的根本任务和人才培养的根本目标，以学生为主体，涉及多个部门、多方面工作，这就需要服务育人机制从中协调配置。高校要积极优化顶层设计，整合校内的教育资源，调动多职能部门积极参与，秉承服务学生的宗旨，努力构建多元主体共同参与的协同工作机制，推进高校雷锋精神服务育人协同机制的创新与发展，形成一体化育人体制机制和全员全过程全方位育人格局。一要优化顶层设计。将各项资源进行科学合理的整合和分配，确保雷锋精神教育工作系统内的各要素在开展服务育人工作的过程中形成一股育人的合力，提高服务育人的实效性；强化领导体制，建立党委统一领导、部门分工负责、全员协同参与的责任体系。既要建立完善学校各部门常态协作机制，又要形成分工负责机制，建立责任清单，细化工作台账。二要构建多元载体。随着学生事务工作朝着多类型多元化发展，服务部门纷纷成立，比如"新时代雷锋精神研究中心"等，高校要加强对这些学生事务工作的载体机构的整合，要充分利用丰富多样的载体，建立多方位的协同育人机制。三要调动多职能部门积极参与。比如，在迎新工作中，需要学生处、后勤集团、教务处、保卫处、各学院等多部门多单位协调合作，成立领导小组，提前召开协调会，各部门明确分工，使各项工作顺利进行。四要强化学工系统和后勤系统的协同工作。要厘清学工系统和后勤系统相互配合、互补互助的关系，学工部门要准确把握学生思想动态，关注学生内心需求，建立健全学生动态信息库，加强对学生实际生活和后勤实际问题的了解和调研，着眼于解决实际问题。后勤部门人员要提高服务育人意识，规范对后勤领域的日常管理。两者实现有效协同，才能深入学生的日常生活，把雷锋精神服务育人的功能发挥到最佳状态。

六、发挥其他专业教师的育人作用

发挥其他专业课教师的育人作用，是构建雷锋精神"三全育人"体系的重要一环，不仅要注重思想政治理论课的主阵地作用，还有注重专业课的作用，把雷锋精神融入专业课教学。高校课程思政与思想政治理论课程合力就是在新时代的社会环境下，在高校立德树人的大图景中，二者形成统一教育方向所产生的综合作用。高校课程思政与思政课程合力以思想政治理论课程为主导，以课程思政为基础，成效见诸于大学生的思想政治提升上。改变思想政治理论课程"单曲独奏"的局面，形成各类课程与思想政治理论课程的"交响合奏"，塑造多方联动、协同配合的大格局，实现"合力育人"。问题的关键在于价值问题是整体性的，横切于各类课程主题，这与知识专业化与分科背道而驰，因此，将课程与课程、知识与价值联系起来就意味着要设计某种形式的课程合力来实现这种联系，而在课程思政与思政课程合力内容的创造、选择或寻找关联的决定过程中，教师本身对于课程和育人的意识，可能决定了师生面对课程的处境。因此，需要从战略高度提升课程思政与思政课教师协同育人理念、全过程思想政治教育意识和立德树人认识。

（一）提高课程思政与思政课程教师的思想政治教育意识

思想政治工作贯穿教育教学全过程，这一全过程不仅包含专业的思想政治理论课程，还包含其他各类课程，所有课程的教师都肩负着立德树人的重任。首先，要打破育人责任分割与偏差，明确教师的育人责任。部分高校一线教师，在谈及大学生思想政治教育工作时，容易将职责归于思想政治理论课程教师、辅导员、学生处等教育工作者，将自身的课程育人职责圈定为专业知识和能力的传授，导致专业教育和思政教育"两张皮"，形成思想政治理论教育与专业教育相互隔绝的"孤岛"。自古以来，教师的传道授业解惑工作就包含着对学生正确人生价值观的引导责任，这不仅是对一名优秀教师的评判标准，也被作为国家教育理念纳入教师规范之中。1980—2020年，教育部多次强调思想政治教育工作队伍不限于专职思想政治理论课教师。1980年《关于加强高等学校学生思想政治工作的意见》强调"业务教师"也肩负思想政治教育之任，2020年《高等学校课程思政建设指导纲要》将"业务教师"拓展为"所有教师"，这是对教师育人责任的进一步明确。其次，要纠正思想政治教育的融入是增加工作量的意识，将工作概念转变为使命概念。高校教师承担着育人使命，大学的教师首先自己必须是具备先进思想文化、坚定党领导执政的支持者，因此，培育社会主义建设者和接班人是高校教师天然的使命。在这之中，培育学生正确价值观念是高校教师的分内职责，教师要转变思想政治教育是任务工作的观念，将职业规范与使命担当相结合。最后，要树立持续性的课程行动意识。课程思政与思政课程合力蕴含着缔造的意义，是师生共创教育价值的过程，在这场持续性的师生互动中蕴含着不断的理解、诠释、批判与行动，非一时、一课就能完成的价值使命。

（二）强化课程思政与思政课程教师协同育人的理念

课程思政与思政课程教师合作伙伴关系，比物的要素的融合更有效和更令人满意，这种教师互动过程，使具有不同专业知识的人能够针对相互的价值教学问题产生创造性的解决方案。

课程思政与思政课程教师育人理念是主观性的，因此首先要从教师个体的主观意识着手强化协同育人理念，依赖于促进教师主体在教学过程中对协同育人需求的感知，产生共同的愿景。教师最大的挑战是教师既是教学的实施者、教学的实践者，同时又要担任教学实践的观察研究者，其间必然存在着某些角色上的紧张关系。还有是教师如何分身看自己？应当说，教师研究目标在于改进教学实务，任何所谓客观的研究，最后都要透过教师主观的知觉，应用于教学情境中，因此，教师的主观是不可避免的。所以，发展教师具有敏感性及自我批判的主观意识具有重要价值。同时，教师对于自己的错误观念、预设和习惯，要不断地加以检视和批判。透过自我意识批判与研究，使自己更有自我教学认知，来改善自己的教学实务，这就像运动员透过教练来了解自己的缺点并求改进一样，教师也可以邀请他人作为观察者和参照系，来检视自己的教学并追求改进。因此，指出课程思政与思政课程教师在分立教学中存在的问题，促进教师对合作协同的感知，是强化课程思政与思政课程教师协同育人理念的途径。课程思政教师需要具备挖掘与传授课程的思政元素的能力，但多数教师对于本课程思政要素内容、挖掘方式、转化教学等认识比较模糊，需要思想政治理论课程教师的指引和帮助。另外，思政课程教师拓展课程知识载体、增强学生针对性、创新教学形式方面，需要课程思想政治理论教师的多方协助，因此，两类教师的协同合作是必要和紧迫的。在强化课程思政与思政课程教师协同育人的具体操作方式上，应展开系统的政策学习、宣讲、研讨会议、项目指导等，牵引课程思政与思政课程教师的共同体意识，提供共同计划和共同教学的机会、同伴教学和观察的机会、进一步发展"听众意识"的机会。

(三)提升课程思政与思政课程教师立德树人认识高度

"立德树人"工作中"立德"和"树人"是一对辩证关系,前者是后者的前提,后者则是前者成效的彰显,只有立好德才能树好人,高校课程思政与思政课程教师只有对立德树人有高度认识才能做好本职工作,履行好使命担当,把雷锋精神传播好。首先,要提升教师对意识形态问题的极端重要性的认识。"立什么样的德"首先是一个政治问题,是根本性、全局性、方向性的意识形态问题,关乎育人的前进道路和价值选择。社会的道德价值观汇聚为意识形态的基础,要牢牢把握住马克思主义在意识形态领域的指导地位,这是关乎整个社会根基的重要命题。置之于高等教育中,就是要课程思政与思政课程教师谨记,社会主义意识形态不可偏颇。其次,要将做好立德树人工作放在建设有中国特色的社会主义大学的全局高度。习近平总书记强调:"要把立德树人的成效作为检验学校一切工作的根本标准,真正做到以文化人、以德育人。"立德树人工作是高校立身之本。自中世纪现代大学赓续至今,为社会育人的核心使命从未改变,检验大学办学成效的根本标准始终是人才培养的效度。办好中国特色社会主义大学,不能脱离人才培养的本质属性,培养高素质的、全面发展的、德才兼备的社会主义建设者和接班人,就要求课程思政与思政课程教师始终坚持好立德树人工作。最后,要将立德树人提升到教师使命担当高度。生活在当代世界中的许多年轻人,可能会暴露于破坏其道德价值观的因素,这些因素包括互联网、社交媒体、家庭结构的社会变化、道德榜样的缺失以及拜金主义、娱乐至死、极端个人主义等热潮,青年大学生理想信念出现彷徨。青年人是社会的未来,课程思政与思政课程教师的立德树人工作是"扣好人生第一颗扣子"的工作,这既对学生个体发展有着重要意义,同样也对中国社会有序发展具有时代意义，是教师的光荣使命。

第三节 构建雷锋精神"全过程贯通"育人体系

高校雷锋精神教育全过程育人是以过程的形式存在，其所采取的实施策略也必须是基于过程这一存在形式。因此，要从纵向、横向、分层次等三个方面去推进高校雷锋精神教育全过程育人的实施，实现高校雷锋精神全过程育人在时间上、空间上和效果上的和谐统一。

一、纵向推进高校雷锋精神教育全过程育人

从纵向看，高校雷锋精神全过程育人是将雷锋精神教育的基本内容贯穿到大学生学习、生活过程的始终，是一个持续不断地进行教育的过程。处于不同发展阶段的大学生，他们的行为方式、思想观念在不同的发展阶段会有不同的表现，因此，在对大学生进行雷锋精神教学的过程中也根据大学生在不同阶段的特点而有所侧重。

首先，从教育者的施教过程看，高校雷锋精神教育全过程育人就是教育者根据受教育者在不同的成长发展阶段，有步骤地、循序渐进地对大学生进行雷锋精神教育的过程。在大学这一阶段，大学生的学习和生活经历主要经历从中学到大学的转变，再从大学生活到社会生活的转变，在这两个转变过程中，大学生的心理也会跟着这两个阶段的变化而产生变化。教育者在开展雷锋精神教育的过程中，应针对不同年龄段的学生制定不同的教育目标，采取不同的教育策略，有所侧重地对每个年龄段的大学生进行教育。对于刚入学的大学生来说，其行为方式和思想观念还保留有中学

时代的印记,因此在一阶段要注重将中学的思想教育与大学的思想政治教育进行有效衔接,帮助大一新生做好角色转换,尽快适应大学生活并逐渐树立自己的目标。在入学之际应该把侧重点放在为学生引路,加强对学生思想、学习、生活上进行指导,为接下来的大学生活排忧解难。"扎实有效的工作要以先进的思想为指导,而思想的关键在于理想信念的正确把握。"[1]在大一阶段,主要让大学生了解雷锋精神产生的历史背景、时代内涵及学习雷锋坚定的理想信念和一心向党的道德品质。为了加深理解,可组织学生参观雷锋纪念馆、举办讲座邀请雷锋战友或雷锋传人为学生讲述雷锋故事,引导大一新生培养坚定的意志品质,坚定理想信念,从而树立正确的世界观、人生观、价值观,更好地走好人生路。将《新时代爱国主义教育实施纲要》和雷锋精神有机结合起来,加强对大学生爱国精神的培养。而对于大二、大三的学生来说,这一阶段是积累基本知识和加强专业知识学习阶段。在学习专业课过程中需要他们脚踏实地、兢兢业业一心探求学业知识,专业知识要做到专和精,争取在学习过程中不断储备扎实的专业基本功。这就要发扬雷锋的"钉子精神",在专业知识学习上既要有雷锋的"挤"劲,又要有雷锋的"钻"劲,面对学业上的困难不轻言放弃,以雷锋刻苦钻研精神为指引,努力打好基础,为踏入社会打好基础,增强底气与实力,并以自己所学为社会做出自己的贡献。对即将毕业的大四学生,对他们的毕业教育侧重在利用所学为未来提供"出路",雷锋精神中所具有的锐意进取、自强不息的创新精神,干一行爱一行专一行精一行的敬业精神和服务人民、助人为乐的奉献精神都是大学生走向社会所需要的。在学生毕业之际,更应该坚定他们的信心,让他们看到自己的出路在哪里。通过大学四年的学习,学生们已经掌握了相应的知识与技能,也

---

[1] 刘佩德.高等院校文化育人体系建设探赜[J].吉林省教育学院学报,2019,35(3):23.

在四年的学习过程中知道了自己想要什么。面对新冠肺炎疫情,大学生在选择自己职业时,需认清整个社会就业供需矛盾,多了解相应的就业信息和应聘技能,为自己未来的工作做好准备。高校要用雷锋精神做好毕业生的思想工作,为他们答疑解惑。学生也应该树立多种就业观,抓住相应的机会找到适合学校做好学生的就业工作,就要对毕业生做好就业上的指导与服务。学校要利用多种渠道对毕业生进行相应的就业指导和帮助,站在毕业生的立场上帮助毕业生解决在就业过程中的各种问题,帮助他们缓解压力。因此,根据大学生成长发展的规律,有针对性地对其进行雷锋精神教育,将雷锋精神教育贯穿到大学生从入学到毕业的学习、生活的全过程。

其次,从受教育者的受教过程看,高校雷锋精神教育全过程育人就是大学生接受教育的过程,即大学生对雷锋精神教育内容进行接受并进行内化,最终通过实践来进行外化。在具体的实践中,教育者要研究和了解大学生,不仅要对他们在行为上和思想上的动态有所了解,还要对他们接受教育内容的状况有所把握,在雷锋精神教学过程中调动他们的积极性,使他们对教学内容产生兴趣,从而把他们吸引到课堂教学中来。只有当他们自觉、主动地参与进来,才能使他们在教育教学实践活动中与教育者进行有效合作,从而自行接受教育和进行自我教育。因为"对传授道德知识的强调,只注重对道德知识的识记与理解,忽视这一过程中个体的内心体验,往往导致个体对识记内容的逆反与抗拒"❶。大学生只有将教育者传授的道德知识进行内化和实践,才能最终实现个体思想政治品德的社会化。因此,在教育过程中,要注重对大学生进行引导,实现大学生对雷锋精神教育内容的吸收、内化并进行外化的过程。

---

❶ 辛文波. 新时期大学生思想政治教育生活化问题研究 [D]. 兰州:西北师范大学,2011.

二、横向推进高校雷锋精神教育全过程育人

从横向看，高校雷锋精神教育全过程育人是一个多方面、多渠道展开的过程。作为一个动态开放的运行过程，雷锋精神教育全过程育人不能局限于学校这一范围之内，而应该要主动与家庭和社会相联系，重视家庭和社会的教育作用，构筑一个强大的教育教学体系，将学校、家庭与社会包含在这一体系中，使三者融为一体，共同推进雷锋精神教育全过程的实施。

（一）融入学校教育

学校是推进高校雷锋精神教育全过程育人的主要场所，在实现全过程育人过程中，就要将雷锋精神教育与学校的其他教育教学相结合，利用学校的各种载体来达到育人的目的，同时还要充分挖掘各种雷锋资源，渗透到每个学生的学生和生活当中，让这些资源所具有的育人功能能够得到有效的发挥。要推进高校雷锋精神教育全过程育人的实施，就要将其所蕴含的丰富内容能够被大学生所认可和接受，并使他们将这些内容进一步转化为行动。同时，在学校教育过程中，要发挥各门课程的育人功能，就要通过各种各样的途径与方式将育人资源始终贯穿到课堂教学中。除了课堂教学之外，校园文化活动和校园管理工作也是进行雷锋精神教育的重要途径，只有充分利用课堂内外的各种形式来对大学生进行教育，才能使他们最大限度地接受和认同雷锋精神，并推动他们将思想政治品德知识转化成个人信仰并最终付诸实践。

（二）融入家庭教育

家庭是雷锋精神教育全过程育人的一个重要阵地。家庭是大学生生活和成长的重要场所，大学生除了学习生活是在学校度过之外，有很大一部

分时间是在家里度过的，在家庭里所进行的教育将会对大学生产生重要的影响。因为在家庭这种独特的背景下所进行的教育除了对一个人的生活习惯、行为方式产生重要的影响之外，而且还会对一个人的价值观念产生深刻的影响。在家庭内进行雷锋精神教育有着独特的优势。家庭教育是教育人的起点和基点，是一种全过程教育。人从一出生就开始受到家庭的影响并且这种影响会伴随着人的一生。因此，学校要主动与学生家庭多沟通，并建立起良好的沟通体系，推动家庭积极培育家庭美德、优化家庭环境，促使家庭教育成为高校思想政治教育的重要推动力。

（三）融入社会教育

社会教育是高校进行雷锋精神教育的大课堂和大舞台，其对大学生的成长发展产生重要的影响。然而，长期以来，不管是家庭、社会，还是高校自身，都把大学生教育当作高校自己的事情，而没有将这一重大的教育任务放在整个社会这个大系统中加以考察，导致了学校、家庭和社会没有形成教育的合力，从而使高校对雷锋精神教育的社会资源没有进行充分的开发与利用，造成大学生在学校中受到的教育与他们在校外环境中受到的环境影响不相协调，甚至产生了反作用。因此，要推进雷锋精神教育全过程育人，高校就要主动联系社会上的各级组织，维持好与社会建立起来的各种关系，充分利用社会上的育人资源，发挥其育人的作用。

三、分层次推进雷锋精神教育全过程育人

高校雷锋精神教育全过程育人是由多方面有机结合的一个系统工程，这就决定了高校雷锋精神全过程育人要分层次进行，确保育人资源融入教育教学的各个环节，在实践过程中使整体教育与分层次教育相结合。一方面，要坚持高校思想政治理论课的主导地位，通过思想政治理论课对大学

生进行雷锋精神教育，为大学生奠定共同的思想理论基础；另一方面，要根据不同的学生群体和学科专业，将高校雷锋精神教育融入教育教学的各个环节，进行分层次的教育。

（一）加强学校顶层设计，完善育人职责

推进高校雷锋精神教育全过程育人，首要的是要加强学校的顶层设计。关于"什么是'顶层设计'"，比较流行的说法是，运用系统论的方法，从全局的角度，对某项任务或者某个项目的各方面、各层次、各要素统筹规划，以集中有效资源，高效快捷地实现目标"。由此可知，对各项任务进行统筹规划，对全局进行统领就是顶层设计，将高校雷锋精神教育实施全过程育人这一决策融入学校的顶层设计，是学校贯彻落实党和国家的决策的表现。高校雷锋精神教育全过程育人的实施需要有一个科学、合理的顶层设计，以避免"全过程育人"出现形式化、随意化和碎片化，保证实施的规范化、制度化和常态化。在推进高校雷锋精神教育全过程育人实施的过程中，加强学校的顶层设计，是具有权威性和指导性的，这一决策将会对学校的每一部门和教师产生约束作用。它有助于学校各部门和各个教师积极参与到"全过程育人"这一教育实践活动中来，并主动发挥自身的创造性，推动高校雷锋精神教育全过程育人，从而有助于提高其实效性。

（二）加强教师队伍建设，强化育人意识

高校雷锋精神教育全过程育人的实施，没有教师的积极参与与配合，这项工作将无法完成。因此，高校教师队伍的建设将会对高校雷锋精神教育实施全过程育人产生重大的影响。

在加强教师队伍建设方面，激励和规范教师的行为是首要的。教书育人是教师肩负的神圣职责，这就意味着教师在对书本知识进行讲授的同时也要教会学生如何做人。教师对学生的影响是巨大的，他们的知识水平、行为方式、价值取向如何，这对于学生认同、接受思想政治教育将会产生直接的示范作用。因此，要做好教师队伍的建设，首先，要加强师德师风建设，完善教师职业道德规范，将师德作为教师考核、聘任和评价的首要内容；其次，加强推进教师队伍全员培训，提高教师思想政治素质，促进教师不仅要教书，而且还要育人；最后，完善教师的考核机制和激励机制，推进教师教育教学制度的规范化和制度化。唯有把教师队伍建设做好，才能进一步增强教师教书育人的荣誉感与责任感，进而推进高校思想政治教育全过程育人。

（三）完善课程教学体系，整合育人资源

强化课程育人功能是要发挥每门课程在教学过程中的育人功能，因为"课堂教学过程本身就是育人最主要的过程，也是教书育人最重要的途径；知识传授与价值引领是育人的基本实现形式，也是学校最具效能的实现形式，在教育教学中，既要注重在价值传播中凝聚知识底蕴，又要注重在知识传播中强调价值引领，突出显性教育和隐性教育相融通，实现从'思想政治理论课程'向'课程思政'创造性转化"。首先是发挥课程教学大纲的育人功能，实现隐性的雷锋精神教育。其次是强化课本教材内容，课本教材是学生接触最多的书本，学生的很多知识都是从书本上获得的，将雷锋精神教育内容融入课本教材，可以达到学生自我教育的目的。最后是发挥课堂教学的育人功能，在进行专业课程教学的过程中，搭载专业技能知识的传授对大学生进行雷锋精神教育是一种有效的育人途径，不仅可以让学生学到本专业的知识，还有助于将课程育人的功能充分发挥出来，这一育人形式所具有的优势是其他教育方式无法比拟的。

（四）推进校园文化建设，拓宽育人渠道

高校校园文化不仅蕴含丰富的育人资源，同时也是一个重要的育人平台，因为"高校校园文化所包含的全体师生员工共同的价值观念、理想信念、行为规范等群体意识，就像一种精神黏合剂，可以使广大师生员工产生归属感，增强凝聚力"❶。加强高校校园文化建设，既是高校雷锋精神教育全过程育人的现实需要，也是校园文化建设向更好的方向发展的必然选择。校园文化活动有助于培养学生健康向上的精神，加强其建设可以将教育目的融入到各项文化活动中，通过营造良好的校园活动氛围，陶冶学生的情操，感化学生的思想，以润物细无声的方式来达到育人的目的。发挥校园社团组织的作用，社团组织在丰富大学生的课余生活的同时，也可以增强学生的沟通能力和责任感意识，对于满足学生的兴趣爱好具有积极的作用。丰富社团活动的内容，组织开展多样化的活动，可以使学生在无形中受到思想政治教育。校园网络文化作为思想政治教育的重要载体，要积极主动地去占领网络文化阵地，通过网络平台与学生进行沟通、交流，实现师生的平等互动，同时积极利用网络平台来实时关注学生的思想动态，进而对学生进行针对性的教育，最终实现思想政治教育的目的。

第四节　打造雷锋精神"全方位融合"育人模式

"学校思想政治工作不是单纯一条线的工作，而应该是全方位的。"❷ 如

---

❶ 宋伟.社会主义核心价值观融入高校校园文化建设研究［D］.郑州：郑州大学，2016.
❷ 习近平.思想政治理论课是落实立德树人根本任务的关键课程［J］.求是，2020（17）：6.

何将雷锋精神以及雷锋的好的做法进入高校学生头脑,达到育人的目的,除了发挥雷锋精神课程育人的作用外,还要在发挥雷锋精神全方位育人的作用,"充分发挥课程、科研、实践、文化、网络、心理、管理、服务、资助、组织等方面工作的育人功能"❶。

一、课程育人：同向同行的"价值导航"

前面我们在雷锋精神如何融入思想政治理论课教学方面作了有益的探索,高校还应将雷锋精神纳入课程思政范畴,拓宽雷锋精神的深度和广度,形成雷锋精神融入思想政治教育主体课程与其他学科课程的"价值导航"格局,从而实现课程育人的目标。强化雷锋精神课程育人功能是要发挥雷锋精神融入每门课程在教学过程中的育人功能,因为"课堂教学过程本身就是育人最主要的过程,也是教书育人最重要的途径;知识传授与价值引领是育人的基本实现形式,也是学校最具效能的实现形式,在教育教学中,既要注重在对价值传播中凝聚知识底蕴,又要注重在知识传播中强调价值引领,突出显性教育和隐性教育相融通,实现雷锋精神从'思想政治理论课程'向'课程思政'创造性转化"。首先是发挥课程教学大纲的育人功能,实现隐性的雷锋精神教育。其次是强化课本教材内容,课本教材是学生接触最多的书本,学生的很多知识都是从书本上获得的,将雷锋精神教育内容融入思想政治理论课和专业课课本教材,可以达到学生自我教育的目的。最后是发挥课堂教学的育人功能,在进行专业课程教学的过程中,搭载专业技能知识的传授对大学生进行雷锋精神教育是一种有效的育人途径,不仅可以让学生学到本专业的知识,还有助于将课程育人的功能充分发挥出来,这一育人形式所具有的优势是其他教育方式无法比拟的。

---

❶ 中共教育部党组.高校思想政治工作质量提升工程实施纲要[Z].2017-12-04.

二、科研育人：善"挤"善"钻"的"科学精神"

青年学生要成才，就要在科研中探知奥秘。"科研育人就是要在科研活动中培育大学生掌握规律和方法的能力。"❶ 高校要聚焦立德树人根本任务，加强对雷锋精神理论研究，并将理论研究与实践紧密结合，研究的问题与时代紧密关联，解答青年学生的成长成才之问。

首先，教师要强化理论学习，这是做好雷锋精神科研育人的前提和基础。教师要以习近平新时代中国特色社会主义思想为指导，在深入学习的基础上认真研究习近平总书记关于雷锋精神的重要论述和重要指示批示精神，研究雷锋精神的时代内涵、当代价值，特别是深入研究雷锋精神与立德树人的辩证关系，研究探索雷锋精神常态化、长效化机制，研究雷锋精神与科学精神的关系，推出一批高质量的理论成果，以理论成果探究雷锋精神育人途径。科研是人类探索未知以及实践求真的过程。对于青年学生而言，科研又是他们获取、检验知识、技术和能力的重要过程。在科学研究中，大学生必须具备求知的心态、创新的精神、严谨的治学态度，以及乐于奉献和求实的精神，既要敢于怀疑，遇到失败要敢于面对，更要勇于求证，其最基本的是求真务实、开拓创新，也就是要树立科学精神。

其次，教师要将雷锋"挤"和"钻"的"钉子精神"行为示范科研育人。认真学习科学理论，刻苦钻研业务知识，努力用科学理论提升自己、完善自己。科研人员传递给青年学生的不仅仅是知识、技术、思维模式等，更体现的是科学精神。要求高校的科研人员在对大学生进行思想政治教育雷锋精神育人中，弘扬雷锋善于"挤"和"钻"的"钉子"精神，并在锐意进取、自强不息的言传身教中让大学生获得基本的知识素养、道德

---

❶ 中共教育部党组.高校思想政治工作质量提升工程实施纲要［Z］.2017-12-04.

意识和创新意识。科研人员还要将雷锋的团结友善、乐于助人精神传递给青年学生，教育大学生科研领域的诸多突破依靠的是团队协作和互帮互助的团队精神，这种科研育人所形成的科学精神以及科学道德必然会影响大学生的世界观、人生观和价值观。科学精神是当代高素质人才必须具备的基本素养。教师的科研精神对学生有着重要的榜样和启发示范作用。大学生参与科学研究的过程也是教师传道的过程，青年学生会遵循教师的科研育人"模式"进行传承和创新，从而达到育人目标。

三、实践育人：联系理论的"知行统一"

实践育人就是将理论教育与社会实践有机结合从而达到育人的目的。学习理论的目的在于实践，通过实践，理论才能落到实处。人类也只有在实践中才能不断地认识自己提高自己。社会实践是青年锻炼成长的有效途径。人生之所以有价值，是因为人能通过创造性的社会实践把人生提高到一个更高的境界。因此，社会实践是实现人生价值的必由之路。实践活动不仅是大学生对所学知识的应用，也是大学生与社会、他人融合的重要途径，更是大学生综合素养提升的途径。实践育人已经成为大学生将所学理论运用到社会成长成才的最佳的理论联系实际的育人方式。

习近平指出，"我们既要学习雷锋的精神，也要学习雷锋的做法，把崇高理想信念和道德品质追求转化为具体行动，体现在平凡的工作生活中，作出自己应有的贡献，把雷锋精神代代传承下去"。高校在对学生加强雷锋精神理论教育的同时，更要注重雷锋精神实践育人的作用，也就是说，要解决好学雷锋与做雷锋的知行统一问题。只有认识雷锋精神、了解雷锋精神，才能在实践中学习雷锋精神、弘扬雷锋精神。在实践育人中，高校要立足校园、面向社会，开齐开足开好学雷锋实践课，组织各种学雷锋志愿服务活动等实践活动，用雷锋精神引领志愿服务，"积极引导大学生主动运用所学的理论知识和能力去参加各种志愿者活动，积极服务社会，服务人民"❶。在实践中树立奉献服务意识，获得助人的快乐，从而既提升了自己的道德修养，又促进了自身成长。

四、文化育人：涵养熏陶的"人文底蕴"

文化是一种具有属人性的自在之物，客观存在于人类社会发展之中，并对现实社会产生影响。文化是一个国家、一个民族的灵魂，文化兴国运兴，文化强民族强。全面建设社会主义现代化，推动中国之治，需要文化的引领、精神的支撑。文化育人就是"挖掘和发挥中国特色社会主义文化的育人功能，通过深入开展中华优秀传统文化、革命文化、社会主义先进文化教育，来引导学生理解、践行和弘扬社会主义核心价值观"❷。习近平指出："雷锋是时代的楷模，雷锋精神是永恒的。""雷锋精神是永恒的，是社会主义核心价值观的生动体现。"这就对雷锋精神的文化内涵给予科学的定位。挖掘雷锋精神的文化内涵，发挥雷锋文化的育人功能，雷锋文化是雷锋精神彰显和发挥作用的重要载体和具体表达，表现为物质与精神、现实与可能的多维度存在。

雷锋是社会主义建设时期的楷模，雷锋文化是雷锋精神彰显和发挥作用的重要载体和具体表达，表现为物质与精神、现实与可能的多维度存在，雷锋文化本质的、内在的具有着价值引领、精神凝聚、信仰维护的功能。雷锋文化表现为雷锋的物质形态的文化、精神形态的文化和制度形态的文化。雷锋文化作为一种历史现象，在我们的现实生活中已经持续了几十年，贯穿在整个意识形态领域的各个方面，以散文、诗歌、题词、故

---

❶ 李沐曦.新时代高校"三全育人"理论与实践研究［D］.长春：吉林大学，2022.
❷ 李沐曦.新时代高校"三全育人"理论与实践研究［D］.长春：吉林大学，2022.

事、电影、电视、文章、音乐、戏剧、标语、纪念馆及各种冠名等形式和载体存在、在雷锋文化氛围的熏陶下，一代又一代的青年茁壮成长，一批又一批的典型模范不断涌现，这就是雷锋文化育人的作用。在雷锋文化的涵养熏陶下，大学生将个人价值与社会价值、民族价值、国家价值有机统一起来，有助于规范大学生个体的思想和言行，传播践行社会主义核心价值观，对群体而言，有助于加强公民道德建设，提高社会文明程度，推动中国之治，实现中华民族伟大复兴，具有很强的现实针对性和重要的价值意义。

五、网络育人：见微知著的"抵御防范"

大力推进网络育人，加强校园网络文化建设与管理，拓展网络平台，建设高校思想政治工作网。信息化网络化是当今时代的鲜明特征。中国互联网络信息中心（CNNIC）发布的第 49 次《中国互联网络发展状况统计报告》显示，截至 2021 年 12 月，我国网民规模达到 10.32 亿，互联网普及率达 73.0%。网络凭借其快速的传播力、广泛的影响力而改变着人们的生活方式。"机不离手"的网络世界、"信手拈来"的自主学习，催生了"互联网＋教育"的模式。互联网教育资源的多样性最大限度满足了青年学生的个性需求，使得大学生获取知识和信息的渠道不再仅仅局限于课堂和学校，而西方敌对势力利用网络的隐蔽性、渗透力，围绕铸魂与铸魂的网上意识形态较量日趋激烈，这给高校思想政治工作带来了极大的冲击和挑战。这就要求高校思想政治工作者必须转变传统的教育方式，以网络教育方式引导大学生形成社会发展所需要的思想观念、政治观点、道德品质。网络育人绝不是简单的形式载体问题，需要大胆创新，特别是需要思想政治教育模式的深刻变革。思想政治教育工作者只有善于运用网络平台承载主流价值、网络语言传播红色基因、网络形态创新育人模式，才能适应网络时代的发展，当好新时代大学生成长成才的引路人。

将雷锋精神融入高校思想政治工作，也要与时俱进，从"网络"出发，通过尝试建设一批在青年大学生中有影响力的雷锋精神网络传播平台，推出一系列雷锋精神网络原创产品，形成高校雷锋精神进网络的新型育人传播矩阵。例如，通过数字化传播，借助于 App 的传播，借助于短视频的诠释，借助于融媒体的立体化呈现，将理性化的雷锋精神变得更为形象，更为清晰，更为准确，更有感染力和人文魅力。通过"互联网 + 雷锋精神"，让学雷锋活动一"网"情深。挖掘身边学雷锋的好人好事，精彩网络雷锋故事，传播网络学雷锋正能量。借助于微慈善、小雨滴微公益、互联网公益等网络平台，通过微公益可以让更多的人学雷锋。"互联网 + 雷锋精神"，有助于对大学生进行正向引导，大学生在网络中接触更多关于社会发展、国家发展、自身发展的正向信息的同时，也使学生可以在网络空间感受雷锋精神的伟力，从而更好地去学雷锋做雷锋。大学生还可以在网络中畅所欲言、交流心得，让网络学雷锋从"指尖"流到"心尖"，在良好的网络大环境中不断提升高校雷锋精神网络育人的效果。

六、心理育人：育心育德的"健康人格"

心理育人是高校人才培养的重要组成部分，也是高校思想政治工作的重要环节。心理育人不能简单地理解为"心理健康教育"，其实质是以立德树人为根本遵循，通过"心理"教育实现育人目标，通过"育人"实践促进心理发展，为国家培养合格的建设者和可靠的接班人。心理育人不仅仅要帮助学生解决他们的心理问题，引导学生正确看待自己，加强自我修养，促进自我人格健康完善，更重要的是引导大学生正确看待自己与他人、与社会、与国家之间的关系，引导他们将个人的幸福快乐与国家富强、社会发展联系起来。心理育人的关键就是通过对大学生进行心理层面的教育，对大学生的思想进行正向的价值引导。心理育人具有理想信念导向价值、道德人格塑造价值、积极行为激励价值、心理素质提升价值健康心态培育与干预价值，并对培养时代新人发挥着重要作用。

心理育人是对人格的良性塑造。人格是人的本性体现，也是世界观、人生观、价值观与人的发展的融合。人格塑造，是人成为理想人的基础。雷锋是全社会理想人格的典范。新中国为雷锋带来的，不仅仅是"解放人格"，还有一种在不断思考的基础上形成的"信念人格"，孕育出最具有普遍价值的"道德人格"。雷锋最具普遍感召力的是他以做好人好事的行为实践，朴素地回答了哲学家们至今仍然在反复探究的命题——人为什么活着？人应该怎样活着才有意义？他的核心信念是通过无私奉献来实现为人民服务。雷锋以自己的诚实劳动和敬业精神为我们昭示了理想人格的价值取向。雷锋用与人为善、助人为乐和无私奉献，告诉我们如何正确处理好"大我"与"小我"之间的关系。雷锋幸福快乐的前提是，让别人幸福快乐自己才幸福快乐。

七、管理育人：规范行为的"养成意识"

"管理育人质量提升体系，把规范管理的严格要求和春风化雨、润物无声的教育方式结合起来，加强教育立法，遵守大学章程，完善校规校纪，健全自律公约，加强法治教育，全面推进依法治教，促进教育治理能力和治理体系现代化，强化科学管理对道德孕育的保障功能，大力营造治理有方、管理到位、风清气正的育人环境。"❶ 高校通过将行之有效的规范、严格的管理方式与润物无声的教育方式结合起来，加强法治教育，全面推进依法治教，强化科学管理对道德孕育的保障功能，营造管理到位、风清

---

❶ 中共教育部党组.高校思想政治工作质量提升工程实施纲要［Z］.2017-12-4.

气正的育人环境，提升广大师生思想道德品质、养成良好道德习惯。大学生的生活不能脱离学校管理而独立存在。高校各校规校纪、管理制度就成为约束大学生行为、意识的重要途径和方式。高校要健全管理育人制度，梳理各种管理岗位的育人元素，明确管理育人的内容和路径。高校的管理理念越先进，管理制度越科学，越能体现德育育人的高度和深度。高校管理者应深入挖掘和研究探讨管理育人的内涵和规律，努力探索管理育人的新途径新方法。在管理育人实践中，要让大学生明确生活与规范之间的关系，明确权利和义务的关系。明确遵守规范是一种"公共"行为。教师的行为规范会直接影响着大学生对学校规章制度的遵守。教师在言传身教中会提升学生遵规守纪的意识，引导学生逐步形成自我约束的"自律"意识。

雷锋是严格遵守纪律的典范。1959年8月26日的《雷锋日记》里这样写道："自从由鞍山转到弓长岭以来，自己就抱定决心：一定要很好地工作、学习，争取加入中国共产党。对各种学习任务都能认真完成；自学较好，每天早晨学习一小时，晚上总是要自学到深夜10至11点钟。早晨坚持做早操，没有违犯过纪律，都能按规定去做。今后，我应当继续加强组织纪律性，向违法乱纪做斗争，严守纪律，听从指挥，做好机器检查和保养，保证安全，消灭事故。努力学习政治，开展思想斗争和批评与自我批评，加强团结，虚心学习。"❶ 短短一段话中，纪律出现了三次，足以证明雷锋内心清醒的纪律意识，并将严守党的纪律摆在了争取入党的先决条件位置。雷锋多次提到要认真贯彻党的方针政策、严格组织纪律。管理人员要通过用雷锋的严格遵守纪律的事例积极引导大学生自我约束、自我管理。以便进入社会后，严格遵守"道德"标准，规范自身的社会行为，达到立德树人的目标。

---

❶ 雷锋日记选（1959-1962）[M].北京：解放军文艺社，1959.

八、服务育人：以人为本的"现实关切"

"服务育人质量提升体系。把解决实际问题与解决思想问题结合起来，围绕师生、关照师生、服务师生，把握师生成长发展需要，提供靶向服务，增强供给能力，积极帮助解决师生工作学习中的合理诉求，在关心人、帮助人、服务人中教育人、引导人。"❶ "以人为本"是服务育人的核心理念。高校应充分借助服务育人的方式，有效地将关心人、尊重人、教育人进行有机结合，坚持围绕师生、关照师生、服务师生，通过服务工作者的工作形象、工作作风、工作内容、工作精神来感染学生师生。将解决思想问题和解决实际问题相结合，不断强化服务育人意识、丰富服务育人路径、提升服务育人质量，努力在关心人、帮助人、服务人中实现对学生的教育引导，增强服务育人实效。

高校服务育人是人文关怀的体现，也是育人中"人本"理念的实践。高校管理人员在服务育人过程中，应向学生宣传雷锋的服务意识，雷锋以服务人民为最大的快乐，以帮助他人为最大的幸福，他用真情和行动，践行着服务人民的宗旨。服务育人可以潜移默化地引导大学生形成公德心、道德心，大学生应始终将雷锋为人民服务作为自己的行动指南，不断提升自己的服务意识。服务育人也是大学生发展生存、生活能力的重要途径。大学生在服务育人过程中也锻炼了自己的生活能力、自我管理能力。实现中华民族伟大复兴的中国梦，我们就要像雷锋那样，密切地团结群众，紧紧地依靠群众，最大限度地凝聚人民群众的智慧和力量，借助生活化的育人元素来培养大学生勇于面对生活困难的积极态度和自理自治的行为意识，为实现中华民族的伟大复兴而奋斗。

---

❶ 中共教育部党组．高校思想政治工作质量提升工程实施纲要［Z］.2017-12-4.

九、资助育人：奋发向上的"精神意志"

资助育人是把"扶困"与"扶智""扶志"结合起来，构建物质帮助、道德浸润、能力拓展、精神激励有效融合的资助育人长效机制。要在资助过程中尽可能培养学生立自强、诚实守信、知恩感恩、勇于担当的良好精神品质。最基本的是保障学生的基本生活，最重要的是培养受助学生的志向。学校要精准落实资助育人工作，就是要建立资助育人体系、完善资助育人动态过程。在资助育人过程中，学校要首先"扶困"帮助其解决学习中、生活中的现实困难。其次，高校要注意"扶志"，借助精神鼓励的方式增强学生的精神动力，解决大学生的"思想困扰"。

在扶困帮扶的过程中，高校管理人员要充分发挥雷锋精神的育人优势，鼓励学生通过努力学习获得奖励，树立正确学习导向，营造良好竞争氛围，促进贫困大学生自主发展和全面发展，激发学习成长动力，把受助学生培养成为心怀祖国的有志青年。高校不仅要给予贫困学生相应的物质帮扶，还要引导贫困生积极改变自己的生活理念，树立自强意识，不畏艰难、奋发进取。要发扬雷锋艰苦朴素、勤俭节约、吃苦耐劳的奋斗精神，引导学生树立正确的消费观，同时，高校还应跟踪和了解学生的"思想"动向，借助党组织的力量帮助学生强化自身的奋斗、发展意识，及时为其提供精神帮扶。积极推选展示资助育人优秀案例和典型人物，倡导大学生通过勤工助学帮助大学生在自身的劳动实践中收获成长，获得自我发展。

十、组织育人：培育深厚的"家国情怀"

组织育人是借助组织活动的开展创造育人的机会、实现育人的效果。

组织育人要以党的组织为统领，以"增强党性、提高素质、发挥作用"为育人的核心目标，引领育人导向、锻造育人品牌、激活育人效能，引领带动学生成长成才。组织育人需要发挥各种组织的作用。高校中存在诸如党组织、群团组织、学生组织等各种组织，这些组织承载着不同的育人功能，承担着思想政治教育的任务。高校的组织育人以党团组织为基础，对群团组织、学生组织进行科学引导和管理，从而发挥组织的育人功能。要充分发挥党委领导核心作用，二级党组织政治核心作用和基层党支部战斗堡垒作用，为低年级学生配备学生党员，发挥启航作用；为本科生配备班级导师、研究生配备德育导师，在学生生活中发挥导航作用；为学生班级、配备思政导师，发挥引航作用。强化育人职能，推动各级党组织自觉担负起全面从严治党、办学治校、育人育才的主体责任。

各级组织已成为雷锋精神发挥作用的重要载体。开展的学雷锋主题党日活动，"雷锋故事人人讲活动""红色影院""红歌大赛"等活动，创新了形式，丰富了载体，不断推动雷锋精神入脑入心。通过依托党团组织分阶段开展深入学习阐释雷锋精神活动，解码雷锋精神时代内涵，编纂好雷锋精神书籍，展示好雷锋文化。开展好筑牢理想信念之基的培训工程，做到大学生团校培训班、发展对象培训班、预备党员培训班等多级培训，坚定雷锋忠诚为党的理想信念。强化楷模雷锋的榜样示范作用，培育党建标杆院系，评选"雷锋党员之星"，传承红色基因，汇聚先锋力量，各基层党组织要坚持以"四有好老师""四个引路人""四个相统一"为根本遵循，以发展为第一要务，为党育人、为国育才。

后 记

党的二十大报告指出，坚持为党育人、为国育才，全面提高人才自主培养质量，着力造就拔尖创新人才，聚天下英才而用之；强调要办好人民满意的教育，全面贯彻党的教育方针，落实立德树人根本任务，培养德智体美劳全面发展的社会主义建设者和接班人，加快建设高质量教育体系，发展素质教育，促进教育公平。高校的立身之本在于立德树人，而用好课堂教学这一主渠道是关键。在课堂教学中既要遵循思想政治工作规律、教书育人规律和学生成长规律，优化内容供给、改进工作方法、创新工作载体，又要统筹教育教学各环节，坚持育人导向，突出价值引领，广泛践行社会主义核心价值观，弘扬以伟大建党精神为源头的中国共产党精神谱系，深化爱国主义、集体主义和社会主义教育，推动知识传授、能力培养与理想信念、价值理念、道德观念的教育有机结合。

雷锋精神承载着中华民族的传统美德，浓缩了人类互利互助、向善向美的精神追求，彰显了社会主义、共产主义道德的崇高精神境界；雷锋精神生动体现着社会主义核心价值观，是中国共产党精神谱系的闪亮坐标。因此，我们有理由认为，以习近平新时代中国特色社会主义思想为指导，将雷锋精神融入高校课堂教学，融入高校思想政治理论课和课程思政，是推动用党的创新理论铸魂育人的需要；是改革创新主渠道教学，拓展红色资源社会大课堂，推进"大思想政治理论课"建设的需要；更是为全面建设社会主义现代化国家、全面推进中华民族伟大复兴，丰富大学生的精神世界，培养社会主义合格建设者和可靠接班人的需要。

本书系2019年度教育部高校示范马克思主义学院和优秀教学科研团队建设项目"新时代弘扬雷锋精神教学研究"（项目批准号：19JDSZK091）结项成果。选择新时代弘扬雷锋精神教学研究这个理论和实践意义重大的研究课题，是我多年从事思想政治理论课教学关注的重点和兴趣所在。本书以已有的相关研究为基础，以习近平总书记相关重要讲话和国家出台的相关政策为依据，以本人的理解以及相关理论研究为支撑，对雷锋精神融入高校理论教学和实践教学进行的有益探索。本书从对伟大建党精神这一中国共产党精神谱系之源的分析着手，阐述雷锋精神何以成为中国共产党人精神谱系的闪亮坐标。在梳理界定新时代雷锋精神价值体系的基础上，探究新时代雷锋精神所具有的育人功能、雷锋精神融入思想政治理论课的实现条件，对新时代弘扬雷锋精神的理论教学和实践教学进行深入思考和研究阐释，并在此基础上提出构建新时代雷锋精神一体化"三全育人"格局。

本书的写作得到了教育部长江学者特聘教授、东北大学马克思主义学院院长田鹏颖教授的精心指导和悉心关怀。本书从选题的确定、资料的收集、框架的设计、写作、修改到书稿基本观点的确立，凝聚着课题组成员的心血和关爱，他们提出了许多建设性的宝贵意见和建议，让我受益匪浅。在此，对他们致以最真诚的感谢和崇高的敬意！

非常感谢国内外学者，他们在相关问题的研究成果中的真知灼见，给了我更多的灵感和启迪。

囿于个人的理解能力和思考的局限，理论功底的不够深厚，研究调查范围的有限，本书的不足之处在所难免，恳请学界同仁和业界同事多多赐教。

王立新
2022年10月